Eckhard W. Kuhn

Die Heilkraft des Geistes

Gesund werden mit spiritueller Medizin

Knaur
MensSana

Besuchen Sie uns im Internet: www.droemer-knaur.de
Alle Titel aus dem Bereich MensSana finden Sie im Internet unter
www.knaur-mens-sana.de

Originalausgabe Oktober 2005

Redaktion: Ralf Lay, Mönchengladbach
Umschlaggestaltung: ZERO Werbeagentur, München
Umschlagabbildung: ZEFA Düsseldorf
Satz: Pinkuin Satz und Datentechnik, Berlin
Druck und Bindung: Clausen & Bosse, Leck
Printed in Germany
ISBN-13: 978-3-426-87280-2
ISBN-10: 3-426-87280-3

2 4 5 3 1

Inhalt

Einleitung: Die Dinge sind nicht immer das, was sie zu sein scheinen

> Wenn man versteht und fühlt, dass man schon in diesem Leben an das Grenzenlose angeschlossen ist, ändern sich Wünsche und Einstellungen. Letzten Endes gilt man nur wegen des Wesentlichen, und wenn man das nicht hat, ist das Leben vertan.
>
> *C. G. Jung*

Ich möchte Sie auf eine hoffentlich recht spannende und lebendige Reise in ein (noch) nicht ganz alltägliches Gebiet mitnehmen. Versprechen kann ich, dass ich faszinierende Einblicke in die geistige Natur des Menschen und seiner zukünftigen Entwicklungsmöglichkeiten geben werde.

Beginnen will ich mit einer kleinen Geschichte, die mir jemand vor einigen Jahren per E-Mail aus England zugesandt hat. Ich weiß daher leider nicht, wer sie verfasst hat. Mir gefiel sie so gut, dass ich sie ausdruckte und irgendwo abheftete. Interessanterweise fiel sie mir beim Schreiben dieses Buches »zufällig« wieder in die Hände. Überhaupt war es erstaunlich, als ich an diesem Thema arbeitete, wie viel ungewöhnliche »Zufälle« sich ereigneten, die zum Gelingen dieses Buches beitrugen. Möglicherweise erfuhr ich

Unterstützung auf eine ganz besondere Art, deren dahinter liegendes Muster mir jedoch verborgen blieb.
Hier nun die Geschichte:

Zwei reisende Engel machten Halt, um die Nacht im Hause einer wohlhabenden Familie zu verbringen. Die Familie war jedoch unhöflich und verweigerte den Engeln die Unterkunft im Gästezimmer des Herrenhauses. Stattdessen wurde ihnen ein winziger Platz im Keller zugewiesen. Als sie ihr Bett auf dem harten Boden herrichteten, sah der ältere der beiden Engel ein Loch in der Wand und reparierte es. Als der jüngere Engel fragte, warum er das tat, sagte der ältere zu ihm: »Die Dinge sind nicht immer das, was sie zu sein scheinen.«
In der nächsten Nacht begaben sich die beiden Engel zu dem Haus eines armen, aber sehr gastfreundlichen Bauern und seiner Frau. Nachdem das Ehepaar seine kärgliche Mahlzeit mit den beiden geteilt hatte, ließ es die Gäste in ihrem Ehebett schlafen, wo sie eine geruhsame Nacht verbringen konnten.
Als die Sonne am nächsten Morgen an den Horizont stieg, fanden die Engel den Bauern und seine Frau aufgelöst in Tränen. Ihre Kuh, deren Milch ihre einzige Einnahmequelle war, lag tot auf der Weide. Der jüngere Engel war rasend vor Wut und fragte den älteren, wie er dies hätte zulassen können: »Die erste Familie hatte alles, was man sich denken konnte«, klagte er ihn an, »und du hast ihr noch geholfen. Die zweite Familie hatte nur wenig, war aber bereit, auch das Wenige noch zu teilen. Du aber ließest ihre Kuh sterben.«
»Die Dinge sind nicht immer das, was sie zu sein scheinen«, erwiderte der ältere Engel. »Als wir im Keller des Herrenhauses übernachteten, bemerkte ich, dass in dem Loch in der Wand eine große Menge an Gold versteckt

war. Da der Besitzer so besessen von seiner Habgier war und sein Glück nicht teilen wollte, versiegelte ich die Wand, sodass er es nicht wiederfinden würde.
Letzte Nacht, als wir im Bett des Bauern schliefen, kam der Tod, um seine Ehefrau zu holen. Ich jedoch gab ihm die Kuh an ihrer Stelle. Die Dinge sind nicht immer das, was sie zu sein scheinen.«

Ich habe diese Geschichte nicht ausgewählt, weil es hier um Engel und daher um übernatürliche Kräfte geht. Auch nicht, weil ich eine moralische Botschaft übermitteln möchte, dass hartherzige, geldgierige Menschen für ihr Verhalten bezahlen müssen und gastfreundlichen, bescheidenen Menschen irgendwann Gerechtigkeit widerfahren wird. Ich habe sie ausgewählt, weil hier die Betrachtungsweise *verschiedener Wirklichkeitsebenen* sehr gut zum Ausdruck kommt. Vordergründig betrachtet, meinen wir, viele Situationen genau zu verstehen und zu wissen, worum es geht. Wir sind deshalb auch schnell mit einem Urteil zur Hand. Dieses Verhalten kommt unserem Wunsch nach, etwas einzuordnen. Das gibt Sicherheit. Mit diesem schnellen Einordnen nehmen wir uns aber häufig selbst die Möglichkeit, tiefer liegende Dinge oder verborgene Muster zu erkennen.
Geben wir uns nicht mit vordergründigen Meinungen oder Urteilen zufrieden. Es hindert uns daran, die Dinge wirklich zu sehen und zu verstehen. Ich spreche in diesem Buch von geistigen Dimensionen des Heilens. Meine Annahme ist, dass es verschiedene Stufen, Intensitätsgrade oder Dimensionen der geistigen Unterstützung von Heilprozessen gibt. Ähnlich wie in der Geschichte, die verschiedene Dimensionen aufweist und doch alle gleichzeitig gültig sind, so möchte ich dazu anregen, verschiedene Perspektiven einzunehmen, um sich den hier beschriebenen Sachverhalten zu nähern und sie zu beurteilen.

Neu in diesem Buch ist vielleicht, dass ich versuche, verschiedene Dimensionen geistigen Heilens auszuleuchten und kritisch zu hinterfragen, aber auch den möglichen Nutzen für unser zukünftiges Gesundheitssystem herauszustellen. Bisher wurde dieses Thema überwiegend in esoterischer Literatur behandelt und nicht als Weiterentwicklung der Schulmedizin verstanden. Ich hatte nach Literatur in dieser Hinsicht gesucht und kam erst da auf die Idee, bestimmte Dinge selbst zu untersuchen, Fakten zusammenzutragen und Fragen zu klären.
Mein Ziel ist es, zur Klärung und Entmystifizierung beizutragen. Es soll untersucht werden, worauf Heilung überhaupt beruht und was auf der nichtmateriellen Ebene mithelfen kann, diese zu ermöglichen. Ich möchte darüber hinaus untersuchen, wie wir noch verborgene Potenziale des Menschen im Hinblick auf die Heilung von Krankheiten nutzbar machen können. Ja, mehr noch, wie wir diese geistigen Kräfte für die *zukünftige Gesunderhaltung* und sogar für eine *glücklichere Lebensgestaltung* einsetzen können.
Ich habe mich mit diesem Thema beschäftigt, weil ich selbst die Bedeutung dieser Möglichkeiten des Heilens ausloten wollte. Mein Wunsch war es, mehr darüber in Erfahrung zu bringen. Ich wollte auch das, was ich schon an geistigen Dimensionen des Heilens selbst praktiziere, in einen größeren Rahmen stellen und darüber hinaus Dinge prüfen, die mir noch recht seltsam vorkamen.
Ich habe bereits einige Erfahrung damit, altes Heilwissen daraufhin zu überprüfen, ob es als Quelle für moderne medizinisch-therapeutische Behandlungen nutzbar gemacht werden kann oder nicht. Ende der siebziger Jahre beschäftigte ich mich in meiner Examensarbeit mit der traditionellen chinesischen Medizin und speziell mit der Akupunktur. Ich wollte herausfinden, ob sich Effekte dieser Methode wissenschaftlich nachweisen lassen. Damals musste ich

mühsam spärliche Forschungsergebnisse aus der ganzen Welt zusammentragen. Die Ärzte standen der Akupunktur, bis auf wenige Ausnahmen, ablehnend gegenüber. Heute hingegen ist sogar das *Deutsche Ärzteblatt*, das offizielle Organ der Ärzteorganisation, voll mit Weiterbildungsangeboten in dieser Richtung.
Ich wollte mich nicht nur auf Aussagen von anderen in Form von Zeitschriftenartikeln oder Büchern verlassen. So führte ich selbst eine recht aufwändige Untersuchung an der Universität Münster durch, für die sich damals 400 Patienten meldeten, die jedoch nicht alle behandelt werden konnten. Auch reiste ich später für ein Jahr nach Asien, um noch mehr praktische Erfahrungen mit dieser Methode zu sammeln.
Ähnlich ging es mir mit der Hypnose. Vor fast dreißig Jahren, als ich diese Methode für meine klinische Arbeit entdeckte, führte sie in der Medizin eher ein Schattendasein. Damals galt sie als veraltet oder überholt. Der legendäre amerikanische Hypnotherapeut Milton H. Erickson jedoch gab ihr neue Impulse und baute sie damit zu einer sehr faszinierenden Heilmethode aus. Heute wird sie in der Psychotherapie eingesetzt, in der psychosomatischen Medizin, in der Zahnheilkunde und sogar zur Schmerzausschaltung bei Operationen.
Aber vielleicht handelt es sich bei manchen in diesem Buch beschriebenen geistigen Dimensionen des Heilens gar nicht um altes Wissen, sondern *um die ersten Anfänge einer bedeutenden Entwicklung geistiger Möglichkeiten.* Die Herausforderung an uns ist, diese Dimensionen des Heilens für uns zu prüfen und weiterzuentwickeln.

Wenn die Seele zu Hilfe eilt: Heilung im Traum

Schließe die Augen; und während du schläfst,
wendet Gott dein Geschick vom Bösen zum Guten.
Aus Tausendundeiner Nacht

Krankheit lehrt uns viel über die Geheimnisse der Welt. Es gibt Phänomene, die sind so beeindruckend, dass man sie das ganze Leben nicht mehr vergisst. Deshalb möchte ich an den Anfang meiner Betrachtungen über die geistigen Dimensionen des Heilens ein Erlebnis stellen, das etwa zwanzig Jahre zurückliegt. Seinerzeit hat es mich außerordentlich verblüfft. Vielleicht hat es sogar dazu beigetragen, meinen Horizont zu weiten und mich Dingen zu stellen, von denen ich meinte, dass sie gar nicht möglich seien.

Damals begann ich gerade meine Laufbahn als junger Klinikarzt. Ich hatte mich an zwei Kliniken beworben. Eine war auf die Behandlung psychosomatischer Krankheiten spezialisiert, die andere auf Alkoholismus. Die Situation hinsichtlich der Arztstellen war damals noch nicht so gravierend wie heute. Ich nahm trotzdem die erste Stelle an, als ich eine Zusage bekam. Das war in der Klinik für alkoholkranke Patienten. Zwei Wochen später bekam ich auch einen positiven Bescheid aus der Klinik für Psychosomatik, in die ich aber erst anderthalb Jahre später wechselte. Die Erfahrun-

gen, die ich in der Klinik für Abhängigkeitserkrankungen machte, waren interessant und wichtig für meine berufliche Praxis.
Mit viel Enthusiasmus ging ich an die neue Aufgabe. Endlich konnte ich mein im Studium erworbenes Wissen praktisch anwenden. Ich wollte Patienten helfen, ich wollte ihnen etwas Gutes tun. Natürlich war mein Vorsatz, auch Verschiedenes besser zu machen als das, was ich häufig in der Ausbildung in Krankenhäusern erlebt hatte. Mehr Zeit und Verständnis zu haben waren Themen, die im Klinikalltag manchmal zu kurz kamen.
Die Arbeit dort war nicht nur inhaltlich, sondern auch von meinem Arbeitspensum her recht anstrengend, was mir aber zunächst gar nicht so auffiel.

Eines Tages wurde ich ganz überraschend krank, und zwar mit den Symptomen einer heftigen Grippe. Ich fühlte mich ziemlich elend. Das hervorstechendste Symptom war, dass ich kaum noch sprechen konnte. Lediglich ein leises Flüstern war noch möglich. Schlucken konnte ich nur mit großer Mühe und unter starken Schmerzen. Die Halslymphknoten waren beträchtlich angeschwollen, hart und äußerst schmerzhaft. So ärgerte ich mich fürchterlich, dass diese »dumme Krankheit« für die nächsten Tage meine Pläne in der Klinik vollständig durchkreuzen würde. Es würde mir nichts anderes übrig bleiben, als mich krank zu melden.
In der darauf folgenden Nacht hatte ich einen merkwürdigen Traum:

> In meinem Wohnzimmer liegt auf dem Teppich verstreut ein Dutzend betrunkener Alkoholiker herum. Ohne mein Wissen hat sich diese ungebetene Gesellschaft hier eingenistet. Ich bin empört. Als ich schlief, muss hier ein rauschendes Fest stattgefunden haben, und ich habe es

nicht mitbekommen. Überall stehen die Reste eines Festmahls herum. Auf dem Fußboden verstreut liegen leere Schnapsflaschen. Die Betrunkenen schlafen tief und fest ihren Rausch aus.

Ich werde ziemlich ungehalten. Ich denke, dass nur drastische Maßnahmen helfen werden. So nehme ich voller Wut einen Besen, wecke sie auf und scheuche alle aus der Wohnung.

Am Fenstersims des vierten Stockwerks meiner damaligen Wohnung erscheint daraufhin ein Bote mit einem Glücksschwein auf dem Arm. Ich öffne das Fenster, sodass er in die Wohnung hereinkann. Ich berühre das Glücksschwein und wache bald danach auf.

Kein weltbewegender Traum, wird man denken. Die Arbeit mit den Alkoholikern hat im Unterbewusstsein seinen Niederschlag gefunden. Das Verblüffendste jedoch war, dass ich nach dem Erwachen keinerlei Krankheitssymptome mehr feststellte. Ich hatte weder Schluckbeschwerden noch geschwollene Lymphknoten. Es kam mir vor, als wenn ich einen Fiebertraum gehabt hätte. Bald danach schlief ich erschöpft wieder ein. Am nächsten Morgen war ich immer noch vollkommen beschwerdefrei und fühlte mich wieder gesund.

Heilsame Einsichten

Über den Traum hatte ich mir erst gar keine Gedanken gemacht. Erst in den nächsten Stunden und Tagen wurde mir so einiges klar. Ich sprach vorhin von der »dummen Krank-

heit«, die mich hinderte, in die Klinik zu gehen. So merkwürdig es auch klingt, ich hatte den Eindruck, diese Krankheit wollte mich in gewisser Weise schützen. Mein Körper hatte sich mit einer bestimmten Auswahl an Symptomen gewehrt. Es war nicht eine beliebige Krankheit. Es schien eine Krankheit mit *Sinn* zu sein, obwohl man das von einer Grippe sonst kaum behaupten würde.
Zunächst einmal wollte sie mich aus dem Verkehr ziehen. Das gelingt jedoch, ab einer gewissen Heftigkeit, mit vielen Krankheiten. Die Symptome waren einerseits nicht so harmlos, als dass ich sie hätte ignorieren können, und andererseits nicht so gravierend, als dass ich dadurch ernsthaft geschädigt wurde. Sie hatten den Mittelwert, der in der Lage war, mich mit sanftem Nachdruck von der Arbeit fern zu halten. Die Krankheit war irgendwie sehr weise, denn sie wusste, wie man mich außer Gefecht setzen konnte. Mit der Stimme war mir ein wichtiges Arbeitsinstrument genommen. Ich konnte nicht mehr mit den Patienten kommunizieren. Darüber hinaus schien mir der Traum noch etwas viel Bedeutsameres mitteilen zu wollen.
Ich war erschöpft gewesen. Die Patienten hatten sich meine Kraftreserven einverleibt. Und ich hatte es zugelassen. Genau so, wie ich im Traum nicht bemerkt hatte, dass dort in meinem Wohnzimmer ein rauschendes Fest stattfand. Die orale Bedürftigkeit von Alkoholikern ist ja, wie man weiß, ziemlich groß und fast unersättlich.
Ich hatte ihnen meine Kraft und Lebensenergie zur Verfügung gestellt. Ihnen ging es jetzt gut. Sie waren nun – wie das Traumbild es zum Ausdruck brachte – wohlgenährt. Nur ich selbst blieb dabei auf der Strecke und hatte es noch nicht einmal gemerkt. Anderen hatte ich geholfen, und ich wurde krank. Die fremden Personen lagen in meinem Wohnzimmer verstreut und hatten dort gefeiert. All ihre Sorgen und Probleme, die ich von ihnen in der Klinik hörte, hatte

ich sozusagen mit nach Hause genommen. Das beschäftigte mich weiter. Ihre Probleme, die sie mir erzählten, musste ich ja irgendwie in mich aufnehmen. Ich konnte aber nicht mehr schlucken, denn mein Körper hatte schmerzhafte Schluckbeschwerden entwickelt. Er wehrte sich, noch mehr aufzunehmen.

Ich war verblüfft, welche Kräfte in mir am Werk waren und sich in den Dienst meiner Gesundheit stellten. Nicht nur auf der körperlichen Ebene wurde ich geheilt. Auch psychisch vollzog sich ein Bewusstwerdungsprozess, der mich meine damalige Situation besser reflektieren ließ. Eleganter kann eine psychosomatische Heilung eigentlich nicht vonstatten gehen – ein Reparaturvorgang der Seele, eine Selbstheilung.

Fortan versuchte ich, mich besser abzugrenzen und auch beizeiten für einen psychischen Ausgleich bei mir selbst zu sorgen.

Diesen Traum notierte ich mir, weil mich das ganze Geschehen doch sehr beeindruckt hatte. Es blieb einer der wenigen Träume, die ich im Laufe meines Lebens überhaupt aufzeichnete. Er gab mir etwas sehr Wichtiges mit auf den Weg, dessen Tragweite ich erst viel später ermessen sollte. Im Grunde genommen wirkt er noch bis in die heutige Zeit nach. Und es ist hier das erste Mal, dass ich ihn überhaupt erzähle.

Er vermittelte mir ein neues Wissen. Er tat dies auf eine sehr eindrucksvolle Weise. Bücher hätten dies wohl so unmittelbar gar nicht gekonnt. Es war zudem eine nachhaltige Lektion. Ich konnte mich dem, was ich am eigenen Leibe erfahren hatte, nicht einfach versperren. Infolgedessen musste ich das, was ich bisher als medizinische Lehrmeinung gehört hatte, in einigen Punkten revidieren. Während des Studiums hatte ich gelernt, dass die Krankheit als Feind anzusehen ist, den es zu bekämpfen gilt. Dafür

stand ein großes Arsenal an Maßnahmen zur Verfügung. Ich musste mein bisheriges Verständnis von Krankheit daraufhin jedoch erweitern. Aber vor allem brachte es mich mit einer scheinbar unabhängig von mir agierenden Kraft in Kontakt.
Und wenn ich meine eigene Krankheit mit anderen Augen sehen sollte, vielleicht kam auch anderen Krankheiten dann eine weitere Bedeutungsebene zu. Der Traum vermittelte mir recht deutlich ein unterschwelliges Wissen von einer anderen Dimension. Hier waren noch mächtigere Kräfte am Werk – mehr als »nur« Selbstheilungskräfte. Hier führte irgendeine weise Instanz Regie.

Wegweiser in eine neue Richtung

Es war keine Frage des Glaubens, ob ich so etwas für möglich hielt oder nicht. Ich hatte es an mir selbst erlebt. Dieses Erlebnis gab mir einige *zweifelsfreie* Einsichten. Es sagte mir, dass

- es eine sehr weise Instanz in mir gibt,
- diese Instanz es gut mit mir meint, auch wenn sie zunächst veranlasste, dass ich krank wurde,
- diese Instanz etwas auf den Punkt bringen kann, was mir selbst noch gar nicht so klar ist oder was ich gar nicht so gut ausdrücken könnte,
- diese Instanz sehr »powervoll« ist und heilen kann,
- ich Krankheit in manchen Fällen auch anders auffassen kann – nicht nur als Heimsuchung oder Feind –,
- Symptome möglicherweise nichtsprachliche Äußerungen

der Seele sind, sie uns etwas mitteilen möchten und somit Symbolcharakter haben,
- diese Instanz mich etwas lehrt und damit zu meiner geistigen Weiterentwicklung beiträgt.

Dieses Erlebnis warf aber auch interessante Fragen auf:

- Könnte es mir gelingen, mich besser gesund zu erhalten, wenn ich mehr auf diese weise Instanz in mir hören würde? Aber wie konnte ich das im Einzelnen bewerkstelligen?
- Wie konnte man darüber hinaus die Symbolsprache der Krankheiten entschlüsseln?
- Könnte ich dieses auch gezielt und mit großem Nutzen bei Patienten anwenden?
- Für welche Krankheiten konnte man solch eine Vorgehensweise in Betracht ziehen und für welche nicht?
- Ist für einige Fälle vielleicht gar kein Arzt bzw. Heiler notwendig; d. h., besteht vielleicht die Möglichkeit, den Patienten anzuleiten, diese Selbstheilungskräfte ohne fremde Hilfe zu mobilisieren?

Über diese weise Instanz galt es künftig mehr in Erfahrung zu bringen. So wechselte ich nach insgesamt anderthalb Jahren meiner klinischen Tätigkeit in die psychosomatische Medizin über. Dieses Gebiet war ohnehin die Motivation für mein Medizinstudium gewesen.
Natürlich schützte mich dieses Wissen um die körperlich-seelischen Zusammenhänge auch in der Folge nicht immer vor Überarbeitung und Krankheit, doch ich bemühte mich in großem Maße, innerlich möglichst im Gleichgewicht zu bleiben. Und ich bin, verglichen mit anderen Kollegen und Freunden, bisher mit relativ wenigen und eher harmlosen Krankheiten durchs Leben gekommen.

Es wurde aber eine sehr starke Motivation, mich zukünftig noch mehr mit neuen Möglichkeiten der nichtmateriellen Behandlung von Krankheiten zu beschäftigen, bei der weder Medikamente noch Operationen, Massagen, Bäder oder sonstige medizinische Geräte eingesetzt werden. Und auch nach mehr als zwanzig Jahren sehe ich noch nicht alle Möglichkeiten in dieser Hinsicht als ausgeschöpft an.

Wenn ich in diesem Buch über die geistigen Dimensionen des Heilens berichte, so gehört jenes kleine Beispiel aus meinem Leben erst an den Anfang unserer Reise in verschiedene Ebenen der Realität. Und diese nicht ganz einfache Materie möchte ich Ihnen anhand von möglichst vielen Beispielen nahe bringen. Ich werde Geschichten über Menschen erzählen und sie nicht nur auf Symptome reduzieren. Vielleicht kann man sogar von ihren Verhaltensweisen im Umgang mit ihrer Krankheit etwas lernen.
Ich möchte ebenfalls Geschichten über Heiler erzählen, z. B. darüber, wie sie zu dem gekommen sind, was sie tun. Ich denke, dass die Thematik auf diese Weise lebendiger wird. Sie werden sich von vielen Dingen selbst ein besseres Bild machen können. Vielleicht hat diese Vorgehensweise darüber hinaus noch einen kleinen positiven Effekt auf das Lesevergnügen. Es würde mich jedenfalls freuen.

Gesundheit und Krankheit

> Man kann ein Problem nicht mit dem gleichen Denken lösen, das es hervorgebracht hat.
>
> *Albert Einstein*

Die Krise des Gesundheitssystems als Chance

In der heutigen Zeit, in der die Leistungen im Gesundheitswesen kaum noch zu bezahlen sind, bleibt uns keine andere Wahl, als nach Alternativen Ausschau zu halten. Diese Krise müssen wir deshalb auch als Herausforderung an unsere Intelligenz und an unsere Lösungskompetenz begreifen. Ich habe teilweise festgestellt, dass nichtmaterielle Heilmethoden in manchen Fällen sogar effektiver und zudem kostengünstiger sind als teure Medikamente oder Apparatemedizin. Sie bieten vielleicht neben der Chance, wirksame, preiswertere und nebenwirkungsfreie Heilverfahren zu entwickeln, auch die Möglichkeit, die Selbstheilungskräfte des Menschen zu stärken.

Nicht nur Experten meinen, dass vieles von dem, was uns heute in unserem Gesundheitssystem Probleme bereitet, langfristig abzusehen war. Doch kaum jemand der Verantwortlichen verspürte je den Impuls, frühzeitig gegenzulenken oder eine ganz andere Richtung einzuschlagen. In Abwandlung eines alten Sprichworts können wir sagen: Erst wenn das Kind in den Brunnen gefallen ist, beginnen wir zu handeln.

Die Reaktionsmuster auf Krisen sind im gesellschaftlichen wie im privaten Bereich ähnlich. Zunächst wird die anstehende Notwendigkeit einer Änderung ignoriert. Manches ist somit gar keine *akute* Krise, sondern stellt quasi den Endpunkt eines Entwicklungsprozesses dar. Bis dahin hatte man versucht, eine neue Herausforderung mit den alten Verhaltensmustern zu bewältigen. »Von einer Krise sprechen wir dann, wenn für einen oder mehrere Menschen ein Ungleichgewicht zwischen der Größe eines Problems und den ihm/ihnen zur Verfügung stehenden Bewältigungsstrategien besteht.«[1]

Wenn wir bei dieser Definition von Krise ansetzen, geht es darum, das Repertoire an den uns zur Verfügung stehenden Bewältigungsstrategien zu vergrößern. Vielleicht können wir diese Krise deshalb auch als Chance begreifen, um unsere konventionelle Gesundheitsversorgung weiterzuentwickeln, indem wir uns u.a. mit geistigen Möglichkeiten der Heilung beschäftigen. Es geht aber nicht darum, das eine gegen das andere auszuspielen.

Für die Chinesen hatte der Begriff »Krise« seit jeher einen Doppelaspekt, was auch Eingang in die Schriftsprache gefunden hat. Das chinesische Schriftzeichen für Krise setzt sich nämlich zusammen aus zwei Zeichen, und zwar aus dem Zeichen für das Wort »Gefahr« und für das Wort »Chance«.

Eine Krise stellt für uns immer auch eine Bedrohung, eine Gefahr dar. Wenn ich von »Chance« spreche, will ich die andere Seite damit also keineswegs verharmlosen. Aber oft genug zwingt uns nur eine bevorstehende Gefahr dazu, dass

1 Kuhn, Eckhard W., *Krisenkompetenz – Kreative Lösungen in der Psychotherapie*, Borgmann Verlag, Dortmund 2002, S. 39.

wir uns intensiv mit etwas Wichtigem beschäftigen und nach neuen Lösungen suchen.
Neue Situationen erfordern oft ganz neue Handlungsstrategien. Warum sollten wir uns deshalb noch ungenutzten Möglichkeiten des Heilens verschließen?
Ich denke, wir müssen unser Wissen erweitern. Wir müssen auch anfangen, bestimmte Dinge vorurteilsfreier zu prüfen, und auch Methoden für die Heilung in Betracht ziehen, die zum gegenwärtigen Zeitpunkt noch geheimnisvoll erscheinen.

Abschied von Illusionen

Wir haben natürlich den verständlichen Wunsch, dass nach einer Krise oder nach einer Krankheit alles wieder so wird wie zuvor – vorausgesetzt, dass wir mit dem Zustand vorher zufrieden waren. Aber oftmals ist ja die Krise nur der Höhepunkt einer schleichenden Entwicklung, deren Probleme zuvor nur nicht so offensichtlich zutage getreten sind.
Das Gesundheitssystem steckt aus Sicht der verantwortlichen Politiker und Vertreter der Krankenkassen eher in einer finanziellen Krise, weniger in einer inhaltlichen – im Gegenteil: Wir haben mehr exzellente Behandlungsmöglichkeiten zur Verfügung als jemals zuvor. Nur all das scheint kaum noch bezahlbar.
Es wäre eine Illusion, wollten wir die Entwicklung zurückdrehen – und »alles würde wieder so wie früher«. Seit längerem sind bereits Fakten unübersehbar, die im Vergleich zu vergangenen Zeiten ein völlig neues Zukunftsszenario

geschaffen haben. Ich möchte hier nur noch einmal einige der vielfach bekannten Punkte nennen:

- Es wird prozentual anwachsend mehr alte Menschen im Vergleich zu jüngeren geben.
- Diese werden zudem immer älter, sodass Hundertjährige in Zukunft keine Seltenheit mehr sind.
- Durch die längere Lebenserwartung treten Krankheiten auf, die es früher gar nicht oder nur ganz selten gab.
- Immer weniger Erwerbstätige im Vergleich zu den nicht mehr oder noch nicht arbeitenden Menschen müssen allein für die Leistungen im Gesundheitssystem aufkommen.
- Man wird kontinuierlich teurer werdende medizinische Behandlungsverfahren und Medikamente entwickeln, die auch genutzt werden wollen.
- Auch bei Jüngeren kommen mehr oder weniger neue Krankheiten hinzu, die es früher kaum oder gar nicht gab; z. B. nehmen zu:
  - Allergien (Anstieg von 70 Prozent in den letzten zehn Jahren)
  - Magersucht und Bulimie,
  - Tropenkrankheiten durch vermehrte Fernflüge,
  - Aids als relativ neue Krankheit, die sehr teure Medikamente erfordert,
  - BSE (Rinderwahnsinn) mit noch nicht absehbaren Spätfolgen,
  - Ängste und Depressionen,
  - Risikosportarten und damit
  - Unfälle,
  - Krankheiten durch verändertes Verhalten (Bewegungsmangel, mehr Konsum von Genussgiften, Überernährung etc.),
  - und es verbreitet sich die Einstellung, dass man alles

medizinisch Machbare auch für sich in Anspruch nehmen möchte.

Ich will diese Punkte hier nur anreißen, aber sie sollten deutlich machen, dass längst eine neue Zeit eingeläutet ist, ob wir dies nun zur Kenntnis nehmen möchten oder nicht. Vor diesem Hintergrund werde ich hier einige für viele Menschen ungewöhnliche Behandlungsmethoden vorstellen – mit der Absicht,

- dass Sie prüfen können, ob diese geistigen Heilmethoden eine seriöse Basis für die Behandlung einer Reihe von Krankheiten bieten, und eben
- die Diskussion anzuregen, ob sie auch zur Kostendämpfung im Gesundheitswesen beitragen könnten.

Der Gesundheitsbegriff des 21. Jahrhunderts

Erst wenn die Quelle versiegt ist, weiß man den Wert des Wassers zu schätzen, heißt es in einem englischen Sprichwort.
Die traditionelle Schulmedizin bewertet Gesundheit als rein körperlich, als ein Freisein von objektiven Krankheitssymptomen. Jener Definition liegt ein mechanistisches Menschenbild zugrunde, das jedoch wesentliche Teile unseres Daseins ausklammert. In diesem Sinne wird Gesundheit lediglich als das reibungslose Funktionieren aller Einzelteile angesehen.
Gesundheit als die Abwesenheit von Krankheit zu betrach-

ten ist jedoch zu kurz gegriffen. Dies wäre etwa so, als ob man Glück nur als die Abwesenheit von Unglück charakterisierte. Aber für die meisten von uns ist Glück sehr viel mehr als das.

Deshalb hat die Weltgesundheitsorganisation (WHO) versucht, diese Lücke in der Sicht auf die Gesundheit zu schließen. Sie definierte Gesundheit als »... Zustand vollkommenen physischen, psychischen und sozialen Wohlbefindens«. Den objektivierbaren körperlichen Befunden stellt sie nunmehr die subjektive, leiblich-seelische Befindlichkeit gegenüber.

Umfassender erscheint ein uralter, aber deswegen keineswegs veralteter Begriff von Gesundheit, den es vielleicht wieder neu zu entdecken gilt. Er stammt von Hippokrates von Kos (ca. 460–370 v. Chr.), dem berühmtesten Arzt der Antike und dem Begründer der wissenschaftlichen Medizin.

Für Hippokrates bedeutete Krankheit ein Ungleichgewicht des ursprünglich gesunden Verhältnisses einzelner Körperflüssigkeiten zueinander. Er beurteilte den Menschen auch in seinem Verhältnis zur Umwelt. Ebenso gehörte für ihn eine hohe ethische Auffassung von seinem Beruf wie auch vom Menschen selbst dazu.

Er forderte, dass der Arzt Kenntnisse von der Ganzheit der Natur haben sollte, um den Menschen behandeln zu können. Diesem Konzept folgend, behandelte Hippokrates nicht allein die Krankheit, sondern den ganzen Menschen. Für ihn spielten bei der Krankengeschichte und Diagnose auch die Lebensweise und die Lebensumstände eine Rolle. Das ist eine Auffassung, der sich die Medizin in den letzten Jahrzehnten erst langsam wieder anzunähern begann.

Gesundheit im Sinne von Hippokrates wird somit als ein Zustand inneren Gleichgewichts, als Harmonie komplementärer Strebungen angesehen. Gesundheit wird hiernach nicht statisch verstanden, sondern als eine kreative

Leistung. Sie besteht nur dort, wo sie aktiv erhalten bzw. in jedem Augenblick des Lebens immer wieder neu erzeugt wird.

Das moderne Wort dafür ist »Salutogenese«, also die Erzeugung von Gesundheit und Heilsein. Das Konzept der Salutogenese wurde von dem Medizinsoziologen Aaron Antonovsky (1923–1994) entwickelt. Die pathogenetische Frage »Was macht Menschen krank?« wurde ergänzt durch die Frage: »Was hält Menschen gesund?« Hervorzuheben ist also, dass Gesundheit ein aktiver Vorgang ist.

Den zentralen Aspekt des salutogenetischen Modells bildet das so genannte Kohärenzgefühl.[2] Antonovsky bezeichnet als Kohärenz:[3]

- die Fähigkeit, dass man die Zusammenhänge des Lebens versteht,
- die Überzeugung, dass man das eigene Leben gestalten kann,
- den Glauben, dass das Leben einen Sinn hat.

Sieht man einmal von Faktoren wie Krieg, Hunger und problematischen hygienischen Umständen ab, so ist der Ausgangspunkt seiner Überlegungen die Annahme, dass der Krankheits- bzw. Gesundheitszustand eines Menschen wesentlich durch die Grundhaltung des Individuums gegen-

2 »Sense of comprehensibility, sense of manageability, sense of meaningfulness«, in: Antonovsky, Aaron, *Salutogenese. Zur Entmystifizierung der Gesundheit,* DGVT Verlag, Tübingen 1997.

3 Bengel, J., Strittmatter, R., und Willmann, H., *Was erhält Menschen gesund? Antonovskys Modell der Salutogenese – Diskussionsstand und Stellenwert; eine Expertise,* Bundeszentrale für gesundheitliche Aufklärung (BzgA), Köln 2001.

über der Welt und dem eigenen Leben bestimmt wird. Sie ist maßgeblich dafür, inwieweit vorhandene Ressourcen zum Erhalt seiner Gesundheit und seines Wohlbefindens genutzt werden. Und auch diese Betrachtung von Gesundheit wird in Zukunft sicher noch erweitert werden.
Darüber hinaus möchte ich einen weiteren wichtigen Punkt hervorheben, der Gesundheit in einem anderen Licht erscheinen lässt. Ich bin immer wieder beeindruckenden Menschen begegnet, die trotz körperlicher Erkrankungen und seelischen Leidens, trotz Altersgebrechen und vielerlei Einschränkungen in einem für mich tieferen Verständnis gesund waren. Diese Gesundheit hinter der Krankheit muss immer wieder neu errungen und mühsam behauptet werden. Sie ist das Resultat einer inneren Haltung, einer Lebenskunst, ja, einer Spiritualität. Diese Gesundheit ist ein geistiges Phänomen. *Sie hat zu tun mit innerer Lebendigkeit, mit Lebenssinn und Wandlungsfähigkeit.*

Die Vielfalt der Krankheiten

Nach Schopenhauer gibt es »tausend Krankheiten, aber nur eine Gesundheit«. Wir können nicht alle Krankheiten in einen Topf werfen und dann generell sagen, mit geistigen Maßnahmen könne man sie heilen oder nicht. Man muss sie differenziert betrachten. In einem Akutkrankenhaus wird Krankheit anders gesehen als in den übrigen Bereichen. Sie wird dort überwiegend als etwas Isoliertes, als etwas Fremdes betrachtet, dem der Arzt den Kampf angesagt hat. Sie wird quasi als ein »Maschinenschaden« aufgefasst. Diese Herangehensweise ist meines Erachtens

in der Akut- und Intensivmedizin durchaus sinnvoll, wo einzelne Organe oft kritisch, ja lebensbedrohlich erkrankt sind und wirklich »repariert« werden müssen.
Wahrscheinlich wird der dort tätige Personenkreis der Auffassung, dass Krankheiten durch geistige Maßnahmen geheilt oder gebessert werden können, eher kritisch gegenüberstehen. Die Beurteilung solcher Möglichkeiten ist natürlich abhängig vom jeweiligen Erfahrungshintergrund der Beurteilenden.
Um hier mehr Klarheit zu schaffen, für welche Krankheiten eine geistig unterstützte Heilung erfolgversprechender ist als für andere, ist es hilfreich, verschiedene Kategorien zu bilden. Dies ist jedoch gar nicht so einfach. Welche Kriterien legt man für eine solche Einteilung zugrunde?
Ich habe fünf Kategorien gebildet, die lediglich die Bandbreite von Erkrankungen deutlich machen sollen. Gleichzeitig hilft es, eine bessere Diskussionsgrundlage zu schaffen, welche Krankheiten besser auf eine geistige Behandlung ansprechen könnten und welche nicht:

1. angeborene Krankheiten,
2. Krankheiten durch schädigende Einflüsse von außen,
3. akute Krankheiten und Notfälle,
4. Krankheiten als Konsequenz unseres Verhaltens,
5. Krankheiten mit Signalcharakter.

Angeborene Krankheiten

In diese Kategorie gehören beispielsweise vorgeburtliche Schädigungen wie angeborene Herzfehler, Blindheit, Taubstummheit, Missbildungen der Wirbelsäule oder Gliedmaßen u. v. a. m. Auch genetisch bedingte Krankheiten gehören hier hinein. Selbst die hoch entwickelte Schulmedizin kann in diesen Fällen wenig ausrichten.

Krankheiten durch schädigende Einflüsse von außen

Wenn man von schädigenden Einflüssen von außen spricht, so gibt es auch hier wieder ganz unterschiedliche Auslöser. Dies können stark reizende oder gar giftige Substanzen sein, denen der Betreffende am Arbeitsplatz ausgesetzt ist. Manche Lackierer beispielsweise, die giftige Lösungsmittel einatmen, tragen ein erhöhtes Risiko ebenso wie Personen, die mit Asbest umgehen. Auch die Staublunge von Bergarbeitern ist auf einen gesundheitsschädigenden Arbeitsplatz zurückzuführen. Personen, die in einer Röntgenpraxis arbeiten, sind einem erhöhten Strahlenrisiko ausgesetzt, ebenso Mitarbeiter in einem Kernkraftwerk. Wir alle sind gefährdet, wenn giftige Pflanzenschutzmittel in die Nahrungskette gelangen.

Die Betrachtung dieser Kategorie ist hilfreich, um Krankheiten nicht allein als individuelles Geschehen zu sehen. Man wird sie nur im Zusammenhang mit dem Umfeld verstehen. Deshalb sind medizinische Maßnahmen, die eine Krankheit als isoliertes Geschehen einstufen, unzureichend. Die erkrankten Personen müssen sich in solchen Fällen von dem schädigenden Umfeld fern halten, um nicht noch mehr Schaden zu erleiden.

Akute Erkrankungen und Notfälle

Bei diesen Erkrankungen ist es nun – im Gegensatz zu der vorherigen Kategorie – für ein effektives augenblickliches Handeln durchaus sinnvoll, die Krankheit überwiegend als etwas Isoliertes zu betrachten. Lebensbedrohliche Organverletzungen verlangen ein schnelles Eingreifen.
Beispiele für diese Kategorie sind der Herzinfarkt, akutes Nierenversagen, Magenblutungen, ein Darmverschluss oder die Lungenembolie. Auch Schädigungen durch Unfälle sind hier einzuordnen, obwohl sie in vielen Fällen ebenfalls durch schädigende Einwirkungen von außen hervorgerufen werden.

Krankheit als Konsequenz unseres Verhaltens

Nicht alle Krankheiten kommen wie eine schreckliche Plage aus heiterem Himmel über uns. Wir müssen zugeben, dass sie in vielen Fällen die Konsequenz unseres eigenen Verhaltens sind. Das ist nicht als Vorwurf gemeint, sondern als Hinweis auf einen erfreulichen Ansatzpunkt für die Heilung oder Vermeidung von Krankheiten; denn hier kann eine Schulung in gesundheitsbewusstem Verhalten ansetzen.
Die meisten Patienten sind interessiert an den Ursachen ihrer Erkrankung. »Wie konnte es dazu kommen?« oder »Warum gerade ich?« sind häufig gestellte Fragen bei schlimmen Erkrankungen. In vielen Fällen, z.B. bei bestimmten Formen von Krebs, gibt es keine eindeutige Antwort auf diese »Warum«-Fragen. Bei Krankheiten, die auf einen nicht gerade rücksichtsvollen Umgang mit sich selbst zurückzuführen sind, kann eine solche Frage jedoch

bedeutsam sein. Manchen Menschen ist bis zu diesem Zeitpunkt nicht bewusst gewesen, oder sie verdrängten es, wie sie selbst zur Schädigung ihrer Gesundheit beigetragen haben. Irgendwann aber beginnt auch der widerstandsfähigste Körper, sich mit einer Krankheit zu wehren, wenn die Grenzen seiner Belastbarkeit von uns permanent ignoriert werden.
Überernährung und Bewegungsarmut führen in vielen Fällen zu Fettleibigkeit, und das wiederum hat u. a. diverse Gelenkbeschwerden zur Folge. Ein Übermaß an Genussgiften wie Alkohol oder Nikotin schädigt den Körper vielleicht nicht sofort, aber langfristig. Rauchen kann auf Dauer Lungenkrebs verursachen, und die geschädigten Arterien begünstigen Krankheiten wie das Raucherbein oder den Herzinfarkt.
Ein Glas Wein zu einem schönen Festessen kann den Genuss abrunden. Alkohol aber, regelmäßig und im Übermaß konsumiert, wird fatale Folgen haben. Er kann praktisch den gesamten Körper schädigen und eine Vielzahl von Krankheiten hervorrufen, u. a. Leberschäden und Beeinträchtigungen des gesamten Nervensystems bis hin zu bestimmten Formen von Krebs. Abgesehen davon, ist Alkohol eine der häufigsten Ursachen bei Autounfällen.
Schon bei Kindern entstehen Krankheiten durch Bewegungsmangel, weil sie zu viel vor dem Fernseher oder Computer sitzen und keinen Ausgleich mehr haben. Daraus können nicht nur Fettleibigkeit mit den vielfältigsten Spätfolgen resultieren, sondern auch Nervosität, Verhaltensstörungen und Ängste.
Schädigungen durch Stress sind ein weiteres Beispiel dafür, wie wir selbst dazu beitragen, dass Krankheiten entstehen. Auch Menschen, die aufgrund der Schichtarbeit ihren natürlichen Schlaf-wach-Rhythmus verändern, tragen ein erhöhtes Risiko zu erkranken. Mobbing am Arbeitsplatz ist

ein ganz anderes Exempel für schädigende Einflüsse des Verhaltens. Hier schädigen wir uns nicht selbst, aber den Kollegen, der darunter nicht nur psychisch leidet, sondern auch organische Krankheiten entwickeln kann.
Ein verändertes Urlaubsverhalten kann die Wahrscheinlichkeit des Auftretens von Krankheiten ebenfalls erhöhen. Früher kam es seltener vor, dass die Menschen Fernreisen buchten. Heute ist man in zunehmendem Maße dem Reiz der Exotik erlegen. Die Folge können heimtückische Tropenkrankheiten sein, die schwer zu diagnostizieren sind.
Ähnlich verhält es sich mit Risikosportarten. Erstens gibt es sehr viel mehr Angebote als früher, und zweitens werden diese inzwischen auch von viel mehr Menschen praktiziert.
Es ist in Mode gekommen, sich Piercings stechen zu lassen. Bis vor ein paar Jahren wussten wohl die meisten von uns überhaupt nichts mit diesem Begriff anzufangen. Schönheitsoperationen sind ebenfalls ein Eingriff von außen ohne zwingende Notwendigkeit. Nur die wenigsten möchten wissen, dass bei diesen Maßnahmen erhebliche Komplikationen auftreten können. Auch das sind dann unerwünschte Folgen unseres Verhaltens.
Einige der hier genannten Krankheiten bieten gute Ansätze zur Prävention, also für die Krankheitsverhinderung. Das Entstehen von Krankheiten zu reduzieren ist letztlich wohl die beste Maßnahme, die Kosten im Gesundheitswesen zu senken. Krankheitsreduzierendes Verhalten oder – besser gesagt – gesundheitsfördernde Verhaltensweisen beginnen im Kopf, und zwar mit einer Bewusstseinsveränderung. Das könnte man vielleicht sogar im weitesten Sinne zu den geistigen Dimensionen der Gesundheit hinzurechnen.

Krankheiten mit Signalcharakter

In zunehmendem Maße wird deutlich, dass wir Krankheit bzw. Heilen nicht mehr lediglich mechanistisch betrachten können. Die Krankheit ist nicht nur der Feind, der bekämpft werden sollte. Es ist deshalb wichtig, eine Krankheit in größeren Zusammenhängen zu sehen.
In den beiden vorigen Abschnitten wurde bereits deutlich, dass Krankheit in einigen Fällen nicht losgelöst von Arbeits- und Umweltbedingungen sowie von unserem (teils unvorsichtigen oder unvernünftigen) Verhalten gesehen werden kann. Es gibt jedoch manche Krankheiten, die sich auch nach der Anwendung unterschiedlicher, eher ganzheitlich orientierter Maßnahmen einer erfolgreichen Behandlung irgendwie entziehen: Trotz vieler Bemühungen zeigt sich keine Besserung der Beschwerden.
Angesichts vieler chronischer, psychischer und psychosomatischer Erkrankungen ist man aufgefordert, etwas tiefer zu schauen. Wir müssen unseren heiltechnischen Horizont erweitern und berücksichtigen, dass Körper, Seele und Geist nicht getrennt voneinander gesehen werden können. Diese Sichtweise soll im Abschnitt über Heilung noch vertieft werden.

Patienten als Motor der Zukunftsmedizin

Mein Beweggrund, mich mit den geistigen Dimensionen des Heilens zu beschäftigen, resultierte nicht aus einer allgemeinen Unzufriedenheit mit der Schulmedizin oder den Ärzten überhaupt. Mich interessierten vielmehr die noch *ungenutzten Potenziale* des Menschen und speziell die noch ungenutzten Potenziale hinsichtlich bestimmter Heilverfahren. Weiterhin beschäftigt mich die Frage, wie eine Weiterentwicklung für diese nichtmateriellen Heilmethoden in der Zukunft aussehen könnte. Lässt sich dieses heute noch sehr unvollständige Wissen irgendwann gar in die Schulmedizin integrieren?

Darüber hinaus gilt mein Interesse nicht nur der Bekämpfung oder der Behandlung von Krankheiten durch andere Personen (Ärzte und Heiler), sondern auch dem Aspekt, wie wir unsere Selbstheilungskräfte mobilisieren können. Das hätte weit reichende Konsequenzen für unsere persönliche Entwicklung und wie gesagt auch für die strapazierte finanzielle Situation im Gesundheitswesen. Das mag noch in weiter Ferne liegen, aber die Gestaltung der Zukunft fängt ja bekanntlich immer in der Gegenwart an.

Es ist deshalb eine spannende Frage, wie sich neues medizinisches Wissen überhaupt als Behandlungsform in unser Gesundheitssystem etabliert. Während die Errungenschaften der akademischen Medizin nach jahrelangen Forschungen und Zulassungsverfahren sozusagen hierarchisch von oben nach unten in die Allgemeinmedizin Eingang finden, nehmen die alternativen Heilverfahren eher den Weg von der Basis hinein in die etablierte Medizin.

Immer mehr Menschen fragen diese Form der Behandlung nach und bauen nicht nur auf hochtechnisierte Medizin und Medikamente. Sie möchten sanfte und zugleich effektive Medizin für sich in Anspruch nehmen. Sie wollen eine Medizin, die sie als Gesamtperson zur Kenntnis nimmt und sie nicht nur auf ihre einzelnen Symptome reduziert. Sie möchten auch als mündige Patienten betrachtet werden und ebenfalls mehr und mehr über Risiken und langfristige Nebenwirkungen Bescheid wissen. Es handelt sich hier nicht nur um die Hinwendung zu alternativen Behandlungsmethoden, sondern insgesamt um eine Veränderung des Bewusstseins der Bevölkerung.

Ich verwende den Begriff »alternative Heilverfahren« ungern, weil sie manchmal gar keine Alternative, sondern lediglich eine Ergänzung sind. In anderen Fällen wiederum sind sie keine Alternative, sondern die einzig wirksame Behandlungsmöglichkeit, und die Schulmedizin stellt demgegenüber noch nicht einmal eine Alternative dar. Außerdem hat der Begriff »alternative Medizin« manchmal den Beigeschmack des Zweitrangigen. Aber dies ist mehr oder weniger nur in unserem Kulturkreis so.
Die Akupunktur als Teil der traditionellen chinesischen Medizin ist in China keineswegs eine Alternativmedizin. Sie ist seit vielen Jahrtausenden eine der Säulen des dortigen Gesundheitssystems schlechthin. Neben dieser traditionellen Medizin wird jedoch ebenso die westliche akademische Medizin angewendet und steht gleichberechtigt daneben. Auch dort spielen finanzielle Überlegungen eine nicht unerhebliche Rolle. Man praktiziert seit Jahrhunderten das, was kostengünstig und heilsam ist. Warum sollte man in solchen Fällen auf teure westliche Medizin umsteigen, wenn sich altes Heilwissen gut bewährt hat?
Wie sieht es mit der traditionellen chinesischen Medizin inzwischen bei uns aus? Wurde Akupunktur bis noch vor 25 Jahren von weiten Kreisen der Ärzteschaft abgelehnt, belächelt oder gar vehement bekämpft, so hat sie heute erstaunlicherweise Eingang in viele Arztpraxen gefunden. Wie gesagt, bieten Ärztezeitschriften inzwischen seitenweise Fortbildungskurse in dieser Richtung an. Auch einige Krankenkassen sind dazu übergegangen, die Kosten für eine Akupunkturbehandlung zu übernehmen. Manche Krankenkassen führen sogar groß angelegte wissenschaftliche Studien zur Wirksamkeit der Akupunktur durch. Das war vor

wenigen Jahren noch undenkbar. Ebenso verhält es sich mit der aus Indien stammenden ayurvedischen Medizin. Bei uns bezeichnen wir sie als »alternatives Heilverfahren«. In ihrem Ursprungsland ist sie jedoch eine breite Volksmedizin.

Die Menschen des Westens wenden sich diesen Heilmethoden nicht deswegen zu, weil sie zusätzlich zu den Krankenkassenbeiträgen gern noch zusätzliches Geld für ihre Behandlung ausgeben möchten. Sie tun es, weil viele Heilverfahren ihnen Behandlungserfolge bieten konnten, wozu die Schulmedizin nicht in der Lage war. Eine echte Alternative stellen diese alten Heilmethoden auch dort dar, wo sie auf schonendere und kostengünstige Weise den gleichen Erfolg erzielen.

Die wissenschaftliche Forschung hat sich längst dieser altbewährten Heilmethoden angenommen. Bezüglich der ayurvedischen Medizin laufen weltweit Untersuchungen, um herauszufinden, worauf deren Behandlungserfolge beruhen. Auch die Pharmaindustrie ist in dieser Hinsicht weniger engstirnig als manche Interessengruppen des Gesundheitssystems. In den pflanzlichen Medikamenten sehen sie längst nicht mehr die unliebsame Konkurrenz, die ihre Gewinne schmälert. Im Gegenteil, die Pharmaindustrie ist immer bemüht, neue und wirkungsvolle Medikamente auf den Markt zu bringen und neue Quellen auszuschöpfen. Sie selbst erteilt Forschungsaufträge, um die Wirksamkeit dieser alten Heilmittel zu prüfen und dann im Hinblick auf eine Vermarktung auszuwerten.

Wenn sich in noch nicht einmal 30 Jahren die einst verhärteten Fronten bezüglich Ayurveda und Akupunktur gelockert haben, wie wird sich dann wohl unsere heutige Medizin in noch einmal dreißig Jahren von jetzt an gerechnet entwickelt haben? Ich bin ganz sicher, dass sich auch geistige, d. h. nichtmaterielle Heilmethoden sehr viel weiter verbessert und integriert haben werden. Welchen Stellenwert wird man ihnen aber erst in zwei- oder dreihundert Jahren beimessen?

Ich selbst stehe alternativen Heilverfahren und besonders geistigen Methoden des Heilens sehr kritisch gegenüber. Es ist in dieser Hinsicht nicht alles Gold, was glänzt. Es gibt hier m.E. sehr viel Unsinn. Doch das macht umso mehr deutlich, wie wichtig Information und Transparenz auf diesem Gebiet sind.

Wenn sich herausstellt, dass neue Behandlungsmethoden in bestimmten Fällen effektiver und überdies auch noch kostengünstiger als andere Verfahren sind, werden die Krankenkassen wahrscheinlich nicht zögern, diese den teureren Methoden vorzuziehen. Schon heute wird nur noch das preiswertere von zwei identisch wirkenden Medikamenten von ihnen bezahlt.

Die Menschen verlangen zunehmend nach anderen Formen der Behandlung, sonst hätten die neuen Strömungen keinen Erfolg auf dem »Markt« gehabt. Wie am Beispiel der chinesischen und indischen Medizin zu beobachten war, sind nicht unbedingt Ärzte diejenigen gewesen, welche diese Medizinentwicklung vorangetrieben haben, sondern die Patienten selbst. Sie sind die Pioniere für die Entdeckung und Integration neuer Heilmethoden in die zukünftige Gesundheitsversorgung.

Viele Menschen werden uns Mediziner bald nicht mehr ernst nehmen, wenn wir nicht beginnen, ihre Wünsche nach anderen Verfahren zukünftig mehr zu berücksichtigen. Die Patienten sind in starkem Maße Wegbereiter einer neuen Medizin für das 21. Jahrhundert und das neue Jahrtausend, welches ja noch in den Kinderschuhen steckt ...

Was ist Heilung?

Jeder Patient trägt seinen Heiler in sich.
Wir tun am besten, wenn wir dem Arzt,
der in jedem Patienten wohnt,
Gelegenheit geben, seine Arbeit zu tun.
Albert Schweitzer

Organheilung durch Regelkreise

Ich habe aufzuzeigen versucht, dass Gesundheit mehr ist als nur Fitness und gesunde Ernährung. Aber auch wenn sich immer mehr ein umfassenderes Verständnis von Gesundheit und Heilung herauskristallisiert, müssen wir unsere medizinischen Errungenschaften der letzten hundert Jahre dennoch keineswegs über Bord werfen, selbst wenn sie überwiegend auf einem mechanistischen Menschenbild basierten.

Oft können gerade medizinische Maßnahmen Wegbereiter für geistiges Heilen sein. Sofern später das Einbeziehen geistiger oder nichtmaterieller Maßnahmen die eigentliche Heilung erst bewirkt zu haben scheint, so heißt dies nicht, dass manche schulmedizinischen Behandlungen vorher wertlos gewesen sind. Vielleicht hat gerade dies erst die Basis für weitere Dimensionen des Heilens geschaffen.

Letztlich ist nämlich auch das »rein medizinische« Heilen ohne »Geist« gar nicht möglich. Dafür gibt es viele vermeintlich simple Beispiele. »*Vermeintlich* simpel« deshalb, weil sie so einfach, wie sie auf den ersten Blick scheinen, in Wirklichkeit gar nicht sind. Ein solches vordergründig schlichtes Beispiel ist die Wundheilung. Stellen Sie sich einmal vor, Sie hätten sich geschnitten oder seien gestürzt und hätten sich eine blutende Wunde am Knie zugezogen. Klar, das heilt wieder, so hat man es oft genug erfahren. Aber bei genauerem Betrachten ist es ein wunderbarer und hochkomplexer Vorgang, der da abläuft. Mindestens genauso kompliziert wie die Wundheilung ist die allgemeine Blutgerinnung, ein Vorgang, über den wir uns bei einer kleinen Wunde überhaupt keine Gedanken machen. Er läuft ganz autonom ab. Dahinter steckt aber ein hochkomplexes System, dessen einzelne Schritte kaskadenartig nacheinander ablaufen. Es ist überaus spannend, wenn man sich damit befasst.

Viele Mediziner »mogeln« sich durch ihre Sprache und Art der Beschreibung um die wirkliche Antwort auf die Frage, wie denn die Wundheilung zustande kommt, herum. Verfasser medizinischer Lehrbücher beschreiben die Wundheilung als passiven Vorgang, z.B.: »Es kommt zum Auffüllen des Defekts.« Gut, aber *wer* veranlasst das Auffüllen des Defekts? Oder: »Das Verschweißen der Wundränder wird organisiert.« Ja, aber *wer* organisiert es? – Ein paar simple Fragen sind bis heute nicht zu beantworten:

- »Wie wird dieser komplizierte Mechanismus in Gang gesetzt?«
- »Woher weiß dieses System, dass es nun in verstärktem Maße Blutgerinnungsfaktoren an genau diese Stelle des Körpers verlagern muss?«
- »Woher weiß die Wunde, dass sie geschlossen ist?«
- »Und wenn das Bindegewebe einsprießt, um die Wundlücke zu schließen, woher weiß es, dass die Stelle nun

wieder so aussieht wie vorher und es die Produktion einstellen kann? Diese kleinen Bausteine des Körpers können die entsprechende Stelle ja nicht von außen betrachten und feststellen, wann alles wieder im ursprünglichen Zustand ist …?«

Schon als Medizinstudent interessierten mich diese Fragen brennend, doch ich bekam nur unzureichende Antworten. Es wurde gesagt, es handle sich um Regelkreise. Doch eine wirkliche Antwort war das nicht, denn wie kommen diese Regelkreise zustande, und wer stellt die Standards dafür ein? Auf welche Weise erfolgt die Informationsübertragung, dass die Reparaturarbeiten an der Wunde beendet sind und der Nachschub an Baumaterial dafür eingestellt werden kann?
Stellen Sie sich einmal das Heizungssystem in Ihrem Hause vor, denn das genau ist ein Regelkreis. Wenn die gewünschte Temperatur erreicht ist, stellt sich der Brenner wieder auf Sparflamme und hört auf zu heizen. Das Entscheidende jedoch ist, dass diesen Regelkreis jemand zuvor definiert und eingestellt haben muss. Diese Definition hat der Regelkreis nicht von sich aus vorgenommen. Die Therme kommt nicht von allein auf die Idee, dies zu tun. Erst wenn vorher definiert wurde, was das Ziel ist – die zu erreichende Raumtemperatur –, wird dieser Regelkreis in Gang gesetzt.
Der Regelkreis mit Therme, Heizungsrohren und Rückmeldesystem hat sich auch nicht selbst erschaffen und in das Haus eingebaut. Der Bauherr hat sich für diese Art der Heizung entschieden, sie installiert und dann die zu erreichende Temperatur für die Wohnung definiert – alles Maßnahmen, die mit Bewusstsein und Geist zu tun haben. Und zuvor war noch eine andere Intelligenz am Werk, die diese Heizung konstruiert hat.
Bei der Heizung im Wohnhaus mag das ja noch relativ einfach sein. Im Falle der Wundheilung aber oder bei anderen

physiologischen Vorgängen ist der Sachverhalt sehr viel komplizierter. Ich will nicht damit sagen, dass ein Schöpfer sich diesen Mechanismus der Rückkopplungsschleifen ausgedacht hat, aber es liegt auf der Hand, dass hinter jenen Heilungsvorgängen, die rein mechanisch abzulaufen scheinen, ein geistiges Prinzip steht, das alles regelt und koordiniert.
Je mehr man über solche Vorgänge erfährt, umso faszinierender und geheimnisvoller werden sie jedoch.

Heilung als Veränderungsprozess

Die Zeit der Krankheit ist auch eine Zeit der Umstrukturierung, um sich neu zu justieren. Während einer langen Krankheit machen wir vielfältige Erfahrungen, die uns jedoch nicht unbedingt angenehm sind. Wir werden in starkem Maße mit uns selbst konfrontiert und lernen die eigenen Grenzen kennen.
Aber wir wissen auch, dass Schmerzen einen Signalcharakter haben. Das ist positiv. Sie weisen uns zunächst darauf hin, dass etwas nicht stimmt. Halten sie jedoch längere Zeit an, müssen wir einen Arzt konsultieren, um herauszufinden, worauf sie beruhen. Wir werden gezwungen, in unseren Aktivitäten einen Gang zurückzuschalten, oder sind sogar arbeitsunfähig. Wir leiden, ärgern uns vielleicht über die Krankheit, haben aber auch Zeit, über uns nachzudenken. Viele lernen erst in einer solchen Situation, die verloren gegangene Gesundheit zu schätzen. Vielleicht wird uns bei einer sehr ernsthaften oder gar lebensbedrohlichen Krankheit bewusst, »was wirklich zählt« im Leben. Diese Werte sehen

wahrscheinlich ganz anders aus als das, was wir bisher gelebt haben. Möglicherweise werden auch spirituelle Themen danach wichtiger.
In vielen Fällen scheint ein Organ nicht einfach »zufällig« zu erkranken. Somit genügt es nicht, es einfach nur reparieren zu wollen. Derartige Krankheiten können häufig nur vor dem lebensgeschichtlichen Hintergrund des Betreffenden verstanden werden. Man darf sie nicht losgelöst von der Persönlichkeit des Kranken, seiner Einstellung, seinen Beziehungen und seinen Konfliktlösungsfähigkeiten betrachten.
Der eigentliche Ursprung des Leidens ist in manchen Fällen nicht außerhalb des erkrankten Körpers zu suchen, sondern innen, z. B. in seelischer Verknöcherung, geistigem Stillstand, seelischer Verwundung oder Trauer, menschenfeindlicher Grundstimmung, negativen Gefühlen wie Hass, Neid und Eifersucht oder anderen Dingen.
Krankheiten scheinen in diesen Fällen eine lebensdienliche Absicht zu verfolgen. Sie wollen uns vielleicht auf etwas hinweisen, haben somit einen Sinn, auch wenn dieser uns zum gegenwärtigen Zeitpunkt noch rätselhaft erscheint. Man sagt dann auch, dass den Symptomen in gewisser Weise ein *Signalcharakter* zukommt. Dieses wird uns im Verlauf des Buches noch an verschiedenen Stellen beschäftigen.
Ich möchte ausdrücklich betonen, dass es Krankheiten gibt, die meines Erachtens keinen wirklich erkennbaren Sinn verfolgen und einfach nur eine Plage für den Betreffenden zu sein scheinen. Vielleicht gilt das sogar für die Mehrzahl der Erkrankungen. Aber auch sie zwingen uns, uns mit der veränderten Situation infolge der Krankheit auseinander zu setzen.
Grundsätzlich ist es aber gar nicht so einfach zu verstehen, dass bestimmte Leiden eine lebensdienliche Absicht haben sollen. Sie sind jedoch in solchen Fällen potenzielle Weg-

bereiter geistiger und spiritueller Erneuerung und können eine Reifung der gesamten Persönlichkeit bewirken. Vom Sinn her betrachtet, ist manche Krankheit also ein Versuch der Natur, den Menschen von Grund auf zu heilen. Heilende Umgestaltung scheint aber oft ohne die Not des Leidens nicht möglich zu sein. Heilung muss deshalb in solchen Fällen viel umfassender gesehen werden.

Psychosomatische Aspekte der Heilung

Wenn man auf der Suche nach etwas ist, muss man eine gewisse Vorkenntnis, eine Idee von dem haben, was man zu finden hofft.

Eine Heilung ist wesentlich vielschichtiger, als landläufig angenommen wird. Was es heißt, für eine wirkliche Heilung die Lebensumstände, die Emotionen und Bedürfnisse des Betreffenden mit zu berücksichtigen, möchte ich an einem kurzen Beispiel erläutern.

Die Suche nach Heilung ist häufig auch eine Suche nach dem verlorenen Teil von uns selbst. Ein Satz wie »Eigentlich bin ich ganz anders, aber ich komme nur selten dazu, so zu sein, wie ich bin« drückt dies aus. Auch wenn man damit auf gewisse Weise ironisch sein möchte, so kommt in dieser Aussage doch eine bedeutungsvolle Wahrheit zum Vorschein. Wer solche Worte äußert, erlebt sich nicht als authentisch. Er drückt sein Bedauern darüber aus, nicht alle seine Potenziale entfaltet zu haben. Von der Anlage her betrachtet, müsse in seinem Leben doch eigentlich »noch mehr drin sein«.

Wie läuft für viele von uns der Alltag ab? Wir werden mit

Informationsmüll zugeschüttet, allerorten mit Musik berieselt, sind im Beruf stark gefordert und erleben unterschiedlichste Arten von Stress. Unser Leben verläuft manchmal wie das eines Hamsters im Laufrad, und wir merken es oft noch nicht einmal. Dieser Zustand ist wie eine Alltagstrance. Es ist ein eher *negativ* veränderter Bewusstseinszustand, der mit wacher Aufmerksamkeit für sich selbst und dem Leben gegenüber nicht viel zu tun hat. Wir sind in dieser Alltagstrance *abwesend von uns selbst* und leben so, wie wir es eigentlich gar nicht möchten.

Es geht uns dann vielleicht ähnlich wie jener Frau, die kürzlich wegen einer Reihe körperlicher Beschwerden in die Sprechstunde kam. Sie war Ende vierzig, sehr attraktiv, charmant und sah mindestens zehn Jahre jünger aus, als sie tatsächlich war. Sie äußerte die Vermutung, dass ihre massiven körperlichen Beschwerden wahrscheinlich etwas mit ihrem derzeitigen Leben zu tun hätten.

Ihr Leben lief aber sehr geordnet ab. Sie hatte auf den ersten Blick eigentlich keine Probleme, die als für ihre Beschwerden ursächlich erkennbar gewesen wären. Sie konnte sich fast jeden Luxus leisten, denn sie hatte einen reichen Ehemann. Sie besaß alles, was wir uns landläufig für ein glückliches Leben wünschen. Es beschlich sie aber eine unbestimmte Ahnung, dass sie irgendwie an ihrem eigentlichen Leben vorbeilebte.

Diesen Zustand beschrieb sie mit den Worten: »Ich habe gar nicht das Gefühl, ich selbst zu sein. Ich kenne mich im Grunde gar nicht richtig.« Sie hatte auch nicht das Gefühl, irgendwo innerlich verweilen zu können, denn ihre Aufmerksamkeit hüpfte wie ein unruhiges Äffchen von Ast zu Ast. Sie fühlte sich in allem, was sie tat, »kopfgesteuert«, auch in der Beziehung zu ihrem Mann. »Meine wirklichen Gefühle lasse ich im Grunde genommen gar nicht zu.«

Im Verlauf des Beratungsgesprächs verschwanden seltsamerweise die meisten ihrer körperlichen Beschwerden. Sie fühlte sich außerordentlich wohl. Bei der Verabschiedung sagte sie: »Gleich habe ich wieder Trubel ohne Ende. Meine Freundinnen wollten unbedingt mit mir Kaffee trinken gehen. Außerdem habe ich Termine hier und da, und am Abend möchte mein Mann mit mir essen gehen. Jeden Mittwoch und Samstag müssen wir essen gehen.«

Dabei war sie gar nicht berufstätig. Sie hatte ihren Job nach der Heirat aufgegeben. Die zwei Töchter waren erwachsen und praktisch schon aus dem Haus. Auch gewöhnliche Hausarbeit wurde ihr durch Personal abgenommen. Sie hatte viel Zeit für sich selbst. Die genoss sie auch. Sie besuchte Konzerte, traf sich mit Freundinnen, kaufte in Modeboutiquen ein und konnte ihre Zeit nach Lust und Laune verbringen. Viele beneideten sie um ihre Lage. Die Urlaube, die das Ehepaar mehrfach im Jahr unternahm, waren immer etwas Besonderes. Keiner kannte aber ihren wahren Kummer. Auch ihr Ehemann war nicht sehr darin interessiert, was wirklich in ihr vorging.

Im Grunde genommen war sie mit ihrer Ehe recht unzufrieden, obwohl sie materiell gut versorgt war. Auch in Bezug auf die Tiefe ihrer Gefühle war sie sich eher unsicher. Seinerzeit war sie eine Vernunftehe eingegangen, um versorgt zu sein. Sie hatte außerdem keine wirkliche Aufgabe mehr im Leben, und sie erlebte auch keine berufliche Herausforderung, an der sie sich hätte beweisen können. Zudem fehlten ihr die Kolleginnen und Kollegen wie auch deren Anerkennung.

Und was ihr Angst machte, war im Grunde die Perspektivlosigkeit dieser Situation. Es würde keine eigentliche Weiterentwicklung mehr in ihrem Leben stattfinden. Es würde sich alles auf der gleichen Stufe wiederholen.

Eine kleine Geschichte von Anthony de Mello illustriert dieses Dilemma auf anschauliche Weise:

Eine Frau lag im Koma. Plötzlich hatte sie das Gefühl, sie käme in den Himmel und stünde vor dem Richterstuhl.
»Wer bist du?«, fragte eine Stimme.
»Ich bin die Frau des Bürgermeisters«, erwiderte sie.
»Ich habe nicht gefragt, wessen Ehefrau du bist, sondern wer du bist.«
»Ich bin die Mutter von vier Kindern.«
»Ich habe nicht gefragt, wessen Mutter du bist, sondern wer du bist.«
»Ich bin Lehrerin.«
»Ich habe nicht nach deinem Beruf gefragt, sondern wer du bist.«
Und so ging es weiter. Alles, was sie erwiderte, schien keine befriedigende Antwort auf die Frage zu sein: »Wer bist du?«
»Ich bin eine Christin.«
»Ich fragte nicht, welcher Religion du angehörst, sondern wer du bist.«
»Ich bin die, die jeden Tag in die Kirche ging und immer den Armen und Hilfsbedürftigen half.«
»Ich fragte nicht, was du tatest, sondern wer du bist ...«
Offensichtlich »bestand« die Komapatientin die »Prüfung« nicht, denn sie wurde zurück auf die Erde geschickt. Als sie körperlich wieder genesen war, beschloss sie, herauszufinden, wer sie war. Und das war die Voraussetzung dafür, wirklich gesund zu werden.[4]

Die Krankheit der Frau, die zur Behandlung kam, sprach auf Medikamente kaum an, weil eben nicht nur das körperliche Symptom behandlungsbedürftig war. Wegen der

4 Geringfügig modifiziert nach de Mello, Anthony, *Warum der Schäfer jedes Wetter liebt,* Herder Verlag, Freiburg i.Br. 1992, S. 56.

massiven körperlichen Beschwerden, die hier gar nicht im Einzelnen aufgelistet werden sollen, hatte sie nämlich schon viele Ärzte konsultiert. So richtig aber konnte keine der bisherigen Maßnahmen eine Beschwerdefreiheit bewirken. Erst das Einbeziehen ihrer Gefühlswelt und Teile ihrer Lebenssituation eröffneten Entwicklungsmöglichkeiten und damit eine Besserung ihrer Erkrankung.

Geistige Dimensionen des Heilens

Wenn alle bisherigen Behandlungsversuche fehlgeschlagen sind und die Schulmedizin in den Augen des Patienten versagt hat, dann beginnt oftmals die Suche nach anderen Wegen. Ausgangspunkt dafür ist vielfach ein inneres Wissen, dass das Gesuchte irgendwo existieren müsse. Manchmal bleibt dabei die Hoffnung auf der Strecke, und Angst, Resignation oder Verzweiflung gewinnen die Oberhand. Ich möchte hier jedoch auch Mut machen und von Dingen berichten, die über das bisher Versuchte hinausführen.
Der Wunsch des Betreffenden, die körperlichen Beschwerden so schnell wie möglich loszuwerden, ist nur allzu verständlich. Das eigentliche Ziel geistiger Heilung liegt aber nicht darin, nur für die Beseitigung der äußerlichen Krankheitssymptome zu sorgen. Das wäre dann ja genau das, was man der Schulmedizin häufig vorwirft, dass sie die Krankheit lediglich als Feind begreife, den es zu bekämpfen gelte. Geistige Dimensionen der Heilung setzen zwar auch oft an den Symptomen an, gehen aber in ihrer Wirkung weit darüber hinaus. Geistige Dimensionen des Heilens bieten zusätzlich die Chance einer Vervollständi-

gung der Persönlichkeit und eine Höherentwicklung des Bewusstseins.
Bei der Betrachtung der geistigen Dimensionen des Heilens in diesem Buch möchte ich besonders auf fünf Punkte näher eingehen:

1. die geistige Mobilisierung der Selbstheilungskräfte (Aktivierung des *inneren* Heilers),
2. die Heilung durch geistige Kräfte einer anderen Person (Hilfe durch einen *außen stehenden* Heiler),
3. Möglichkeiten der Heilung durch geistige Energien aus einer übergeordneten Realität,
4. Möglichkeiten der Heilung durch »Personen oder Wesenheiten« aus der *geistigen* Welt und
5. die *geistig-spirituelle Weiterentwicklung* als übergeordnetes Ziel des geistigen Heilens.

Andere Bewusstseinszustände als Quelle der Heilung

Ich habe geweint, weil ich keine Schuhe hatte,
bis ich einen traf, der keine Füße hatte.
Chinesische Weisheit

Veränderte Bewusstseinszustände können eine Quelle der Heilung und der Kraft sein. Es ist gar nicht so einfach, diese Bewusstseinszustände zu beschreiben und nachvollziehbar zu machen. Ich werde hier der Einfachheit halber von *»anderen* Bewusstseinszuständen« sprechen; denn ich weiß nicht, ob sie »tiefer« oder »höher« sind. Ich weiß auch nicht, ob eine derartige Lokalisation überhaupt dafür angebracht ist.

Veränderte Bewusstseinszustände könne man aber auch im alkoholischen Vollrausch oder unter Drogen erleben, mag man einwenden. Das ist aber nicht das, worum es hier geht. Die Wahrnehmung im Rausch ist doch wohl eher durch eine chemische Substanz vernebelt und verzerrt. Menschen, die sich mit solchen Mitteln betäuben oder anregen wollen, engen damit nicht nur ihr Bewusstsein ein, sondern schwächen auch ihre Kräfte. Die meisten von ihnen geben eher ein jämmerliches Bild ab. Sie gelangen dadurch keineswegs auf die geistige Ebene, auf der ungeahnte Kräfte frei werden können. Das ist aber genau das Thema, mit dem ich mich nun beschäftigen möchte.

Jeder Mensch, selbst wenn er an einer schwer wiegenden Krankheit leidet, hat auch noch viele gesunde Anteile. Er verfügt über Ressourcen, also Fähigkeiten und Stärken, auf die er bauen kann und die im Heilungs- bzw. Genesungsprozess mehr in den Vordergrund gerückt werden sollten. Das ist ein ganz zentraler Punkt, der aber oft übersehen wird. Auf solche verborgenen Potenziale möchte ich nun näher eingehen. Ich werde in den nächsten Kapiteln zeigen, wie innere Kraftquellen zum Zwecke der Heilung angezapft werden können. Zunächst stelle ich jedoch zwei Beispiele vor, in denen ein solcher ungewöhnlicher Bewusstseinszustand sich spontan einstellte, um das Überleben zu sichern.

Ein blauer Feuerball

Cindy Z. führte das Leben einer erfolgreichen Geschäftsfrau in Denver, Colorado. Sie vermittelte Fachkräfte für internationale Firmen; sie war verheiratet, hatte einen kleinen Sohn, und ihr Ehemann leitete eine eigene, gut gehende Baufirma. Sooft sie konnten, fuhren sie am Wochenende in ihr Ferienhaus hoch oben in den Bergen, denn sie waren leidenschaftliche Skiläufer.
An einem Wochenende, als der 2000 Liter fassende Heiztank gerade mit Propangas gefüllt worden war, meinte sie, im Keller Gas zu riechen. Sie teilte diese Vermutung ihrem Mann mit, der dies für ganz ausgeschlossen hielt. Er stieg selbst in den Keller hinunter und zündete dort, wie zum Gegenbeweis, sein Feuerzeug an, woraufhin eine riesige Stichflamme aus dem Keller hervorschoss. Cindy spürte,

wie ein blauer Feuerball das Haus für einen Moment aus dem Fundament hob. Dann stand sie selbst lichterloh in Flammen. Die Kleidung schmolz praktisch auf ihrem Körper. Sie warf sich auf den Boden, um die Flammen zu ersticken, doch bereits zu diesem Zeitpunkt war der größte Teil ihrer Haut verbrannt.

Sie sprang wieder auf und riss den brennenden Körper ihres Sohnes an sich, um auch die Flammen an seinem Körper zu ersticken. Dann wählte sie mit verbrannten Händen die Nummer des Hubschrauber-Rettungsdienstes. Als dieser eintraf, schilderte sie mit geradezu gespenstischer Ruhe den Unfallhergang und besaß sogar noch die Geistesgegenwart, zu erwähnen, dass sie und ihr Sohn eine Penizillinallergie hätten. Dann brach sie bewusstlos zusammen.

Auf dem Weg zum Hubschrauber kam sie kurz zu sich und machte ihrem Sohn Mut, durchzuhalten. Aber plötzlich wich das Leben selbst aus ihrem Körper. Die Instrumente der Notärzte zeigten keinen Herzschlag mehr an. Cindy machte jedoch eine eigenartige Erfahrung. Sie war aus ihrem Körper herausgeschwebt und blickte auf das leblose, schrecklich verbrannte Etwas unter sich.

»Ich wusste, dass *ich* das war, und ich sah zu, wie sie versuchten, mein Leben zu retten. Doch ich fühlte mich wie in einem Licht, so warm und geliebt und friedlich und wie von zwei Händen gehalten. Ich hätte aufgegeben, wenn mein Kind nicht gewesen wäre.«[5]

Im Krankenbericht las sie später, man habe nicht erwartet, dass Mutter und Sohn das Krankenhaus lebend erreichen würden. Cindy erinnerte sich, wie sie ein stilles Gebet sprach und ihr Leben in andere Hände legte: »Ich weiß noch, wie

5 Nach einer Schilderung in: Hirshberg, Caryle, und Barasch, Marc Ian, *Unerwartete Genesung. Die Kraft der Heilung kommt aus uns selbst,* Droemer Knaur Verlag, München 1995, S. 107 ff.

ich dachte: ›Lieber Gott, ich bitte dich, ich muss meinen Sohn großziehen, ich habe mich nicht genügend um meine beiden Großmütter gekümmert, und ich war auch nicht glücklich. Bitte gib mir noch eine Chance und lass mich am Leben. Bitte!‹«

Der Hubschrauber landete, und mit einem »Ruck« kehrte sie zurück in ihren Körper. Aber es war ein Körper, an dem jeder Quadratzentimeter vor Schmerzen brannte. Die Ärzte gaben ihr Morphium, als sie die offenen Wunden reinigten. Aber auch das konnte ihre höllischen Schmerzen kaum lindern.

Cindy geriet in einen Zustand spontaner Trance: »Die Schmerzen waren so stark, dass ich mich im Geist instinktiv in eine Höhle am Meer zurückzog. Während sie meinen Körper zweimal täglich mit Stahlbürsten abrieben, stellte ich mir vor, wie ich mit Zachary am Strand spazieren ging.«

Die Ärzte hatten ihr kaum eine Überlebenschance eingeräumt. In den nächsten zweieinhalb Monaten überstand sie grausame Qualen und 27 Operationen. Eines ihrer Überlebensgeheimnisse bestand darin, dass ihr Körper sie immer dann in einen anderen Bewusstseinszustand schickte, wenn die Schmerzen unerträglich zu werden begannen. So lernte sie, die Qualen auszuhalten und ihre Lebenskraft zu stärken.

Nach ihrer Genesung wurde Cindy Präsidentin einer Vereinigung, die Brandopfer im Kindesalter unterstützt. Zu ihren vielen Narben sagt sie: »Wir alle tragen innerlich schmerzhafte Narben mit uns herum, und ich trage meine eben außen.« Sie glaubt, dass das Feuer sie gestählt habe. Sie ruhe mehr in sich selbst als jemals zuvor.

Trance bietet nicht nur in solchen schwer wiegenden Fällen faszinierende Möglichkeiten der Heilung. Die meisten Menschen benötigen jedoch Hilfe durch einen erfahrenen Therapeuten, um in einen hypnoseähnlichen Zustand eintreten zu können. Cindy verfiel spontan in Trancezustände, um zu überleben. Erwiesenermaßen kann man durch Hypnose Schmerzen vollkommen ausschalten oder kontrollieren, die Wundheilung beschleunigen und sogar die Blutzufuhr verstärken oder drosseln. All das sind Faktoren, die für die Heilung äußerst wichtig sind.

»Geistige Blutstillung« sichert das Überleben

Pascale Noa Bercovitch lebte in Frankreich. Sie war ein Teenager, der von dem Gedanken beseelt war, eines Tages nach Israel zu gehen, um mitzuhelfen, die Wüste zu begrünen und fruchtbar zu machen. »Mein Herz war voll mit diesem Traum«, sagte sie in charmant gebrochenem Deutsch.[6]
Sie ist siebzehn, als ihr bei einem Unfall mit einem Zug beide Beine abgeschnitten werden. »Ich musste jeden Morgen zum Gymnasium mit dem Zug fahren. Ich war zu spät. Der Zug hat nicht gewartet, und da ich sehr sportlich war, bin ich ihm nachgelaufen, um ihn noch zu erreichen. Dabei wurde ich vom Sog erfasst und unter den Zug gezogen.«
Die Räder rollen über sie hinweg. Wie mit einem scharfen Schwert trennen sie beide Beine in Höhe der Oberschenkel messerscharf ab. Ihr Schicksal scheint besiegelt. Alle großen Blutgefäße liegen offen. Innerhalb kürzester Zeit wird sie verblutet sein.
Doch was dann geschieht, ist kaum zu glauben. »Dass ich überlebte, ist ein Wunder«, sagte sie. »Ich kann das nicht erklären. Auch die Ärzte können das nicht erklären.«

6 Sie schilderte diesen Unfall in der Fernsehsendung »Boulevard Bio«, WDR, vom 2.5.2000.

Als Schwerverletzte liegt sie vierzig Minuten lang allein zwischen den Schienen. »Zunächst nahmen die Passanten wohl an«, berichtet sie später, »dass ich tot sei, denn man kann eigentlich so einen Unfall unmöglich überleben. Dann merkten wohl einige, dass ich nur *fast tot* war. Aber immer noch hat keiner den Rettungswagen gerufen. Vielleicht haben sie gedacht, dass es das Beste für mich wäre, wenn ich wirklich tot wäre, als mit den Folgen zu leben. Der Arzt ist erst nach vierzig Minuten gekommen. Das war für mich wie hundert Jahre.«

Pascale Noa Bercovitch ist in einem Ausnahmezustand. Jeden Moment erwartet sie, dass ihr Leben verlöschen wird. Doch plötzlich wachsen ihr geistige Fähigkeiten zu, die ungewöhnliche Heilkräfte mobilisieren. Was ihr während dieser wie die Ewigkeit erscheinenden vierzig Minuten durch den Kopf geht, beschreibt sie später so: »Ich wollte nur leben. Ich habe in diesen Minuten vieles verstanden, mehr als in vielen Jahren vorher und nachher. Ich dachte in dem Moment: ›Ich *muss* leben. Das Leben ist kurz genug. Ich muss *leben.*‹ Ich hatte so einen Lebenswillen. Ich habe *mit meinem Kopf den Blutverlust gestoppt.* Das geht normalerweise nicht. Das ist physikalisch unmöglich.«

Wie das genau funktionierte, wissen wir nicht, aber *dass* es möglich ist, dafür ist Pascale Noa Bercovitch eine eindrucksvolle Zeugin. »Als ich auf den Schienen gelegen habe, hatte ich eine Vision«, erklärte sie weiter. »Das war sehr komisch. Ich kann das auch nicht erklären. Meine Beine waren überall. Ich habe mich aber an eine kleine Wand gelehnt gesehen und lächelte – ohne Beine. Ich habe mich genau so gesehen, wie ich auch jetzt bin. Ich weiß nicht, wo diese Vision herkam. Das ist wie eine Botschaft gewesen. Ich habe mich in der Zukunft gesehen, genau so, wie ich heute bin. Und das ist jetzt fünfzehn Jahre *nach* diesem Unfall.«

Pascale ist Anfang dreißig und lebt in Tel Aviv, als sie rückblickend von diesem Ereignis berichtet. Und wenn man sie sieht, kann man zwei Dinge kaum zur Deckung bringen: das Wissen um diesen schweren Unfall und ihre sprühende Lebensfreude. Das Bewundernswerteste an ihr sind ihre Kraft, ihr Lebenswillen und der Optimismus, den sie ausstrahlt.

Im Gegensatz zu Pascale kamen ihre Eltern mit dem Schicksal ihrer Tochter weit schlechter zurande. Sie waren vor Trauer und Entsetzen wie gelähmt. Sie konnten sich für sie nur eine trostlose Zukunft im Rollstuhl vorstellen. Pascale entfaltete jedoch einen ungeheuer positiven Lebenswillen.

Drückte ihre damalige Vision ihren Lebensentwurf aus, den es zu verwirklichen galt? Das kann man nicht beweisen, aber »zumindest« gab sie ihr eine Vorstellung von einer Lebensqualität, die trotz der Verstümmelung möglich sein würde. Diese bildhafte Botschaft leistete auf der geistigen Ebene so etwas wie eine »Blitz-Psychotherapie«.

Sie verfiel nicht in tiefe Depressionen. Sie musste sich auch nicht erst mühevoll mit ihrem Schicksal aussöhnen. Diese geistige Vision gab ihr Lebenskraft und Optimismus.

»Schon im Krankenhaus habe ich mir gesagt: ›Okay, ich werde das und das ohne Beine *nicht* machen können. Wenn ich mich nicht bewegen kann, dann werde ich eben Bücher schreiben.‹«

Pascale Noa Bercovitch ist nicht nur ein Beispiel dafür, wie geistige Potenziale ihr Leben retteten, indem sie das Verbluten stoppten, sie ist auch eine Frau, die gleichzeitig der beste Beweis dafür ist, dass diese geistigen Potenziale sie anschließend dazu befähigten, trotz des schweren Handicaps außergewöhnliche Dinge zu vollbringen.

Die Lebenskraft entfaltet sich weiter

Bemerkenswert sind nämlich nicht nur Pascale Noa Bercovitchs physische Leistungen, die sie trotz der Einschränkungen vollbringt, sondern auch die positive Entwicklung ihrer gesamten Persönlichkeit. Deswegen möchte ich noch einige Sätze über ihre weitere biographische Entwicklung hinzufügen, die über den Moment der »geistigen Lebensrettung« hinausführen.

Pascale Noa Bercovitch wanderte später nach Israel aus und trat dort in die Armee ein. Sie wollte etwas Sinnvolles gestalten. Das war, wie gesagt wurde, schon vor dem Unfall ihre Idee gewesen. Sie hat dort u. a. mit verletzten Soldaten aus dem Libanonkrieg gearbeitet. Wenn es junge Soldaten gab, die im Krieg Arme oder Beine verloren hatten, so wurde Pascale zu ihnen gerufen. So konnte sie aus ihrer Erfahrung heraus mit ihnen wieder eine neue Perspektive entwickeln. Wenn die verletzten Soldaten sahen, das jemand auch ohne Beine ein erfülltes Leben führen konnte, eine Partnerschaft hatte und auch im Beruf erfolgreich war, konnten sie wieder neue Hoffnung schöpfen. Das war eine *neue Möglichkeit*, auf den Schicksalsschlag zu reagieren. Das stand im Gegensatz zu den klagenden und um sie weinenden Familienangehörigen.

Obwohl Pascale Noa Bercovitch zum Zeitpunkt des Gesprächs erst 32 Jahre alt war, konnte sie bereits auf eine beachtliche Karriere als Journalistin beim israelischen Fernsehen zurückblicken. Sie war sogar Chefredakteurin eines Senders. Aber all das gab sie wieder auf, um erneut als Dokumentarfilmerin viele Länder der Welt zu bereisen. Sie tat das im Rollstuhl, aber auch ohne dieses Hilfsmittel – und zwar nur geschützt durch Lederbandagen an den Stümpfen

und mit Schutzhandschuhen. So ist sie kilometerweit in die Wüste hinausgezogen und hat dort mit drogenabhängigen jungen Leuten gearbeitet.
Sie schildert, dass die Jugendlichen ständig gejammert hätten, wie schlimm es für sie sei, in der Wüste nicht an ihre Drogen heranzukommen. Eines Tages sei ihnen jedoch etwas klar geworden. Sie beklagten immer nur, wie schlimm ihr eigenes Schicksal war, das sie aber selbst in der Hand hatten. Sie hatten die Möglichkeit, sich *gegen* Drogen zu entscheiden. Ihnen wurde klar, dass es weit schwieriger sein müsse, ohne Beine auszukommen und trotzdem alles machen zu können, was man sich vornahm.
Eine Äußerung ließ Pascale Noa Bercovitch bei der Schilderung ihres Unfallgeschehens eher beiläufig fallen: »Ich bin sehr glücklich. Ich bin genau zwischen zwei Schienen gefallen. Man kann mich sozusagen als Maß für die Breite französischer Schienen benutzen. Genau ein Meter.« Auch der Humor hat ihr also sicherlich über einiges hinweggeholfen.

Die Aussage dieser Frau, dass sie mithilfe des Geistes eine Blutung stoppten konnte, erhält dadurch, dass wir diese in Beziehung zu ihrem ganzen Leben setzen, Glaubwürdigkeit und mehr Gewicht. All jene, die diese außergewöhnliche Form von geistiger Einflussnahme auf einen lebensbedrohlichen körperlichen Zustand als rein zufälliges Überleben abzutun versuchen, müssen sich zwei Fragen gefallen lassen: Auf welche persönlichen Erfahrungen in diesem Bereich können Sie selbst zurückgreifen, und wie bewirkte denn bei genauer Betrachtung wohl der Faktor »Zufall« diese Blutstillung?
Was genau hat in diesem Fall Heilung bewirkt oder besser gesagt »erste Hilfe« geleistet? Die besonderen geistigen Potenziale scheinen nicht jederzeit in unserem Alltagsbe-

wusstsein verfügbar zu sein. Auch Pascale Noa Bercovitch befand sich wohl in einem anderen Bewusstseinszustand, wahrscheinlich in einer Art Trance. Wie vielversprechend wäre es für die medizinische Behandlung und auch für die Persönlichkeitsentwicklung jedes Einzelnen, wenn wir diese geistigen Potenziale nicht nur in lebensbedrohlichen Ausnahmezuständen anzapfen könnten!

Heilsame Trance

Doch ich bin ich und werd gespeist
von meines Urgrunds Quell.
Laotse

In veränderten Bewusstseinszuständen entdeckt der Geist eine andere Ebene der Wirklichkeit.
Cindy Z. und Pascale Noa Bercovitch traten auf irgendeine Weise in einen besonderen Bewusstseinszustand ein, der ihnen ungewöhnliche Kräfte zur Verfügung stellte. Irgendeine Instanz in ihnen führte auf unerklärlichem Wege lebensrettende geistige Maßnahmen durch. Das legt die Frage nahe: Wie können wir das Eintauchen in einen besonderen Bewusstseinszustand auch für andere Erkrankungen als Quelle der Heilung nutzen?
Krankheit ist in vielen Fällen Ausdruck dessen, dass man nicht mehr mit seiner inneren Lebensquelle in Verbindung steht. Wer lange Zeit an sich selbst vorbeilebt, kaum mit seinem eigenen Urgrund verbunden ist, nimmt irgendwann Schaden. Wir haben das am Beispiel der Frau mit massiven psychosomatischen Symptomen gesehen, deren Krankheit nicht ohne Einbeziehung des lebensgeschichtlichen Hintergrunds zu verstehen und zu behandeln ist. Das Leben und die Gesundheit können nicht mehr in genügendem Maße aus der inneren Kraftquelle gespeist werden. Das Resultat ist eine Störung im System oder vielleicht irgendeine

Krankheit. Im Umkehrschluss würde Heilung dann bedeuten, den Menschen wieder mit diesem inneren Lebensquell in Verbindung zu bringen.
Eine sehr wirkungsvolle Methode ist die Hypnose. Mit ihr lässt sich auch ein außergewöhnlicher Bewusstseinszustand herbeiführen, der vielleicht sogar mit den Erfahrungen von Cindy und Pascale identisch ist. Hypnose ist eine uralte Methode, die in den letzten Jahrzehnten weiterentwickelt wurde und immer mehr Eingang in die Medizin gefunden hat. Trance ist der Zustand, in den die hypnotisierte Person dann eintaucht.
Viele Menschen haben die Vorstellung, dass man in der Hypnose ganz »weggetreten« sei. Sie denken an einen Zustand wie in der Narkose oder im Tiefschlaf. Aber Trance ist lediglich ein veränderter Bewusstseinszustand, in dem die Aufmerksamkeit sehr stark fokussiert ist. Es ist etwa so, als wenn der Lichtkegel einer Taschenlampe auf einen Punkt konzentriert ist. Das kann sogar mit erhöhter Wachheit einhergehen. Dieser Bewusstseinszustand lässt sich auch im EEG, der Ableitung der elektrischen Hirnströme, nachweisen.

Das Kraftzentrum

Wenn man also die Menschen wieder mit ihrem inneren Kern in Verbindung bringt, schließt man sie damit auch wieder an ihre eigenen Kraftquellen an. Vielleicht könnte man diesen inneren Kern als eine Art »Lebensgenerator« bezeichnen. Es ist eine geistige Instanz, das, was unverwechselbar nur *wir selbst* sind. Sie steuert sozusagen unser Lebensprogramm. Und nicht nur das: Sie ist auch für eine

Vielzahl unterschiedlicher physiologischer Steuerungsprozesse im Körper verantwortlich.

Sie verfügt gleichzeitig über eine enorme geistige Energie und kann Heilungsprozesse bewirken, wie wir an dem kleinen Beispiel über den heilsamen Traum gesehen haben (siehe das Kapitel »Wenn die Seele zu Hilfe eilt: Heilung im Traum«). Es ist nicht nur unser Wesenskern, sondern auch die oberste geistige Schaltzentrale – was nicht automatisch mit dem Gehirn identisch ist. Dieses sind alles nur bildhafte Umschreibungen für etwas, was nicht sichtbar ist. Es ist jedoch das, was ich als Essenz aus Heilprozessen mit Patienten gewonnen habe.

Ich möchte diesen Sachverhalt an dem Bild einer Spirale erläutern. Bei der Spirale wird deutlich, dass das Kraftzentrum ganz in ihrem Ursprung zu finden ist. In der Abbildung ist es als strahlende Lichtenergie im Zentrum lokalisiert. Wie stark eine solche Lichtenergie sein kann, erfahren wir täglich durch unsere Sonne. Ohne sie wäre das Leben auf der Erde erloschen. Vielleicht erinnern Sie sich auch an ein kleines Experiment aus Ihrer Kindheit, wie Sie das Licht der Sonne mit einem Brennglas einfingen: Durch die gebündelte Energie der Sonnenstrahlen ging schließlich das Papier in Flammen auf.

Konzentration der Energie im Zentrum

Die Lichtenergie der Spirale verstrahlt sich in unserem Beispiel nach außen. Sie führt fort vom Zentrum, wird aber von diesem gespeist. Nach außen wird die Spirale breiter. Auch die Energie ist nicht mehr nur auf einen Punkt konzentriert. Sie verströmt sich in vielen Aktivitäten und unseren täglichen Aufgaben. Das ist ein einfaches Gesetz, wie Leben stattfindet. Im besten Fall funktioniert dies ohne ernsthafte Störungen. Aber so glatt verläuft das Leben meist nicht.
Der harmonische Energiefluss kann irritiert oder unterbrochen werden. Meines Erachtens gibt es zwei Bedingungen für Störungen, die dann langfristig zu Krankheiten führen können:

1. Es wird mehr Energie nach außen abgegeben, als auf natürliche Weise nachfließen kann. Der betreffende Mensch lebt also permanent über seine energetischen Verhältnisse. Es ist so, als ob ein Flussbett langsam austrocknete.
2. Der Energiefluss ist durch verschiedene Hindernisse blockiert. So wie Felsen, umgekippte Baumstämme oder Staustufen einen natürlichen Flusslauf behindern können, so tun dies bei uns Probleme, Ärger, Sorgen und Stress – sie bremsen damit den Fluss unserer wertvollen Lebensenergie.

Aus dieser Quelle wird nicht nur unsere Vitalität gespeist, sie ist auch der Sitz unseres Wesenskerns, das, was uns unverwechselbar ausmacht. Jener Wesenskern ist bereits bei unserer Geburt angelegt. Der Psychotherapeut C.G. Jung prägte dafür den Begriff »das Selbst«. Ob und wo man den Kern im Gehirn lokalisieren kann, ist für den Vorgang des Heilens zweitrangig. Denn auch wenn wir das Ganze nur als ein hypothetisches Konstrukt annehmen, so hilft es, zu verstehen, weshalb das »In-sich-Gehen« den Effekt hat, dass wir wieder mehr in Übereinstimmung mit uns selbst kommen. Und das ist keineswegs eine von mir ausgedachte Theorie. Es ist die Beschreibung dessen, was viele Patienten übereinstimmend als den *zentralen Punkt ihrer Heilung* ansahen.

Warum verfügt dieses Zentrum nun über eine solche Kraft, Heilungsprozesse im Körper zu bewirken? Auch hier hilft ein Bild, um diesen Sachverhalt deutlicher zu machen. Auf der Abbildung der Spirale sehen wir, dass in ihrem Zentrum eine große Energie gebündelt ist. Man muss sich das ähnlich vorstellen wie bei einem Tornado, bei dem die größte Kraft am Endpunkt des Wirbeltrichters konzentriert ist. Vielleicht haben Sie Bilder aus den Nachrichten vor Augen, die zeigen, wie so ein Wirbeltrichter eine Schneise der Verwüstung in die Landschaft gefräst hat – eine wirklich beängstigende Energie. Einen Sturm selbst kann man übrigens auch nicht »sehen« oder »anfassen«, und doch ist er eine real existierende Größe. Wir vermögen ihn nur zu spüren oder indirekt anhand der Auswirkungen in unserem Umfeld zu erkennen. Ähnlich verhält es sich mit der inneren Kraftquelle, auf die wir nur indirekt zurückschließen können.

Die Ursache für Störungen, die langfristig möglicherweise zu Krankheiten führen, liegen entsprechend unserem Denkmodell darin, dass der Energiestrom aus dem Inneren auf ein Minimum eingeengt ist. Aus dem ehemals breiten, kraftvollen Fluss ist ein Rinnsal geworden.

Wenn wir Hindernisse im Flussbett beseitigen wollen, gehen wir in Richtung der Quelle. Bei der Heiltrance machen wir etwas Vergleichbares. Durch die Zentrierung in der Trance wird der Patient immer mehr in Richtung Mitte der Spirale geführt. Vom Alltagsbewusstsein, das außen am »Eingang« der Spirale angesiedelt ist, wird er immer mehr zu diesem inneren Zentrum geführt. Es ist ein Versenkungszustand, wie ihn z.B. indische Yogis schon seit Jahrtausenden praktizieren.

Aber diese Spirale ist nicht nur zweidimensional. Man muss sie sich vorstellen wie eine große Wendeltreppe, die in einen anderen Bewusstseinszustand führt. Dieses Zentrieren durch die Trance hat einen außerordentlich heilsamen Effekt.

Der Anschluss an die innere Kraftquelle

Ich möchte dies an zwei Beispielen erläutern. Zunächst berichtet eine Psychologiestudentin, was sie in der Trance erlebte und welche unmittelbaren Auswirkungen dies für sie hatte. Anschließend kommt ein Patient zu Wort, der schon seit einem Dreivierteljahr erkrankt war und schließlich stationär behandelt wurde.

Beide nahmen an einer Gruppentrance[7] mit insgesamt acht Patienten teil. Die Trance dauerte 45 Minuten. Ich führte eine Hypnose durch, die eine Zentrierung hin zur inneren Kraftquelle bewirken sollte. Da sich Patienten mit ganz unterschiedlichen Krankheitsbildern in dieser Gruppe befanden, konnte also nicht gezielt an den jeweiligen Beschwerden gearbeitet werden. Dieses muss erwähnt werden, weil dadurch sozusagen eine Tranceheilung nur auf der untersten Stufe durchgeführt werden konnte. In Einzelbehandlungen kann also noch individueller auf die Beschwerden einge-

7 Es geht an dieser Stelle nicht darum, das Verfahren zu erläutern, sondern nur die außerordentlichen Resultate. Außerdem möchte ich damit illustrieren, was ich zuvor an dem Bild der Spirale und der inneren Kraftquelle zu verdeutlichen versucht habe. Ich greife etwas vor, um die Bedeutung von geistigen Dimensionen des Heilens zu erläutern.

gangen werden. Es war sozusagen ein erstes Herantasten an die Heilenergie. Umso verblüffender sind bereits auf dieser untersten Stufe die erzielten Resultate.

Beispiel 1: Frau L.

Die Psychologiestudentin, die ein Praktikum in einer psychosomatischen Klinik absolvierte, erzählte,[8] wie sie die Heiltrance erlebt hatte:

> »Also, erst einmal habe ich das im Sitzen gemacht. Ich habe meine Hände auf die Lehne gelegt und gemerkt, dass ich noch so ein bisschen hin und her ruckeln musste, bis ich vernünftig sitzen konnte.
> Heute Morgen hatte ich starke Regelschmerzen, und dann dachte ich: ›Oh, ich werde das gar nicht können.‹ Erst waren die so sehr präsent. Und als es dann so angefangen hat mit der Hypnose, da habe ich gemerkt, dass ich mit jedem Atemzug auch entspannter wurde. Meine Schultern senkten sich auch richtig. Und alles wurde schwer. Meine Arme wurden schwer, meine Hände wurden schwer, und das Wahrnehmungsgefühl im Körper veränderte sich *völlig.*
> Ich hatte die Hände so aufliegen, und plötzlich war das Gefühl ganz losgelöst von den Händen, so wie sie wirklich lagen. Ich hatte das Gefühl, dass sie eher nach oben geöffnet wären, obwohl sie mit den Handflächen nach unten lagen.

8 Da ich die Schilderungen der Studentin unmittelbar nach der Gruppentrance so eindrucksvoll fand, fragte ich sie, ob sie diese Erlebnisse noch einmal wiederholen könne, um sie auf Video aufzeichnen zu können.

Ich habe dann am Anfang, als das veränderte Körpergefühl noch nicht so stark war, versucht, ein bisschen Druck auszuüben und die Hände und Arme gegen die Lehne zu drücken. Ich wollte testen, ob sie denn auch wirklich so liegen. Und dann habe ich auch gemerkt, dass sie immer noch in der gleichen Position liegen, und habe das Gefühl zugelassen, dass ich sie ganz anders wahrnehme.
Die Schmerzen habe ich schließlich gar nicht mehr wahrgenommen. Der Rest des Körpers tauchte dann irgendwie unter. Das war angenehm, er war nicht mehr so präsent. Und was ich dann noch hatte, das war so ein Gefühl ... *einfach so mit mir im Einklang zu sein.* Ich fühlte mich einfach in dem Moment sehr wohl und hatte das Gefühl: ›Ja, jetzt passt alles zusammen. Das ist alles so stimmig.‹ Ich hatte das Gefühl: ›Ja, das bist du!‹ Ich habe körperlich und auch psychisch irgendwie so eine Ganzheit gespürt. Es passte alles zusammen in dem Moment. Und daraus entstand auch einfach so ein ganz glückliches Gefühl und eine wirklich tiefe Zufriedenheit. Das war wirklich schön.«

Die Regelschmerzen traten übrigens auch nach der Trance nicht wieder auf. Skeptiker könnten nun einwenden, dass dieser beeindruckende Effekt lediglich auf die Entspannung und Erholung zurückzuführen sei. Andere Formen der Entspannung hatten jedoch bei diesen und vergleichbaren Patienten nicht jenen spektakulären Effekt. Sich entspannen und wohl fühlen kann man auf vielfältige Weise. Manche Menschen lesen aus diesem Grunde ein schönes Buch, andere hören Musik und träumen vor sich hin.
Die Effekte in der Heiltrance haben jedoch eine andere Qualität. Eine Lockerung durch Massage oder ein Entspannungsbad zeitigten diese Wirkung nicht. Diverse andere Entspannungstrainings konnten ebenfalls nicht diese Resul-

tate erzielen. Auch eine achtstündige tiefe Entspannung im Schlaf rief nicht jene spezielle Wirkung hervor. Patienten, die seit Monaten ihre Beschwerden mit sich herumtrugen, traten ja jede Nacht in diese Tiefenentspannung ein und hatten am nächsten Morgen immer noch ihre Beschwerden. Aber nur eine einzige Heiltrance erzielte den Umschwung. Es ist also mehr als nur ein reiner Erholungseffekt. Es sind geistige Formen des Heilens, die dort am Werk sind.

Beispiel 2: Herr S.

Ein 56-jähriger Mann, der als Patient an dieser Heiltrance teilnahm, war Studienrat und unterrichtete Mathematik und Physik. Er war eher ein kritisch denkender Mensch. Bei der Beurteilung der Realität hielt er sich an Beweise, Formeln und überprüfbare Tatsachen. Seine Erfahrungen mit der Trance schildert er so:

> »Das Wichtige an der ganzen Sache ist, denke ich, dass man sich auf bestimmte Dinge einlässt. Ich habe Entspannungsübungen dieser Art eigentlich früher immer abgelehnt und auch ziemlich *abgetan*, weil ich nicht sehr viel davon hielt. Aber nun, hier an Ort und Stelle, hatte ich die Möglichkeit, mich etwas intensiver darauf einzulassen – und war auch bereit dazu. Und ich muss sagen, ich habe für mich eine *völlig neue* Erfahrung gemacht.
> Ich hatte ja nun die Augen geschlossen und einfach Ihre Stimme gehört und den Raum auf mich wirken lassen. Und so kam es also, dass Gedanken, die ich vorher gedacht, und auch Bilder, die ich vorher gesehen hatte, sich ziemlich rasch verflüchtigten. Und irgendwo hielt plötzlich *Ruhe* Einzug.

Ich merkte auch nachher überhaupt nicht mehr die Druckstellen von den Ellenbogen. Ich habe diese Druckpunkte von den Ellbogen gar nicht mehr gespürt und war weit weg. Ich hatte plötzlich das Gefühl, irgendwo *zu schweben*, einen Zustand der Schwerelosigkeit zu haben. Ja, und damit waren auch alle Beschwerden wie weggeblasen.

Und als dann das Zeichen kam, wieder zu landen – wenn ich das mal so sagen darf –, das war für mich eigentlich ein schöner Flug, wirklich ein schöner Flug. Und das Ganze endete mit einem *Gefühl einer unheimlich tiefen, satten Zufriedenheit.* Ein Gefühl, das ich früher einmal hatte, wenn ich ganz in einer Sache aufgegangen war und mich körperlich verausgabt hatte. Ich weiß gar nicht, wie ich es sonst ausdrücken soll. Dieses Gefühl ist also wiedergekommen.

Es klingt vielleicht ein bisschen hochtrabend, aber so eine satte Zufriedenheit kann ich mir vorstellen, dass man sie nur als Baby gehabt hat. Dass man sich dann zurücklehnte und sich sagte: ›So, du hast getrunken, und nun bist du rundherum zufrieden.‹

Für mich war dies also eine *wunderbare Erfahrung*, das muss ich einfach ehrlich sagen. Und wenn ich einen Teil davon mitnehmen kann, in den Alltag herüberretten kann, dann kann ich damit noch eine ganze Menge mehr erreichen.«

Eine noch sehr viel größere Bedeutung erhalten diese Aussagen des Patienten, wenn man seinen Krankheitshintergrund mit einbezieht. Seit vier Monaten litt er an einer schweren Depression und konnte seinen Beruf nicht mehr ausüben. In dieser Zeit nahm er auch starke Antidepressiva, die aber seinen Zustand keineswegs gebessert hatten.

Auslöser dafür waren familiäre Belastungen. Ein Dreivierteljahr vor seiner eigenen Erkrankung war bei seiner Frau eine Krebserkrankung im fortgeschrittenen Stadium festgestellt worden. Nicht nur für sie, sondern für die ganze Familie war dies ein Schock. Es begann eine zermürbende Zeit des Hoffens und Bangens. Seine Frau wurde ziemlich rasch nach der Diagnosestellung operiert. Anschließend erhielt sie eine Chemotherapie. Alles zusammen eine körperlich wie psychisch ungeheure Belastung.

Aber auch auf Herrn S. hatte die Krankheit seiner Frau durch die Sorge und den psychischen Druck gesundheitliche Folgen. Man kann das gut nachvollziehen, denn ihr Leben hing quasi am seidenen Faden. Einerseits versuchte er, sie zu unterstützen und psychisch aufzubauen, andererseits musste er mit seinen eigenen Befürchtungen um einen möglichen Verlust der Ehefrau fertig werden. Während dieser Zeit machte er den Haushalt, versorgte die beiden fast erwachsenen Kinder und übte weiterhin seinen Beruf als Studienrat aus. Als seine Frau die kritische Phase überwunden hatte, brach er zusammen.

Er begab sich in ambulante Therapie und bekam neben verschiedenen anderen Medikamenten auch Antidepressiva. Er hatte einen sehr verständnisvollen Arzt, bei dem er sich aussprechen konnte. Sein Zustand blieb jedoch über Monate hinweg unverändert schlecht. So stimmte er schließlich einer Behandlung in einer psychosomatischen Klinik zu. Zum Zeitpunkt, als er an der Heiltrance teilnahm, war er gerade eine Woche dort.

Die Erlebnisse in der Trance waren für ihn eine einschneidende Erfahrung. Es war sozusagen ein Wendepunkt. Er erlebte etwas, was er durch die Depression verloren hatte. Diese Krankheit machte sich nicht nur durch eine gedrückte Stimmung bemerkbar, sondern auch körperlich durch ein Gefühl der Leblosigkeit.

Das Ganze mobilisierte auch eine vorher nicht mehr vorhandende Hoffnung auf Besserung: »Ich denke, ich kehre so langsam, aber sicher zu dem zurück, der ich eigentlich vorher einmal war. Ich hoffe, wie gesagt, dass ich einen Teil von dem noch mit in den Alltag herüberretten kann.«

Das Gespräch mit dem Patienten führte ich erst einen Tag nach der Heiltrance. Herr S. berichtete, dass dieses besondere Gefühl noch den ganzen Tag, bis hinein in die Abendstunden, angehalten habe. Selbst am nächsten Tag war dieser veränderte Zustand noch für alle erkennbar. Andere Patienten und auch das Pflegepersonal sprachen ihn auf diesen sichtbaren Wandel an. Die ursprüngliche, bisher verschüttete Lebendigkeit war wieder zum Vorschein gekommen. Sie schien sogar eine neue Qualität bekommen zu haben.

Auch ich war angetan von diesem Wandel und bat deshalb, das Gespräch auf Video aufnehmen zu dürfen. Wer Herrn S. nicht vor dieser Heiltrance in seiner Depression erlebt hat, traurig und mit erstarrtem Gesichtsausdruck, wird nicht glauben, dass es ein und dieselbe Person ist. Auf seinem Gesicht liegt immer noch ein heiteres, zufriedenes Strahlen, das tief aus seinem Inneren gespeist wird.

Manche würden meinen, er stünde unter Drogen, denn das könne doch nicht mit rechten Dingen zugegangen sein. Aber Drogen – die Antidepressiva – waren ja gerade nicht in der Lage gewesen, diesen Wandel herbeizuführen. Eine solche Glücksdroge ist noch nicht bekannt, und ihr Erfinder würde sicher ein reicher Mann werden. Welche innere Kraft ist hier am Werk gewesen, die einen solchen Wandel bewirken konnte?

Auch Ärzte sind Schamanen

Wenn die Menschen nur über das sprächen, was sie begreifen, dann würde es sehr still auf der Welt sein.

Albert Einstein

Wenn behauptet wird, sowohl geistige Formen des Heilens als auch die Erfolge von Schamanen beruhten lediglich auf Einbildung, weil keine medizinisch wirksamen Maßnahmen ergriffen worden seien, so muss dem entgegengehalten werden, dass auch Ärzte vielfach Schamanen sind – sie wissen es nur noch nicht.

Schamanismus ist sozusagen die Urform unserer modernen Medizin. Beeindruckende magische Rituale und das Wissen des Patienten, dass der Schamane schon vielen Kranken geholfen hat, sind wichtige Elemente für den Heilerfolg. Und diese Erfolge sind wissenschaftlich belegt.

Wer jedoch der Meinung ist, Heilung durch Einbildungskraft gäbe es nur in primitiven Kulturen, der irrt. Auch bei den »Schamanen in Weiß« existiert – wie bei ihren archaischen Kollegen – eine rituelle Kleiderordnung. Der weiße Kittel ist in der westlichen Medizin ebenso wichtig wie der Grasrock oder die Bemalung im südamerikanischen Urwald. Ein kariertes Hemd und Jeans machen nicht so viel Eindruck wie die weiße Robe eines Mediziners. Steht dann noch auf dem Namensschild »Prof. Dr. med.« und wird die Visite von einer

Schar Assistenzärzten begleitet, dann wirkt der Satz »In drei Tagen sind Sie über den Berg« aus seinem Mund wie ein Wunder.

Auch »magische Gegenstände« mit beeindruckenden Funktionen haben in beiden Kulturen ihren festen Platz. Beim Schamanen sind es vielleicht Adlerfeder, Tierknochen und Trommeln, beim Arzt sind es das Stethoskop, mit dem man in das Innere des Körpers hineinhören kann, und der Augenspiegel. (Übrigens: Fast alle in Karikaturen dargestellten Ärzte sind vorzugsweise Augenärzte mit einem Spiegel an der Stirn – ein Gegenstand, von dem kaum einer weiß, wozu er dient, aber offensichtlich ein beeindruckendes Symbol.) Auch gehören diverse Schreibutensilien und EKG-Lineale in der Brusttasche des Kittels dazu. Der »Pieper«, mit dem der Arzt jederzeit angefunkt werden kann, unterstreicht seine enorme Wichtigkeit. All das macht Eindruck auf den Patienten, gibt es doch Zeugnis von der Kompetenz des Mediziners.

Ebenso wichtig sind beim Schamanen die Anordnung der rituellen Gegenstände vor der Heilzeremonie, das Trommelschlagen oder ein Feuertanz. Kein Außenstehender durchschaut deren Bedeutung. Es muss aber etwas Wichtiges sein, da nur der Schamane es gezielt einsetzen kann. Wer sich so gründlich auf das Heilritual vorbereitet, misst der Person des Kranken große Bedeutung zu. Der ganze Einsatz des Schamanen ist gefragt und auch der seiner Hilfsgeister. Diesem Aufgebot der Kräfte kann die Krankheit in vielen Fällen gar nicht widerstehen. Das meine ich keinesfalls ironisch. Es ist dies ja sehr wirkungsvoll und heilsam. Nur was genau bei der Heilung passiert, bleibt bisher unverständlich. Aber sind wir da mit unserer modernen Medizin viel weiter?

Wie läuft eine körperliche Untersuchung im Sprechzimmer des Arztes ab? Der Patient wird beklopft. Er wird abgehört. Ihm wird Blut abgenommen. Das alles ist höchst sinnvoll, um eine Diagnose zu erstellen, aber bewirkt es nicht vielleicht auch schon eine Mobilisierung blockierter Selbstheilungskräfte? Wer kennt nicht den abgegriffenen Witz unter Medizinern, wo ein Patient sagt: »Herr Doktor, könnten Sie noch einmal ein EKG machen, das hat mir neulich so gut getan!«?

Hier wie dort gibt es rituelle Vorgehensweisen, die den Patienten mit einem Netz aus bedeutungsschwangeren Handlungen umgarnen. Das suggeriert Kompetenz und »imponiert« der Seele des Patienten: beides gute Voraussetzungen für den Genesungsprozess. Allein dem schamanischen Heiler hingegen wird vorgeworfen, sein ganzer Heilerfolg beruhe lediglich auf Suggestion oder darauf, dass der Patient daran glaube.

Aber wenn wir dieses Argument trotzdem sehr ernst nehmen und unvoreingenommen prüfen, so stoßen wir auf viele Untersuchungen, die zeigen, wie gewichtig gerade derartige Faktoren für die Veränderung von körperlichen Beschwerden und damit für die Einleitung von Heilung sind. Das ist das Gebiet der Placeboforschung, die inzwischen unter ganz anderen Gesichtspunkten als früher durchgeführt wird. Und sie hat äußerst interessante Phänomene zutage gefördert.

Wirkung ohne Wirkstoff

Das lateinische Wort *placebo* heißt wörtlich »ich werde gefallen«. Im 14. Jahrhundert zogen so genannte Placebo-Kantoren durch die Lande und trugen bei Beerdigungen gegen Geld Trauergesänge vor. Sie waren nicht die eigentlich Trauernden. Sie waren »Scheintrauernde«, die als Stellvertreter vom Leid kündeten. »Placebo« stand also für »Ersatz«, für etwas, was nicht wirklich vorhanden war.

Placeboeffekte machte man sich schon seit jeher in der Heilkunde zunutze. Ein herausragendes Beispiel aus der naturwissenschaftlich orientierten Medizin stammt aus dem Zweiten Weltkrieg. Damals ging dem amerikanischen Anästhesisten Henry Beecher einmal das Morphin für seine schwer verletzten Patienten aus. In seiner Verzweiflung spritzte er ihnen eine Kochsalzlösung. Zur Verblüffung aller linderte diese den Schmerz der Soldaten.

Im Umkehrschluss könnte man daraus folgern: Nur weil in einem Medikament ein Wirkstoff enthalten ist, kann ein positiver Effekt nicht zwangsläufig auf diesen zurückgeführt werden.

In der Medizin gilt der Begriff »Placebo« als Synonym für »Wirkungslosigkeit«. Placebos sind bekanntermaßen »Medikamente«, die tatsächlich keinerlei medizinischen Wirkstoff enthalten. In Studien bekommt eine Untersuchungsgruppe Placebos, die andere echte Medikamente. So kann man überprüfen, welchen Effekt das echte Medikament tatsächlich hat. Doch so einfach ist die Sache gar nicht. Obwohl die Tabletten nur Zucker statt eines Wirkstoffs enthalten, lösen sie eine heilsame Wirkung am Patienten aus. Diese Pseudoarzneien senken beispielsweise nachweislich den Blutdruck. Die Herzfrequenz wird reduziert, die Leukozytenzahl nimmt zu, und auch die Ausschüttung von Hormonen verändert sich, je nachdem, mit welchen Worten ihre Gabe begleitet wird und wogegen sie angeblich helfen sollen.

In der Schmerztherapie werden hochpotente Schmerzmittel immer häufiger durch Medikamente ohne Wirkstoff ersetzt. »Verschiedene Testreihen haben gezeigt«, so Professor Walter Brown vom Amerikanischen Kollegium für Neuropharmakologie, »dass etwa 30 Prozent der Patienten allein durch

ein Placebo kurierbar sind.«[9] Ähnliche Erfolgsquoten existieren für Bronchitis oder Gelenkschmerzen.
Für den Placeboeffekt von Pillen und Tabletten spielt auch die Farbe eine zentrale Rolle. Rot signalisiert Stärke und steht für eine besonders potente Wirkung. Es hilft vor allem bei Rheuma und Arthritis. Blau ist dagegen die optimale Farbe für ein Beruhigungsmittel.
»Eine Untersuchung an Medizinstudenten zeigte«, so Dr. Andreas Zeller, Oberarzt an der Universitätsklinik Basel, »dass blaue Placebotabletten eher zu einer Reduktion der Wachsamkeit und einer vermehrten Schläfrigkeit führen als ebenfalls ein Placebo enthaltende rosarote Tabletten.«[10]
Die Pharmaindustrie bedient sich deshalb schon seit langem dieser psychologischen Farbeffekte. So sind beruhigende Medikamente meist blau oder grün, während bei aufhellenden Antidepressiva und Stimulanzien eher Rot oder Gelb bevorzugt werden.
Die Stärke des Placeboeffekts hängt aber auch von der Darreichungsform des Mittels ab. Kapseln wirken besser als Tabletten. Zwei Tabletten wirken besser als eine. Der Volksmund wusste ja schon immer, dass besonders wirkungsvolle Medizin bitter schmecken muss. Am effektivsten gegen Schmerzen sind jedoch Spritzen.

9 Zittlau, Jörg, »Forscher entdecken den mentalen Placebo-Effekt«, in: *Die Welt*, 20.2.2004, S. 31.
10 Ebenda

Placebo-Akupunktur

Einige Kritiker der Akupunktur wollten es ja schon immer gewusst haben: »Akupunktur an sich ist unwirksam und beruht lediglich auf einem Placeboeffekt.« Das ist jedoch eine Behauptung, die inzwischen widerlegt wurde. Aber selbst wenn man sagen könnte, Akupunktur erziele nichts weiter als einen Placeboeffekt, so ist das leider *keine* Erklärung für deren Unwirksamkeit, sondern lediglich eine Umbenennung. Denn wie dieser Effekt zustande kommt, ist bis heute ebenfalls völlig unklar. Trotzdem gibt es Untersuchungen, die hochinteressant sind und mehr über die Wirkungsweise des menschlichen Geistes als über die Unwirksamkeit einer Methode aussagen.

In einer Studie an der Universität Heidelberg[11] behandelte Dr. Konrad Streitberger, Arzt und wissenschaftlicher Mitarbeiter der Anästhesiologischen Universitätsklinik Heidelberg, Patienten mit Akupunktur, die an einer schmerzhaften Schulterverletzung litten, dem so genannten Rotatorenmanschetten-Syndrom. Die Hälfte der Patienten erhielt keine wirkliche Akupunktur, obwohl es so aussah. Eine spezielle Erfindung ermöglichte dieses ungewöhnliche Experiment: Nach einem realistischen kleinen Einstich an der Oberfläche der Haut des Patienten schoben sich die Schein-Akupunkturnadeln wie ein Teleskop ineinander. Das Eindringen der Nadel in tiefere Schichten wurde also nur vorgetäuscht. Von außen betrachtet, bemerkt man jedoch keinen Unterschied zu einer richtigen Behandlung.

11 Goldbeck, Christoph, und Kneser, Jakob, »Mit Placebo gegen Schmerzen«, in: *»Prisma«*, NDR III, 25.5.2004.

Von den Patienten, die mit den echten Nadeln behandelt wurden, waren 74,2 Prozent mit dem Ergebnis der Schmerzbehandlung zufrieden. Von denen, die mit den Pseudonadeln behandelt wurden, erstaunlicherweise nur 10 Prozent weniger, nämlich 64,7 Prozent. Spricht das nun gegen oder für die Wirkung der Akupunktur?

Scheinoperationen

Manche Beschwerden sind so gravierend, dass nach landläufiger Meinung nur noch eine Operation helfen kann. Deshalb begeben sich viele Patienten mit hohen Erwartungen in die Hände des Chirurgen. Geht es ihnen anschließend besser, so ist der Erfolg ohne Zweifel auf den chirurgischen Eingriff zurückzuführen.
Doch seit neuestem führen Chirurgen Operationen auch nur zum Schein durch – mit verblüffender Wirkung. Patienten erleben eine Besserung ihrer Beschwerden, obwohl faktisch kein solcher Eingriff vorgenommen wurde. Es stellt sich also auch hier die Frage, ob die Operation selbst geholfen hat oder nur der Glaube daran. Somit ist die Chirurgie plötzlich mit demselben Argument konfrontiert, das »sanften« Heilern hinsichtlich der Wirksamkeit ihrer Tätigkeit entgegengehalten wird.
Kritiker werfen den Chirurgen ohnehin vor, dass zu viel und vorschnell operiert wird. Nicht jeder entzündete Blinddarm müsste sofort entfernt werden. Tatsache ist, dass bisher nur jede fünfte Operation wissenschaftlich auf ihre Wirksamkeit hin überprüft wurde.

Beispiel USA

Für Aufsehen in der medizinischen Fachwelt sorgte ein Experiment, das in einer Fachklinik in Houston, Texas, durchgeführt wurde. Daran nahmen 180 Patienten mit einer Kniegelenksarthrose teil. Das ist ein degenerativer Knorpelschaden, der durch Dauerbelastung verursacht wird. Normalerweise hilft nur eine Operation. Dabei wird dann das Gelenk aufgeschnitten, der Knorpel mit einer Fräse geglättet und der Abrieb ausgespült.
Die Patienten wurden von Dr. James Bruce Moseley[12] behandelt, einem anerkannten Orthopäden und Spezialisten für Knieschäden. Doch nicht alle Patienten mit Arthrose wurden bei dieser Studie tatsächlich in der oben beschriebenen Weise operiert. Die aufwändige Operationsvorbereitung war bei allen Patienten die gleiche. Bei einem Drittel von ihnen wurde jedoch nur ein oberflächlicher Schnitt am Knie vorgenommen. Die Patienten waren aber der Meinung, dass ein richtiger Eingriff stattgefunden hätte.
Das Ergebnis: Nach zwei Jahren zeigten sich 90 Prozent *beider* Gruppen mit dem Operationsergebnis als zufrieden. Hinsichtlich der Schmerzfreiheit waren die zum Schein operierten Patienten sogar in der Überzahl.
Was bedeutet das für die Chirurgie? Ein wichtiger Teil der Heilung muss sich demzufolge im Gehirn abspielen. Die Vermutung liegt nahe, dass auch andere Operationen vom Placeboeffekt profitieren und vielleicht gar nicht nötig sind. Es scheint nicht mehr zu gelten, dass eine Besserung ausschließlich auf den Eingriff selbst zurückzuführen ist.

12 Ebenda

Beispiel Niederlande

In Europa werden solche Placebooperationen bisher nur in den Niederlanden vorgenommen. Prof. Dr. Johannes Jeekel[13] vom Klinikum der Erasmus-Universität Rotterdam führt solche Operationen z. B. bei chronischen Bauchschmerzen durch. Die Beschwerden werden oft auf Verwachsungen im Bauchraum zurückgeführt. Doch ist das Entfernen der Verwachsungen tatsächlich sinnvoll?

Um diese Frage zu überprüfen, teilte man die Patienten in zwei Gruppen ein. Beiden wurde gesagt, dass die Verwachsungen operativ entfernt würden. In Wirklichkeit entfernte man sie nur bei *einer* Gruppe. Bei der anderen machte man lediglich eine Bauchspiegelung. Das ist ein Verfahren, bei dem man nur ein kleines Rohr mit einer Optik durch die Bauchdecke schiebt, um den Bauchraum von innen anschauen zu können. Es wurden also überhaupt keine Verwachsungen entfernt. Doch das Resultat nach einem Jahr ist verblüffend: Aus beiden Gruppen sprechen etwa gleich viele Patienten von einer Besserung.

Piel N. ist einer dieser Patienten aus den Niederlanden, die nicht wirklich operiert wurden. Er sagte: »Nach der OP waren die Schmerzen eigentlich sofort weg. Also dachte ich, man hätte mir geholfen. Aber nach einem Jahr hörte ich, dass in Wahrheit nichts gemacht worden sei, was mich wunderte, weil die Schmerzen weg waren. Tja, die Bauchspiegelung allein hat wohl doch Erfolg gehabt; und das war für mich das Wichtigste.«

Da stellt sich schon die Frage, wie dies möglich sein kann. Sind die Schmerzen vorher nur »eingebildet« gewesen, oder

13 Hilgard, Gudrun, »Placebos«, in: *Gesundheitsmagazin »Praxis«*, ZDF, 28. 4. 2004.

wurden durch das beeindruckende Ritual, das eine Operation nun einmal darstellt, Selbstheilungskräfte aktiviert? Dazu Professor Jeekel: »Offensichtlich war es nicht die Entfernung der Verwachsungen, sondern allein die Bauchspiegelung, die bei den Patienten die Schmerzen gelindert hat. Und das könnte natürlich ein Placeboeffekt sein. Dadurch bedingt, dass man dem Patienten besonders viel Aufmerksamkeit widmet.«
Wie jedoch durch die Zuwendung und die Rituale jene Vorgänge ausgelöst werden, die zur Besserung der Beschwerden führen, ist eine äußerst spannende Frage.

Nur Einbildung oder nachweisliche Besserung?

Bei Placebobehandlungen muss sich ein wichtiger Teil der Heilung im Gehirn abspielen. Diesem möglichen neurobiologischen Effekt ist der Turiner Neurologe Dr. Fabrizio Benedetti[14] nachgegangen. In einem Experiment fügte er freiwilligen Testpersonen künstlich Schmerzen zu, indem er bei ihnen die Blutzufuhr durch eine Manschette am Arm blockierte, so wie wir es beim Blutdruckmessen kennen. Der Druck wurde allerdings so erhöht und so lange ausgedehnt, dass Schmerzen bei den Probanden auftraten. Diese Versuchsanordnung wird normalerweise auch zum Testen von Schmerzmitteln gewählt.
Bei Schmerzen breitet sich der Nervenreiz im Gewebe aus, bis er auf die Nervenbahnen trifft. Über das Rückenmark

14 Goldbeck/Kneser a. a. O.

gelangt der Reiz in das Gehirn. Dort trifft er auf den so genannten Hypothalamus. Dieser reagiert mit Ausschüttung von Hormonen in den Blutkreislauf. Die Hormone gelangen zur Nebenniere, die mit der Ausschüttung von Stresshormonen wie z. B. Adrenalin reagiert. Das Herz schlägt messbar schneller.

Bei diesem Experiment wurden die Testpersonen jedoch nicht über die eigentliche Fragestellung des Experiments informiert. Es wurde gemessen, was im Gehirn vorgeht, wenn die Manschette den Schmerz hervorruft, und wie sich die Herztätigkeit verändert. Ein Computer zeichnete die Daten auf und verdeutlichte, unter welchem Stress die Testpersonen standen.

Die Manschette schnürt den Arm ab, die Schmerzen verstärken sich mit zunehmendem Druck. Die Schmerzkurve auf dem Monitor des Computers zeigt, dass der Körper unter starkem Stress steht. Die Testperson erträgt die Qual, weil ihr in Aussicht gestellt wird, dass sie gleich ein starkes Schmerzmittel gespritzt bekommt. Als die Schmerzen kaum mehr auszuhalten sind, spritzt Dr. Benedetti das versprochene starke Mittel. Der Proband ahnt jedoch nicht, dass die Injektion nur eine Kochsalzlösung enthält. Der Arzt versichert, dass die Spritze gleich Erleichterung verschaffen wird.

Wie beim Schmerzreiz, so gelangte auch das Signal »Spritze« ins Gehirn zum Hypothalamus. Beim Schmerz schüttet dieser vermehrt Hormone aus, die wiederum die Nebenniere veranlassen, Stresshormone zu produzieren. Jetzt ist es allerdings umgekehrt. Nach Verabreichung des *völlig wirkungslosen* Schmerzmittels schüttet der Hypothalamus überraschenderweise plötzlich *weniger* Hormone aus. Das ist auch ein Signal für die Nebenniere, ihrerseits weniger Adrenalin zu produzieren. Die Stressreaktion lässt nach. Die Herzfrequenz nimmt ab. Schon nach wenigen Minuten fühlt die Testperson ein deutliches Nachlassen der Schmerzen, obwohl der Druck der Manschette gleich geblieben ist. Auch die Stresskurve, die der Computer aufzeichnet, ist deutlich niedriger. Die Entspannungskurve ist dagegen deutlich höher. Die Information »Spritze« und die damit verbundene Vorstellung, dass die Schmerzen nachlassen werden, führt *tatsächlich* zu einer Schmerzreduktion.

Das Ergebnis kann man schon als eine kleine Sensation bezeichnen. Diese Schmerzreduktion beruht also nicht nur auf bloßer Einbildung. Sie ist auch messbar. Aber wodurch ist dies zu erklären?

Körpereigene Schmerzhemmer

Der Wirkmechanismus, wie diese Schmerzhemmung zustande kommt, ist noch unklar. Wie wir gesehen haben, setzt der Schmerzreiz im Gehirn Hormone frei. Die Spritze, verbunden mit der Erwartung »Schmerzerleichterung«, bewirkt im Gehirn das Gegenteil. Somit ist lediglich eine Information für diesen Regelkreis verantwortlich.

Dr. Benedetti vermutet, dass durch diese Information eine zusätzliche Aktivierung körpereigener Schmerzhemmer, der so genannten Opioide, stattfindet. Diese setzen sich in den synaptischen Spalt zwischen zwei benachbarten Nervenzellen und bewirken eine Unterdrückung der Schmerzweiterleitung. Es sind also *körpereigene* Stoffe, die das bewirken, denn der Hypothalamus schüttet auch Substanzen aus, die Schmerzen lindern können.

Um diese Theorie zu testen, wiederholte Dr. Benedetti das Experiment. Nur mit einem Unterschied: Diesmal befand sich in der Spritze *keine* Kochsalzlösung, sondern Naloxon, ein bekannter Opioidblocker. Dieses Naloxon würde eine Schmerzhemmung, die durch körpereigene Opioide hervorgerufen wird, *unwirksam* machen. Die Opioide würden nicht mehr die Weiterleitung des Schmerzes blockieren können. Somit würde die Testperson trotz selbst produzierter Schmerzhemmer weiterhin den Schmerzreiz empfinden.

Sollte die Testperson also vorher durch die bloße Vorstellung, dass die Spritze helfen würde, tatsächlich einen körpereigenen Schmerzhemmer produziert haben, so würde seine Wirkung jetzt unter Naloxon *nicht entfaltet* werden können.

Als nun bei dieser Testreihe die Schmerzen unerträglich wurden und die Spritze mit Naloxon verabreicht wurde, hielt der Schmerz an. Die körpereigenen Schmerzhemmer konnten ihre Wirkung also nicht ausüben. Somit wäre dies ein Beleg dafür, dass die Schmerzreduktion beim Anblick der Spritze nicht nur auf bloßer Einbildung beruhte, sondern tatsächlich einen komplizierten biochemischen Mechanismus in Gang setzte.

Also wieder ein höchst erstaunliches Resultat! Wenn wir in dieser Richtung weiterdenken, bekommen wir eine Vorstellung von den *noch ungenutzten geistigen Potenzialen* in der Behandlung von Krankheiten und Schmerzen. Hier stehen wir erst am Anfang einer vielleicht atemberaubenden Entwicklung.

Verbale Nocebos

Ein Placebo ist also etwas, was keinen Wirkstoff enthält, aber eine deutliche Besserung hervorrufen kann. Nocebos hingegen sind sozusagen seine negativen Antagonisten. Sie enthalten auch keine Wirkstoffe, bewirken aber eine (ungewollte) *Verschlechterung* (lat. *nocebo* = »ich werde schaden«).

Für die Wirkung eines Placebos ist sicher auch das Ritual, *wie* etwas verabreicht wird, von Bedeutung. Aber auch das, was der Arzt über das Medikament *sagt,* wird vom Patienten aufmerksam registriert. Wenn er das Medikament mit den Worten gibt: »Gerade mit diesem Präparat habe ich bei anderen Patienten großen Erfolg gehabt«, wird das eine andere mentale Haltung bewirken, als wenn er die Gabe z.B. folgendermaßen kommentiert: »Ob das wirkt, müssen wir erst mal abwarten.« Das Verhalten und die Worte des Arztes können als Placebo oder auch als Nocebo wirken.

Es muss nicht immer gleich um Heilen gehen, manchmal wird einem Kranken schon geholfen, wenn sein Befinden nicht durch Unachtsamkeit verschlimmert wird. Das ist meines Erachtens ein wichtiger Aspekt, der leider allzu oft übersehen wird. So können Ärzte zuweilen das, was sie einerseits an Positivem bewirken, andererseits durch solch eine »Nocebowirkung« ungewollt wieder zunichte machen.

Ein kleines Beispiel: Vor nicht allzu langer Zeit berichtete mir eine gute Freundin, dass sie wegen eines grippalen Infekts ihren Hausarzt aufgesucht hatte. Eigentlich brauchte sie nur die Bescheinigung für ihren Arbeitgeber über ihre Arbeitsunfähigkeit. Bestenfalls dachte sie an ein harmloses Naturheilpräparat, das die Beschwerden etwas lindern sollte. Der Arzt verschrieb ihr ein Antibiotikum. Sie meldete schüchtern ihre Zweifel an, ob dies notwendig sei, woraufhin der Arzt erwiderte: »Wissen Sie, was passieren kann, wenn Sie das Antibiotikum nicht nehmen? Dann kann der Infekt Ihr Herz angreifen, und Sie müssen mit dem Schlimmsten rechnen.«

Das war ein »Totschlagargument«. Alles, was sie sich in den letzten Jahren über gesunde Lebensführung und das Risiko bei vorschnellem Einsatz von Antibiotika angeeignet hatte, ging in Bruchteilen von Sekunden den Bach hinunter. Die negative Suggestion hatte ihre Wirkung nicht verfehlt.

Negative Suggestionen infiltrierten das Denken der Patientin. Im Hinterkopf saß nun die Furcht, dass etwas Schlimmes passieren könnte – und nicht etwa die Gelassenheit, dass es sich lediglich um einen eher harmlosen grippalen Infekt handelt. Wir bauen leider viel zu wenig auf die Selbstheilungskräfte des Körpers.

Möglicherweise wollte der Arzt nichts falsch machen, und vielleicht stand er unter großem Druck. Er kennt die Entwicklung in unserem Rechtssystem. Wenn wirklich etwas schief geht und der Patient klagt, will er sich nicht vorwerfen lassen, nicht alles zu dessen Besserung unternommen zu haben.

Wir machen uns Sorgen, dass sich hinter einem simplen Husten etwas Schlimmes verbergen könnte, weil wir so viel Horrormeldungen gehört oder gelesen haben. Wir zweifeln daran, dass unser Körper aus sich heraus die Kraft hat, mit der Infektion fertig zu werden, weil uns für jedes Wehwehchen die entsprechenden Mittel offeriert werden.

Aber wir haben auch gesehen, dass ständige Angst und Zweifel ihre Spuren in unseren Nervenzellen hinterlassen. Umgekehrt erzeugen Hoffnung und eine positive Erwartungshaltung ein inneres Wohlbefinden, das die Abwehrkräfte stärken kann. Unser Körper besitzt ausgezeichnete

Selbstheilungskräfte, doch viel zu oft behindern wir diesen Prozess.

Dieses kleine Beispiel ist ein relativ harmloser Fall, aber bei anderen Erkrankungen können solche unbedachten Äußerungen nicht auf die leichte Schulter genommen werden. Wenn ein Arzt sagt: »Ihre Erkrankung verläuft in 90 Prozent der Fälle tödlich«, so ist das etwas ganz anderes, als wenn er sagte: »Bei Ihrer Krankheit bestehen 10 Prozent Überlebenschance, aber diese sollten wir auf jeden Fall nutzen.«
Bei der ersten Aussage ist man von der Wucht der Prozentzahl erschlagen. Diese Aussage rückt den Tod und nicht die Chance des Überlebens in den Vordergrund. Der Betreffende wird sich fragen, warum er ausgerechnet zu den Ausnahmen mit der geringen Überlebenschance gehören sollte. Richtet der Arzt hingegen das Augenmerk auf das Überleben, so suggeriert er dem Betreffenden, dass immerhin Hoffnung besteht. Er vermittelt auch, dass der Kranke in dieser Situation nicht allein ist. Er hat den Beistand des Arztes, und dieser ist bemüht, alles nur Erdenkliche für sein Überleben zu tun.
Wie wir bei dem Schmerzexperiment zum Placeboeffekt gesehen haben, bewirkt eine Vorstellung deutliche körperliche Veränderungen. In dem einen Fall haben Angst und Verzweiflung die Ausschüttung größerer Mengen Stresshormone zur Folge, in dem anderen Fall wird sich die Menge wahrscheinlich verkleinern. Darüber hinaus sagt eine solche statistische Zahl nichts Verbindliches über die Prognose des Einzelschicksals aus.
Es bedarf aber keineswegs unbedingt eines inhaltslosen Medikaments und des begleitenden Kommentars des Therapeuten, um eine gesundheitliche Wirkung hervorzurufen. Das geht schon bei ganz harmlos klingenden Bemerkungen von Menschen aus unserem Umfeld los. Als ich z.B. wegen einer längeren Asienreise vorsorglich eine Darmspiegelung

machen lassen wollte, sagte eine Bekannte: »Mal ehrlich, wie krank bist du *wirklich?*« Das ärgerte mich, denn ich hatte mich nun endlich – auch aufgrund von öffentlichen Gesundheitskampagnen – zur Vorsorgeuntersuchung entschlossen. Die Bekannte meinte es auch keineswegs negativ. Sie ist ein herzensguter Mensch. Aber der Fokus auf das, was noch alles an Schlimmem passieren könnte, statt die positiven Aspekte der Vorsorge zu betonen, mobilisiert eher Ängste und Befürchtungen.
Das hatte ich schon früh erfahren und versuchte, auch bei Patienten gegenzusteuern. Als ich meine ärztliche Ausbildung auf der Chirurgie machte, hatte ich viel Gelegenheit dazu, Patienten psychisch wieder aufzubauen.

Psychische Feuerwehr

In der chirurgischen Abteilung gab es einen Oberarzt, der nicht besonders viel Fingerspitzengefühl im Umgang mit Patienten an den Tag legte. Täglich machte er Visiten, an denen auch ich teilnahm. Bei Patienten, die gerade operiert worden waren, schaute er, wie der Heilungsprozess verlief. Solche, die die Operation noch vor sich hatten, wurden informiert, wie der weitere Ablauf sein würde. Natürlich soll man sie wahrheitsgemäß aufklären, was sie bei dem bevorstehenden Eingriff erwartet. Dieser Oberarzt weckte in seiner nicht gerade feinfühligen Art jedoch Horrorvorstellungen bei den Patienten. Er machte es wahrscheinlich nicht aus einer sadistischen Ader heraus. Es schien seine Art zu sein. Auch den Mitarbeitern auf der Station gegenüber benahm er sich selbstherrlich und brüskierend.

Nach den Oberarztvisiten spielte ich so etwas wie eine »psychische Feuerwehr«. Ich erinnere mich besonders an eine 91-jährige Patientin. Sie war eine wunderbare Frau mit viel Humor und einer positiven Ausstrahlung. Mit ihr unterhielt ich mich gern. Sie besaß viel Lebenserfahrung und wirkte glücklich und zufrieden.

Bei der Visite wollte sie wissen, wie risikoreich die Operation sei, denn sie sei ja schließlich nicht mehr die Jüngste. Sie hatte ganz liebenswürdig und bescheiden eine Frage gestellt. Dieser Arzt kanzelte sie jedoch regelrecht ab. Er schilderte einen dramatischen OP-Verlauf, machte ihr Angst durch mögliche Komplikationen und sagte dann zum Schluss: »Vielleicht wachen Sie auch gar nicht mehr auf. Damit müssen Sie schon rechnen!« Dem ganzen Tross an Assistenzärzten und Schwestern blieb der Mund offen stehen angesichts seines rüden Verhaltens. Die Patientin war völlig fassungslos. Das bekam er aber nicht mehr mit, da er zwischenzeitlich schon zur nächsten geeilt war.

Nach der Visite suchte ich die Patientin wieder auf und versuchte, den Schaden zu begrenzen. Es ist nicht so ganz einfach, einmal eingepflanzte Ängste wieder zu entschärfen. Patienten sind ohnehin verunsichert und ängstlich vor einer Operation. Da muss man sie nicht zusätzlich noch fertig machen.

»Ich bin ganz sicher«, sagte ich der verängstigten alten Frau, »dass Sie nach der Operation wieder in diesem Bett aufwachen werden.«

Ich bot ihr an, mit in den Operationssaal zu gehen, obwohl ich dafür nicht eingeteilt war. Ich würde mich einfach an das Kopfende stellen, um sie zu beschützen. Sie würde das schon auf irgendeine Weise mitbekommen. Ich versprach es ihr. Damals wusste ich noch nichts von Out-of-Body-Erlebnissen, dass der Geist in seltenen Fällen den Körper verlassen und schmerzfrei aus einer anderen Perspektive

Vorgänge während der OP beobachten kann. Da es aber meine Überzeugung war, dass sie wohlbehalten nach der Operation wieder aufwachen würde, konnte ich es ihr auch glaubhaft übermitteln. Es beruhigte sie sehr.
So wie positive Effekte durch Worte, Rituale und Scheinmedikamente hervorgerufen werden, so gilt dies auch mit umgekehrtem Vorzeichen. Wenn wir solche kleinen Dinge im Umgang mit Patienten oder im Alltag mehr berücksichtigen, tragen wir bereits dadurch dazu bei, dass es Kranken besser geht, ohne dass wir paranormale geistige Fähigkeiten des Heilens einsetzen müssen. Das nur als kleiner Tipp. Es wäre schon mal ein Anfang und zudem leicht umzusetzen.

Schamanische Heilrituale

Was ist ein wahres Geheimnis?
Etwas, was für jeden offen daliegt –
und der eine erkennt es, der andere
jedoch nicht.

Laotse

Ich möchte Sie nun zu einem schamanischen Heilritual mitnehmen. Diese auch als Zauberpriester bekannten Heiler treffen wir eher selten in unserer zivilisierten Industriegesellschaft an. Wir finden sie dort, wo die Errungenschaften der modernen Medizin noch nicht Einzug gehalten haben. Viele sprechen deshalb auch davon, dass Schamanismus ein Kennzeichen primitiver Kulturen sei.

Aber was ist Schamanismus wirklich? Wenn wir überhaupt eine Vorstellung davon haben, dann greifen wir auf ein verinnerlichtes Bild zurück, das einen »Wilden« mit Baströckchen und Federschmuck zeigt, der mit Rasseln lärmend und Beschwörungsformeln murmelnd um einen Kranken tanzt. Anschließend überbläst er die erkrankte Körperregion mit Tabakrauch und flößt dem Kranken einen widerlichen Trank aus bitteren Kräutern und zermahlenen Eidechsen ein. Was wir weiter damit assoziieren, sind die Begriffe »Humbug«, »fauler Zauber«, »Scharlatanerie« oder »Hokuspokus«. Schamanismus ist aber eines der ältesten Heilrituale der Menschheit.

Der Ethnologieprofessor Klaus E. Müller von der Universität Frankfurt versucht in seinem Buch *Schamanismus - Heiler, Geister, Rituale*[15], durch knappe und kompetente Informationen zur Versachlichung eines okkultistischen Modethemas beizutragen. Wir müssen uns vergegenwärtigen, dass die Religion schon in den Anfängen der Menschheitsgeschichte eine bedeutende Rolle spielte. Zwei Themen standen dabei im Mittelpunkt:

1. die Sicherung der menschlichen Fruchtbarkeit und
2. der Jagderfolg.

Beides gewährten *jenseitige* Mächte, zu denen man ein entsprechend ungetrübtes Verhältnis haben musste.
Für diese Kontaktaufnahme bedurfte es eines »Sachverständigen«, der über die erforderlichen Kenntnisse, Gaben und Mittel verfügte, sicher mit Seelen umzugehen, und Kontakt zu den Jenseitsmächten aufnehmen konnte, die in letzter Instanz das Geschehen auf Erden bestimmten.[16] Er ist somit ein Vermittler zwischen den Menschen und den Geistwesen, um eine gestörte Harmonie zwischen Mensch, Natur und Geistern wiederherzustellen.
Schamane konnte jedoch nicht jeder werden. Dazu bedurfte es einer Initiation, die ihn zu einem Doppelwesen - halb Mensch, halb Geist - machte. Aus dieser kosmologischen Sonderstellung wuchsen dem Schamanen entsprechende Verpflichtungen zu. Seine Hauptaufgabe bestand im *Heilen:*

> »Dazu bedurfte es zunächst einer Diagnose. Der Schamane versetzte sich in Trance, gleichsam in einen künstli-

15 Müller, Klaus E., *Schamanismus - Heiler, Geister, Rituale*, C.H. Beck Verlag, München 1997.
16 Vgl. Ebenda, S. 19.

chen Schlafzustand, und sandte seine Seele – oder auch seine Hilfsgeister – aus, um zu erkunden, welcher Art die Erkrankung war, worin also genau ihre Ursache bestand, und wer sie ›geschickt‹ hatte.«[17]

Danach führte er für außenstehende Beobachter undurchschaubare Heilrituale durch, die der oben überzeichnet formulierten Darstellung mit Trommeltanz und Kräutertrank sehr nahe kommt. Nur eine kleine Randbemerkung nebenbei: Durchschauen wir als Außenstehende denn unsere heutige moderne Medizin mit ihren hochkomplizierten Diagnose- und Therapieverfahren? Das ist für uns in den meisten Fällen auch ein Buch mit sieben Siegeln, und wir vertrauen darauf, dass die Behandlung bereits anderen Menschen geholfen hat und aus diesem Grunde auch uns sicher gut tun wird. (Das nur als kleiner Denkanstoß, damit wir nicht aufs hohe Ross steigen und etwas als primitiv abqualifizieren, was wir letztlich gar nicht verstehen. Außerdem wäre das eine höchst unwissenschaftliche Haltung: Was ich nicht verstehe, kann ich zu erforschen und zu überprüfen versuchen, aber nicht a priori als primitiv abqualifizieren.)

Davids Reise nach Australien

David ist ein ganz aufgeweckter Junge von vierzehn Jahren. Sein einziges kleines Problem sind ein paar Warzen an der Fußsohle. Das ist nicht nur unschön, sondern stellt eine zunehmende Beeinträchtigung beim Laufen dar. Zumal David

17 Ebenda, S. 20.

ein Tennisspieler ist, der bei seinem Sport natürlich ziemlich viel laufen, aber auch abstoppen muss, was den Druck auf die Fußsohle enorm erhöht. Noch stellen diese Warzen keine ernsthafte Bedrohung für seine Bewegungsfähigkeit dar, aber sie haben die Tendenz, zu wachsen und sich zu vervielfältigen. Deshalb erwägen die Eltern eine Operation, welche die Warzen beseitigen soll.
Davids Eltern sind beide medizinisch tätig. Seine Mutter ist Krankenschwester, sein Vater Chefarzt einer Klinik. Medizinisch ist er also bestens versorgt. Er hat nur ein kleines Handicap. Er ist Asthmatiker. Somit besteht ein erhöhtes Narkoserisiko, was in die Entscheidung für eine Operation mit einbezogen werden muss.
Seine Eltern suchen nach einer Alternative. Sie haben auch von verschiedenen Heilern gehört, wollen aber erst einmal abwarten. Zunächst wird die Entscheidung hierüber vertagt. Die Sommerferien stehen vor der Tür. David hat hierzu eine Einladung seines Onkels aus Australien erhalten. Er war noch nie dort und kennt den Onkel nur von Besuchen in Deutschland. Was David noch nicht ahnt, ist, dass er auf der anderen Seite der Erdkugel eine zufällige Begegnung mit einem Heiler haben wird. Für David beginnt eine abenteuerliche Reise in eine unbekannte Welt.

Alles läuft planmäßig. David trifft nach einem langen und aufregenden Flug in Australien ein, wo ihn sein Onkel erwartet. Ein paar Tage später machen sich beide gemeinsam auf den Weg ins australische Outback, das wilde und geheimnisvolle Landesinnere des Kontinents. Er ahnt auch zu diesem Zeitpunkt noch nicht, dass er bei dem Ausflug eine höchst ungewöhnliche Begegnung haben wird.
David, sein Onkel und ein Fahrer, der sich in dieser Gegend besonders gut auskennt, brechen am frühen Morgen zu ihrer Unternehmung auf. Für die kleine Expedition haben sie ihr

Auto gerüstet und Proviant eingepackt. David nimmt auch seine Fotokamera mit und freut sich darauf, die für diesen Kontinent typischen Tiere in freier Wildbahn aufnehmen zu können.

Die Tour führt sie durch eine Gegend, in der schon vieles verdörrt ist. Nur sehr wenige Gräser sind noch grün. Ein paar Kängurus kreuzen ihren Weg. David schaut oben aus dem Dach des Jeeps heraus, während sie fahren. Er spürt den kühlenden Fahrtwind im Gesicht.

Als sie eine Gruppe von Straußen entdecken, halten sie an. Doch die eher scheuen Tiere ergreifen bald die Flucht. David bittet den Fahrer, sie zu verfolgen. Einige Kilometer geht es querfeldein. Die Strauße rennen auf eine für ihn geheimnisvoll wirkende Stelle zu. Aber sie rennen, ohne anzuhalten, daran vorbei. Es ist, als wenn sie nur den Weg zeigen wollten. Als David mit dem Fahrer und seinem Onkel näher kommen, wirkt dieser Ort wie eine Oase inmitten des Ödlandes. Dort ist sogar ein kleiner See vorhanden. Darin möchte er gern schwimmen, um sich abzukühlen. So springen er und sein Onkel ins Wasser und spülen sich den Staub der Steppe von der Haut.

Als David so ausgelassen im Wasser planscht, nimmt er plötzlich eine offene Strohhütte wahr, in der ein alter Mann sitzt, der ihn wohl die ganze Zeit beobachtet hat. Er trägt einen weißen Bart, seine Haare sind weiß. Er ist auch ganz in Weiß gekleidet. Im Gegensatz dazu fällt David seine dunkle Hautfarbe auf. Während David von dieser Szene fasziniert ist, badet sein Onkel weiter in dem kleinen See.

Der alte Mann deutet mit einer Geste an, David solle zu ihm herüberkommen und auf einem Sitzkissen vor ihm Platz nehmen. David ist ganz neugierig. Er hat irgendwie Vertrauen zu dem Alten, denn er ist sehr freundlich. Dieser deutet nun auf Davids Fuß, zeigt auf die Warzen. David kann aber die Sprache des alten Mannes nicht verstehen.

Daher versucht er, mithilfe von Gesten klar zu machen, dass er Schmerzen beim Gehen hat, aber der Alte scheint das zu wissen.
Dann erhebt sich der Alte und geht zu einem etwas staubigen Schrank mit Glastüren, der hinter ihm steht. Dort nimmt er ein kleines Gläschen heraus. Darin befindet sich, wie David anschließend feststellt, eine merkwürdige Salbe. Der Alte nimmt einen Spatel, tut etwas von dieser Salbe darauf und verteilt sie auf den Warzen an Davids Fuß. David ist ganz verblüfft, denn diese Stelle wird plötzlich ungewöhnlich kühl. Die Kühle verstärkt sich. David kommt es so vor, als würde der Alte noch ein paar Beschwörungsformeln dazu murmeln.
Und während er das erst einmal auf sich wirken lässt, kommt ihm in den Sinn, diese komische Stelle einmal anzufassen, um zu prüfen, was da los ist. Er stellt fest, dass sie ganz empfindungslos ist. Er ist erneut überrascht, aber er freut sich auch darüber. Die Warzen schmerzen nicht mehr, und die Kühle ist ganz angenehm. Der Alte bleibt in Davids Nähe sitzen und lächelt viel sagend.
Dann steht er auf und geht erneut zu dem Schränkchen. Er holt einen weiteren Salbentopf heraus, nimmt wie gehabt einen Spatel und verteilt wieder die Salbe auf den Warzen. David ist schon auf die nächste verblüffende Wirkung gespannt, aber zu seiner Überraschung passiert gar nichts. Die Warzen bleiben kühl. Sonst geschieht nichts. Der Alte versucht, David zu verdeutlichen, dass die Warzen anfangen werden, zu schrumpfen, was ganz unmerklich geschehen würde.
Einen Augenblick später geht er noch einmal zu dem Schrank und holt ein drittes Töpfchen mit Salbe heraus. Die Prozedur findet ein drittes Mal statt. David hatte gedacht, es geschieht noch einmal so etwas Tolles, aber der Alte schiebt ihm nur einen Zettel herüber, auf dem zu lesen ist, dass

dieses die eigentliche Heilsalbe sei. Wenn sie in die Haut eingezogen sei, beginne sie zu wirken.
Und dann versuchen die beiden, sich, so gut es geht, zu unterhalten. Der Alte bietet ihm auch etwas zu trinken an. Er hat die Auswahl zwischen Tee und verschiedenen Erfrischungsgetränken. David entscheidet sich für einen Saft. Dann entlässt er den Gast. David dankt ihm noch einmal für den Saft und dafür, dass er in dem herrlichen See schwimmen durfte.
Dann geht er zu seinem Onkel, der im Wagen zwischenzeitlich ein kleines Nickerchen gemacht hat. Da es mittlerweile Nachmittag ist, müssen sie bald den Rückweg antreten, weil es hier recht schnell dunkel wird. David ist noch ganz angefüllt mit den Eindrücken des Tages und der Begegnung mit dem Alten. Trotz der drückenden Hitze fühlt er sich erfrischt und irgendwie stark. Kurz vor Einbruch der Dunkelheit kehren sie zurück in das Farmhaus des Onkels.

Der Heilerfolg des Medizinmannes

Innerhalb der nächsten vier Wochen, die David noch in Australien blieb, verschwanden die lästigen Warzen vollkommen. Er hatte sich gar nicht mehr darum gekümmert. Er hatte die Warzen vollkommen vergessen. Das Laufen wurde besser, aber das nahm er zunächst gar nicht bewusst wahr. Es war irgendwann zu einer Selbstverständlichkeit geworden.
Ganz offensichtlich hat also der alte Medizinmann mit seinen angeblich primitiven Methoden einen beachtlichen Erfolg erzielt. Seine Behandlungsmethoden wirken auch bei Menschen, die eine ganz andere Medizin gewohnt sind.

Vielleicht ist dies ein Glücksfall, möglicherweise auch reiner Zufall. Jedenfalls würden wir nach Lage der Dinge von einem Heilerfolg sprechen.
Wir sollten uns jedoch nicht vorschnell auf eine eindeutige Beurteilung dieser Heilbehandlung festlegen. Ich möchte Sie an dieser Stelle noch einmal an die Geschichte mit den zwei Engeln am Anfang des Buches erinnern: Es ist nicht alles so, wie es scheint. Unsere innere Haltung bzw. unsere Meinung von den Dingen beeinflusst unsere Wahrnehmung und Interpretation. Auch für Davids Heilreise nach Australien trifft das zu. Es ist nicht alles so, wie es scheint ...
Das Heilritual hat sich nämlich ganz anders abgespielt. David musste nicht erst zum anderen Ende der Welt in den australischen Busch fliegen. Das Ganze fand ambulant statt, im Behandlungszimmer eines Arztes in einer Klinik für psychosomatische Medizin. Der Behandlungsbesuch dauerte lediglich eine Stunde. David reiste also nicht wirklich nach Australien. Aber diese Aussage können wir so nun auch wieder nicht stehen lassen. Er reiste nicht körperlich. Er machte eine »geistige Reise«. Sie fand innerlich statt. Vielleicht wanderte seine geistige Wahrnehmung *wirklich* um die halbe Welt. Wir können es nicht sagen. Das Resultat jedenfalls ist höchst interessant. Die Trancereise hat David tief beeindruckt. Noch Jahre später schwärmt er von diesem tollen Erlebnis.

Die meisten von uns assoziieren mit dem Wort »wirklich« Begriffe wie »wahrheitsgemäß« oder »real fassbar«. Vielleicht kann man die Bedeutung noch etwas erweitern und den Begriff unter dem Aspekt betrachten, was tatsächlich *wirkt*. In diesem Fall: eine Heilung bewirkt. Nun stehen wir aber erneut vor einem Rätsel. Wir sind es doch gewohnt, dass wir im Falle einer Krankheit zum Arzt gehen, der etwas unternimmt, und der Körper dann gesund wird. Wer

aber hat hier die Heilung vollzogen? Es scheint so zu sein, dass irgendeine Instanz im Jungen all diese Prozesse selbst organisierte. Der Arzt/Therapeut war lediglich Begleiter und setzte einige Impulse.
Als Voraussetzung für das Heilungsritual führte der Arzt bei David eine Hypnose durch. Der junge Patient suchte dann in Trance seinen inneren Heiler auf. Das Interessante daran ist, dass der Arzt nur zum Teil vorgab, wo und wie genau sich das Heilritual abspielen sollte. Vieles entstand ganz autonom aus dem Jungen selbst heraus. Der Arzt hatte David lediglich vorher gefragt, wo er gern einmal hinreisen würde und was ihn interessiere. Australien fand er spannend, weil dort ein Onkel von ihm lebte, den er aber noch nie besucht hatte.
Es zeigt sich immer wieder, wie wichtig es ist, den Patienten dort »abzuholen«, wo er sich im Moment befindet; d. h., an sein Denken, sein inneres Erleben und seine Interessen anzuknüpfen. Das ist bei jedem Menschen individuell verschieden. Die Reise klingt wie die Geschichte aus einem Abenteuerbuch für Jungen. In diesem Fall ist es auch bedeutungsvoll, das Ritual altersgemäß zu gestalten. Das bedeutet, es für ihn so interessant und vertrauensvoll zu inszenieren, dass er sich darauf einlassen kann.
David hatte sich noch nie vorher mit Hypnose befasst. Er war vollkommen unvorbelastet, was geschehen würde: eine wunderbare Ausgangssituation. Bei Erwachsenen, die bestimmte Vorstellungen mit einer hypnotischen Behandlung verknüpfen, wirken diese Erwartungen eher hinderlich auf dem Weg zum inneren Heiler. Sie müssen erst in einen Zustand gelangen, in dem sie sich dem inneren Geschehen vollkommen überlassen können. Das bedeutet auch, dass sie erst in gewisser Weise Vertrauen zu sich selbst bekommen müssen, was da in ihrem Inneren ablaufen will.

Einleitung der Trance

Wenn keine reale Reise nach Australien stattfand, wie wurde dann aber dieses reale innere Erlebnis herbeigeführt? Hier gebe ich kurz wieder, wie so eine Einleitung in eine Trance ablaufen kann:

> »Ich hab dir ja gerade schon erzählt, dass wir jetzt eine kleine Reise machen. Das ist ein Zustand, als wenn du abends etwas müde bist und im Bett liegst, die Augen geschlossen hast und du etwas schläfrig bist. Stell dir vor, du hast am Tag etwas Tolles erlebt, und nun denkst du daran. Die Bilder vom Tag gehen dir noch einmal durch den Kopf, aber noch schläfst du nicht ... und das ist natürlich ein Zustand, den kennst du ja ... Ganz was Neues ist das also gar nicht ... Und ich erzähl dir einfach einmal eine interessante Geschichte ... und du erzählst mir dann auch, was du so siehst ... Wir machen jetzt einmal die Reise, ja? ... Mach einfach die Augen zu und leg dich ganz bequem hin. Für dich ist dieser Raum ganz neu ...«

David hatte die Augen schon geschlossen und öffnete sie daraufhin noch einmal kurz, um sich zu orientieren. Es ist wichtig, dass dem Patienten die Umgebung vertraut wird und er sich wohl fühlt. Das nimmt Angst, und er kann sich anschließend besser fallen lassen. Darüber hinaus wird ihm damit signalisiert, dass etwas Neues beginnt. Er soll sich noch einmal diese äußere Realität vergegenwärtigen und das Erinnerungsbild in die Trance mitnehmen – sozusagen als einen Referenzwert, dass er registriert, in einer ganz anderen Welt zu sein. Es ist wie ein Anker, der ihn mit seiner jetzigen Welt verbindet, damit er nicht abdriftet.

»Du fühlst dich hier recht wohl ... Mach es dir ganz bequem ... und du hältst weiterhin die Augen geschlossen. ... Und stell einfach mal fest, wenn du die Augen geschlossen hast, ob auch alles wirklich ganz bequem und gemütlich ist ... dass dein Rücken bequem liegt, die Beine, die Arme ... und die Augen sind so ganz ruhig ... ganz ruhig ... und es ist, als wenn du dich abends hinlegst ... in dein Bett ... in dem du dich wohl fühlst ... Du hast einen ganz tollen Tag gehabt, ganz tolle Sachen erlebt ... so richtig zufrieden ... und in Gedanken gehen dir vielleicht noch einige Sachen vom Tag durch den Kopf ... wenn du vielleicht im Schwimmbad gewesen bist [die Hypnosesitzung findet an einem heißen Hochsommertag statt] ... oder im Garten gesessen hast ... und die Augen sind schwer und müde ... die Augen sind ganz ruhig dabei ... und vielleicht stellst du fest ... dass auch die Arme sehr schwer sind ... und entspannt ... und du sie gar nicht bewegen möchtest ... weil du dich wohl fühlst ... und auch die Beine schwer sind ... und die Geschichte kommt etwas später. Du darfst dir vorstellen, dass du dich wohl fühlst ... Es ist ganz angenehm, wenn du hier liegen kannst ... es ist auch nicht zu warm. Draußen ist es ja sehr warm ... Dir ist eher kühl auf der Stirn ... beide Arme sind schwer und entspannt ... Du fühlst dich ganz wohlig ... so wohlig müde ... wie nach dem Tennis, wenn du gut gespielt hast ... ein bisschen müde, aber sehr gut ... und du spürst, wie du einatmest und den Luftstrom spürst ... durch die Nase ... ganz regelmäßig ... ein und aus ... und du schläfst nicht ein ... bist vielleicht ein bisschen dösig ... du brauchst auch gar nicht immer zuzuhören, was ich sage ... mach dir deine eigenen Gedanken ... du sollst dich so wohl, wie es nur geht, fühlen ... und wenn dir etwas fehlt, kannst du mir es auch sagen ... so ist es jetzt ganz angenehm ... beide Beine sind ganz schwer ... sodass du sie kaum bewegen möchtest ... die Arme ... in den Schultern ... ganz ruhig ... du fühlst dich erfrischt ... ganz erfrischt im Gesicht ... ein leichter Windhauch ... ganz erfrischt ... Du weißt noch, wie du gerade mit dem Fahrrad hierher gekommen bist .... bei dem Wetter ist es recht schweißtreibend ... und hier kannst du dich erholen ... Es ist so, als wenn du unter einem schattigen Baum liegst ... dösig, und die Augen sind schwer ... die Augen sind ganz schwer ... und ruhig ... wie unter einem schattigen Baum ... der Wind ist angenehm kühl ... auch das Gesicht. Du fühlst dich immer besser ... du hast die Augen die ganze Zeit geschlossen ... ganz schwer und müde ... die Schultern sind ganz locker ... du spürst ... dass du dich immer wohler fühlst ... wie auf einer Liege bei euch im Garten unter einem schattigen Baum ... ganz angenehm ... und deine Gedanken kreisen ... um den Urlaub ... um eine Traumreise ... und du kannst dich da hinzaubern. Du brauchst gar nicht zu fliegen ... Du kannst dich jetzt ... schnipp! [der Therapeut schnippt mit dem Finger] ... nach Australien zaubern ... du reist in Gedanken ... es ist wie bei einem inneren Fernseher ... Wenn in dir ein Fernseher ist, auf dem du das miterleben kannst ... farbige Bilder ... als wenn du im Kino bist ... auf eine Leinwand schaust ... Kannst du dir das vorstellen?«[18]

Vor dem inneren Auge ist zunächst alles noch dunkel oder sehr verschwommen. Der Therapeut führt David weiter in die Trance. Langsam beginnt sich alles plastisch vor ihm zu entfalten wie auf einer inneren Leinwand.

18 Die Sätze von hypnotischen Induktionen folgen nicht immer unseren logischen Sprachmustern. Sie sind so formuliert, dass überwiegend das *Unbewusste* des Patienten davon angesprochen wird.

»Gut. Schau dich erst einmal in der Gegend um, wo dein Onkel wohnt ... wie die Bäume da aussehen ... wenn da welche sind ... in der Wüste, im Gras ... Und irgendwann kann es so sein, dass du *selbst in dem Film drin bist* ... irgendwann geschieht das ... dass du das nicht nur auf der Leinwand siehst, sondern merkst: *Du bist mit den Füßen da, auch in Australien* ... Was stellst du dir noch so vor? ... Siehst du noch etwas anderes?«

Er sieht das Haus des Onkels, das er bisher nicht kannte, das jedoch noch recht verschwommen wahrzunehmen ist. David soll es aber, so gut er kann, beschreiben. Der Therapeut fragt dann, ob es etwas gibt, was schon etwas klarer ist. David beschreibt Tiere, die er genau vor sich sieht. Dabei wird auch seine Stimme klarer und bestimmter, was ein Zeichen dafür ist, dass er emotional mehr in das Erleben eintaucht. Alles nimmt deutliche Gestalt an. Im Prinzip vollzieht sich der weitere Ablauf dann so, wie in Davids Reise nach Australien bereits geschildert.

Der Geheimcode zur Heilung

Die Heilung ist in uns angelegt, ebenso wie die Möglichkeit der Krankheit. Manche Patienten müssen vielleicht tatsächlich an einen fernen Ort reisen und dafür viel Geld bezahlen, um mithilfe eines exotischen Heilers zu ihren eigenen heilenden Potenzialen Zugang zu finden. Andere wie David nehmen eine Abkürzung und schicken ihre Seele oder, besser gesagt, ihren Geist in einer hypnotischen Trancesitzung auf eine Heilreise.

Eine ungeklärte Frage ist, ob der Geist wirklich umherreist oder dies alles sich »nur« innerpsychisch abspielt? Ziemlich sicher ist jedoch, dass eine andere Ebene des Bewusstseins betreten wird. Dadurch erhält der Betreffende Zugang zu sonst nicht verfügbaren Potenzialen. Es scheint wie die Geheimkombination zu einem Safe zu sein, den man in Hypnose öffnet, um an die darin gelagerten Schätze heranzukommen. Natürlich sind dies keine materiellen Schätze – es ist ein Schatz von Fähigkeiten und ungenutzten Möglichkeiten. Vielleicht erhalten wir auf diese Weise sogar einen Zugang zu Teilen der obersten Steuerungszentrale unseres Lebens, wie zu einem zentralen Computerprogramm, auf dessen Basis alles funktioniert. Dass in diesem veränderten oder vielleicht sogar erweiterten Bewusstseinszustand Heilungsprozesse vollzogen werden können, ist höchst staunenswert.

Ich habe im Laufe meiner klinischen Tätigkeit immer wieder festgestellt, dass es wirklich eine innere Instanz gibt, die für Heilung zuständig ist. Diese wird sogar ohne unser Zutun tätig. Normalerweise machen wir uns darüber gar keine Gedanken. Wenn Körperfunktionen im Ungleichgewicht sind, steuert ein Regelkreis dagegen. Wenn eine Erkrankung sich manifestiert hat, werden unsere Abwehrkräfte aktiv. Der Körper ergreift also »Gegenmaßnahmen zwecks Gesundung«.
Diese innere Instanz kann direkt angesprochen werden, was in einem veränderten Bewusstseinszustand eher möglich ist als in unserem engen Alltagsbewusstsein. Ich kann sie sogar bitten, Heilprozesse im Körper des Patienten zu vollziehen. Es ist eine ausgesprochen fürsorgliche Instanz. Ich kann sie aber nicht zwingen. Dieser innere Heiler ist jedoch nicht immer so personifiziert wie bei David mit dem alten weisen Medizinmann. Manchmal bleibt diese Instanz gestaltlos.

Trotzdem kann man mit ihr eng und vertrauensvoll zusammenarbeiten. Heilungsprozesse werden dadurch möglich.
Man kann ihr verschlüsselte Botschaften zukommen lassen, die das Bewusstsein des Patienten nicht versteht. Die Sprache unserer Träume ist auch bildhaft, und wir begreifen nicht unmittelbar, was damit gemeint ist. Das Unbewusste arbeitet mit Symbolen, mit inneren Bildern. Wir müssen uns erst Gedanken darüber machen, welche Bedeutung das Geträumte hat. Manchmal verarbeitet dieser in der Tiefe liegende Teil unseres Bewusstseins Ereignisse, die wir am Tag erlebt haben. Manchmal aber hält er auch Einsichten, Botschaften und Lösungen für uns bereit. Um nun von außen dem Unbewussten in seiner Sprache zu begegnen, gebraucht der Therapeut auch Bilder, Symbole und Metaphern. Diese tiefe Schicht versteht die Bedeutung, aber das wache Tagesbewusstsein weiß nicht immer sofort, etwas damit anzufangen. So erhalten wir von außen unmittelbar Zugang zu diesem weisen Teil in uns bzw. im Patienten.
Und das Unglaubliche dabei ist, es versteht diese Botschaften oder sogar Anweisungen. Das wirkt keineswegs nur bei Kindern und Jugendlichen, wo man meinen kann, dass sie noch mehr einem magischen Denken zugetan sind. Es funktioniert auch auf wunderbare Weise bei erwachsenen Menschen und jenen, die »solch merkwürdigen Dingen« ablehnend gegenüberstehen.

Ist die hier dargestellte Behandlung Davids nun eine hoch entwickelte Form geistigen Heilens oder eine primitive und auf Aberglauben beruhende? Wie gesagt ist Hypnose inzwischen ein gängiges Verfahren in der Medizin und besonders in der Psychotherapie. Aber im Grunde genommen handelt es sich um ein uraltes Verfahren. Schamanen oder Medizinmänner versetzten sich seit Tausenden von Jahren in Trance.

Auch ganz einfache Menschen in urzeitlichen Kulturen waren dazu schon immer in der Lage. In diesem Zustand sind sie zu unglaublichen Leistungen fähig. Beispielsweise können Menschen in Sri Lanka und Indien sich Fleischerhaken durch die Haut des Rückens stoßen, um daran schwere Wagen mit Opfergaben zu ziehen. Das Erstaunliche dabei ist, es fließt kein Blut. Es handelt sich um ein religiöses Ritual in dem winzigen Ort Kataragama im Süden der Insel. Tausende aus allen Teilen des Landes strömen herbei, um dies mitzuerleben. Oder sie durchbohren beide Wangen mit einem Spieß, was große Löcher verursacht und recht bizarr aussieht. Aber auch hier fließt kein Blut. Sind das nun primitive Kulturen? Oder haben diese Menschen noch unmittelbaren Zugang zu Fähigkeiten, die uns in unserer Zivilisation verloren gegangen sind?
Schauen wir uns einmal an, was der Ethnologe zum schamanischen Heilritual sagt:

> »Die schamanische Seelenreise entsprach im Prinzip dem Traumerleben ›gewöhnlicher‹ Menschen – nur erfolgte sie im Unterschied dazu *kontrolliert* und aufgrund eines bewusst getroffenen Willensentscheids. [...] Tatsächlich kommunizierten Schamanen auch häufig mit ihren Hilfs- und Schutzgeistern im Traum; sie empfingen dabei wichtige Hinweise, etwa auf ein bevorstehendes Geschehen, Empfehlungen, Ratschläge und Anweisungen.«[19]

Erstaunlich ist, dass wir immer noch über dieses Programm verfügen. Es scheint eine elementar in jedem angelegte Fähigkeit zu sein. Ich habe im Laufe meiner Tätigkeit sogar bestimmte Gesetzmäßigkeiten herausgefunden, wie man am besten mit diesem inneren Heiler arbeiten kann. Dieses Wis-

19 Müller, *Schamanismus*, a.a.O., S. 19.

sen vermittelt Sicherheit beim Abtauchen in die anderen Bewusstseinsebenen und Zuversicht, dass die therapeutische Intervention zum gewünschten Erfolg führen wird.

Eine ungewöhnliche Selbstheilung

> Die das Leben erschwerenden, meist nicht eingestandenen Schatten-Kräfte dürfen nicht übersehen werden, da sie eine Chance zur Verwandlung und Reifung bieten.
>
> *Karl Graf Dürckheim*

Wir haben selbst mehr Potenziale zur Verfügung, als wir glauben. Ich möchte nun einen Fall vorstellen, bei dem ich gar nicht wusste, dass durch meine Behandlung ein entscheidender Heilprozess eingeleitet wurde. Es handelt sich um eine Patientin, die sich bereits seit ein paar Tagen in der Klinik befand, sodass ich die Symptome kannte, die zum stationären Aufenthalt geführt hatten. Aber ich besaß zu dem Zeitpunkt, da ich Entscheidendes für die Heilung bewirkte, keine Kenntnis von den tiefer liegenden Problemen, welche die Symptome der Patientin verursachten.

Ich hatte eher zufällig mit einer Trance gute Rahmenbedingungen geschaffen, die sodann Selbstheilungsprozesse bei der Patientin in Gang setzten. Die Patientin selbst hatte bisher ihr Augenmerk ganz auf die körperlichen Beschwerden gerichtet. Sie trug merkwürdigerweise noch zur Verschlimmerung der Symptomatik bei – durch Selbstverletzungen.

Gruppentrance

Bei der folgenden Heilungsgeschichte handelt es sich um eine 26-jährige Ingenieurin. Zu Beginn der Behandlung leidet die junge Frau unter mehreren körperlichen Problemen wie z. B. Kopf- und Magenbeschwerden. Sie fühlt sich zudem unruhig und getrieben. Dieser Zustand hat zu Spannungen mit ihrem Partner geführt, der natürlich nicht recht wusste, wie er damit umgehen sollte. Sie selbst hat das Gefühl, auf einem Pulverfass zu sitzen. Diese innere Anspannung rührte aber keineswegs daher, dass sie nicht mit Stress umgehen könnte. Sie selbst sagt von sich:

> »Ich bin eine schnelle Person. Ich habe ein hohes Tempo im Leben. Ich arbeite schnell, ich kann unter Stress gut arbeiten, das haben mir auch alle Arbeitgeber schon gesagt, und das tut mir auch gut; ich brauche eine gewisse Geschwindigkeit. Nicht nur reden, sondern auch machen. Bloß – in manchen Situationen habe ich mir *gewünscht, mehr Geduld zu haben.* Das war oft so bei Streitigkeiten.«

Diese innere Anspannung führte zu einem Verhalten, das wir als Außenstehende nur schwer nachvollziehen können. Sie begann, sich selbst zu verletzen. Sie ritzte sich mit einer Schere oder den Fingernägeln die Unterarme auf, bis sie bluteten. Den meisten Menschen drängt sich wohl die Frage auf, weshalb diese junge Frau das tat und ihren Zustand noch verschlimmerte. Sie selbst jedenfalls suchte bereits seit Jahren nach einer Antwort darauf. Sie hatte auch schon eine Reihe Ärzte konsultiert und einige Psychotherapien begonnen, die sie aber alle wieder abbrach, weil sie dort nach eigenen Aussagen nicht weiterkam.

Mein Interesse als Therapeut liegt zu Beginn der stationären Therapie nicht darin, Ursachenforschung zu betreiben. Wahrscheinlich ist dieser Weg schon von vielen Kollegen vor mir beschritten worden. Die Ursachenforschung hat an den Beschwerden der Patientin bisher jedoch nichts verändert. Es ist unübersehbar, dass die diversen körperlichen Symptome und zusätzlich die Selbstverletzungen sie in erheblichem Maße belasten. Ich überlege, dass die Patientin ihren Blick erst einmal weg von den Problemen lenken soll. Das ist ein Vorgehen, das einige Kollegen vielleicht gar nicht nachvollziehen können. Für manche Therapeuten geht es darum, sich ganz der Probleme anzunehmen. Ich hingegen bin zu diesem Zeitpunkt der Meinung, dass die Patientin neue positive Erfahrungen braucht. Mein vorrangiges Ziel ist es deshalb, sie zunächst ihren Körper wieder einmal auf angenehme Weise erleben zu lassen und ihn nicht nur als Feind zu sehen, der ihr zu schaffen macht.
Ich lade sie deshalb ein, an einer Gruppentherapie teilzunehmen. Sie ist erst einmal äußerst skeptisch, da sie schon einige Erfahrungen mit Therapien gesammelt hatte, die nicht ihren Vorstellungen entsprachen. Wir vereinbaren, dass sie, wenn sie nicht davon profitiere, nicht weiter daran teilnehmen bräuchte. Später wird sie aber Folgendes über die Gruppe sagen:

> »Das Erlebnis hier mit der Gruppe fand ich *sehr beeindruckend.* Ich hatte am Anfang, als ich hierher gekommen bin, so ein bisschen ein mulmiges Gefühl bei Gruppentherapie, weil das ja auch noch einmal so eine Steigerung ist zu einer Einzeltherapie. Aber ich muss sagen, so jetzt *mit dieser Gruppe habe ich nur positive Erfahrungen gemacht, nehme ich nur Positives mit.* Die anderen Patienten sagen einem auch, was los ist, aber ich nehme ihnen das nicht übel. Ich habe nicht das Gefühl, die ma-

chen das, weil sie mir etwas Böses wollen, sondern es war klar, die wollen mir helfen. Die wollen einfach, dass ich hingucke. Dann kann ich das auch annehmen, und das wäre wohl nicht in jeder Gruppe so gewesen. *Wir haben auch so viel Spaß miteinander gehabt. Das war echt schön.«*

In der Gruppentherapie kann jeder erzählen, was ihn in die Klinik geführt hat und in welcher Hinsicht er sich Hilfe wünscht. Auch werden dort Erfahrungen hinsichtlich der unterschiedlichen Krankheiten der Patienten ausgetauscht. Vor allem ist diese Gruppe aber dazu da, neue positive Erfahrungen zu machen und Lösungsmöglichkeiten für Probleme zu erarbeiten.

Eine Methode, dies zu ermöglichen, ist die Gruppenhypnose. Als Behandlungsform in der Einzeltherapie ist die Hypnose relativ bekannt. Wie aber kann man Trance auf eine ganze Gruppe übertragen? Alle Personen legen sich zu diesem Zweck in einem meditativen Raum auf eine Wolldecke. Viele Menschen kennen solche Rahmenbedingungen vom Yoga oder autogenen Training. Genau wie dort führt der Therapeut die Teilnehmer in einen tiefen Entspannungszustand hinein.

Anschließend wird durch bestimmte Anweisungen und Hilfestellungen ein Traumgeschehen bei den Patienten ausgelöst. Der hypnotische Traum unterscheidet sich von dem im Nachtschlaf dadurch, dass die Teilnehmer gerade *nicht schlafen,* sondern in einen anderen Bewusstseinszustand eintreten, in dem sie Erlebnisse auf verschiedenen Ebenen machen können. Sie nehmen alles bewusst wahr, sind aber gleichzeitig in einem Zustand, in dem noch *etwas Zusätzliches* abläuft.

Der Therapeut spricht während der Trance zu den Patienten, diese können aber auch ihrerseits mit ihm verbalen Kontakt aufnehmen: Sei es, dass sie um Unterstützung in einem schwierigen inneren Prozess bitten oder dass sie nur mitteilen möchten, was gerade bei ihnen abläuft. Sie brauchen dazu nicht den »inneren Film« abzubrechen. Der verbale Kontakt zum Therapeuten ist also eine Sicherheitsleine wie bei einem Tauchvorgang. Es ist nicht so ganz einfach, sich vorzustellen, wie lebendig dann das innere Geschehen abläuft. Fast alle Patienten aber, die es einmal mitgemacht haben, finden es äußerst interessant und angenehm.

Zunächst gebe ich in dieser Gruppe bestimmte Traumsymbole vor, in die sich die Patienten in der Trance hineinversetzen sollen. Es sind solche Bilder, die erfahrungsgemäß die Selbstheilungskräfte der Teilnehmer fördern.

Von der Hintergrundthematik der jungen Frau, die zum ersten Mal an einer Gruppentrance teilnimmt, weiß ich zu diesem Zeitpunkt noch nichts. Im Erleben der Ingenieurin hatten in den letzten Jahren nur körperliche Beschwerden im Vordergrund gestanden. So war auch die Behandlung vorrangig an der Therapie oder Beseitigung dieser körperlichen Beschwerden orientiert gewesen.

Ein Ort, den alle Teilnehmer der Gruppe in der Trance aufsuchen sollen, ist ein Paradiesgarten. Dort haben sie die Möglichkeit, innerlich auf Entdeckungsreise zu gehen. Sie sollen sich zunächst in Ruhe umschauen. Da acht unterschiedliche Patienten an dieser Gruppentrance teilnehmen, wird das Geschehen, das sich abspielen soll, nur angedeutet. Bei jedem Teilnehmer gestaltet sich das innerlich etwas anders aus. Dies läuft dann autonom ab.

Die Patienten sollen nicht ihre Phantasie einsetzen, sondern sich eher passiv verhalten, als wenn sie auf einen inneren Bildschirm schauen und registrieren, was dort passiert. Das ist das Entscheidende, dass jeder sich einfach dem Geschehen überlässt. Die tieferen geistigen Schichten gestalten daraus etwas, was für den Betreffenden in diesem Moment hilfreich sein wird. So fängt dann ein innerer Teil im Patienten an, ihm etwas Heilsames zur Verfügung zu stellen. Das können angenehme körperliche Empfindungen sein, Lösungen für Probleme, neue Einsichten oder auch, dass ein wichtiger Sachverhalt für den Betreffenden deutlich wird.

Wichtige Heilimpulse

Das, was ich hier beschreibe, ist eine von unzähligen Möglichkeiten, eine Heiltrance zu beginnen. »Zufällig« habe ich eine Symbolik ausgewählt, die auf die Ingenieurin zugeschnitten zu sein scheint. Als nächsten Schritt sollen die Patienten sich im Garten umschauen, ob sie vielleicht einer Person begegnen.

Das klingt alles recht harmlos und unspezifisch. Bei der jungen Frau jedoch löst das, was dann geschieht, ganz entscheidende Dinge aus. Es kann sozusagen als Schlüssel oder als Initialzündung für ihre Heilung gelten. Am besten lassen wir die Patientin selbst zu Worte kommen. Nach Abschluss der stationären Therapie berichtet sie noch einmal in einem Gespräch darüber, was dort ablief. Gleichzeitig erfahren wir etwas mehr über ihre Krankengeschichte und den Heilungsprozess:

> »Gerade diese Hypnose mit dem Garten war *für mich ganz wichtig*. Das habe ich vorhin auch noch einmal zu Mitpatienten gesagt, *dass ich davon sehr viel mitnehme*. Das war für mich auch ganz stark eine *Aussöhnung mit meiner Vergangenheit*. Ich hatte ja damals nicht die Chance,

meinem Vater *auf Wiedersehen zu sagen.* Es war für mich eine Aussöhnung, weil ich in dem Garten auf meinen Vater in so einer *ganz gelösten Atmosphäre* getroffen bin. Das hat für mich noch einmal ganz stark den *positiven Aspekt* aus meiner Kindheit hochgebracht. Ich hatte ja eine Zeit lang immer nur das Schlimme gesehen, das, was mir widerfahren ist, aber nicht das, was ich auch an positiven Erlebnissen hatte.«

Der Vater hatte als Direktor eine große Firma in finanzielle Schwierigkeiten gebracht. Die Situation spitzte sich zu. Aufgrund der Schwierigkeiten sah er schließlich keinen anderen Ausweg, als Selbstmord zu begehen.
Die Patientin ist zu jener Zeit noch ein Kind. Alles bricht plötzlich auf sie herein, als sie eines Tages ahnungslos von der Schule heimkehrt. Sie erlebt Hektik und Panik. Sie wird an den Rand des Geschehens gedrängt und erlebt aus dieser Perspektive die Arbeit des Rettungsdienstes: »Ich habe all die Jahre immer dieses schlimme Bild vor Augen gehabt, wie ich in dieser Tür im Flur hocke, die ganzen Vorgänge gesehen habe, auch wie die Leute vom Rettungsdienst ihn blutüberströmt an mir vorbeigetragen haben.«
Dieses Bild sitzt tief – und besonders die seelischen Verletzungen des kleinen Kindes, das damit nicht umzugehen weiß. Es vermag die Vorgänge nicht einzuordnen. Es fühlt sich hilflos und vom Vater verlassen. Damals hatte sie keine Möglichkeit, adäquat Abschied zu nehmen. Innerlich bleibt diese Wunde. Ein erstaunlicher Vorgang, der sich eines Tages in heftigen Krankheitssymptomen äußern sollte, was zur Aufnahme in die Klinik führte.
Zu allem Unglück verknüpfte sie die traumatischen Erlebnisse der Vergangenheit auch noch mit ihrer aktuellen Situation. Dadurch schuf sie sich erneut Schwierigkeiten, besonders in der Partnerschaft:

»Wenn ich mich mit jemandem gestritten habe, dachte ich: ›Wenn der geht und fährt draußen gegen einen Baum oder er macht sonst was, *dann hast du die gleiche Situation wie mit deinem Vater.*‹ Und deswegen konnte ich die Angst und die Erinnerungen immer nicht loslassen. Obwohl es manchmal gar nichts mehr gebracht hat. Ich konnte das Schlimme aber nicht loslassen.«

So überschattete die Vergangenheit die Gegenwart und verhinderte genau das, was sie eigentlich sucht: ein erfülltes, zufriedenes Leben und eine glückliche Partnerschaft.
Was genau erlebt die Patientin als heilsam? Wie gestaltete sich die innere Versöhnung? Auf diese Fragen möchte ich im Folgenden eine Antwort geben. Die Patientin lässt noch einmal lebendig werden, wie diese für sie bedeutsame Begegnung mit dem Vater ablief (wir waren an dem Punkt angelangt, dass der Therapeut zunächst den Paradiesgarten vorgegeben hatte und jeder abwarten sollte, ob ihm dort eine Person begegnen würde):

»Es war schon so, dass ich das Gefühl hatte, als ich vor der Steinmauer stand ... noch bevor Sie das sagten, hatte ich schon das Gefühl, da muss ein Tor kommen. Und dann war es ja erst dunkel vor der Mauer. Ich bin durch das Tor gegangen, und dann war das sehr schön. Ich habe auf einmal so ganz angenehme Geräusche gehört wie dieses Vogelgezwitscher und das Baumkronenrauschen und habe auch meine Lieblingsbäume gleich gesehen, wie die Birke und hohes Gras, so ein bisschen verwildert ... Ich hatte auch schon von Anfang an das Gefühl: ›Du triffst hier jemand‹, und dann sagten Sie das ja auch. Und dann hatte ich ja erst auch meinen jetzigen Beziehungspartner im Kopf, aber das war sofort wieder weg, und mein Vater war da, im Jogging-

anzug und mit Strohhut, wie er oft im Garten bei uns rumgelaufen ist.
Und dann hat er mir die Hasen gezeigt, und es war harmonisch, wie es war, wenn wir zusammen waren. Weil wir auch so ähnliche Leidenschaften haben, glaube ich. Dann haben wir auch einfach nur die Hasen angeguckt und haben auch nicht viel gesagt. Wir sind noch zusammen im Garten herumgegangen und haben es einfach nur genossen, dass es so ruhig ist und dass man auch mal nur für sich ist … Und als die Übung zu Ende ging und es hieß, wir sollten uns verabschieden, da bin ich auch in der Gestalt, so wie ich jetzt im Erwachsenendasein bin – aber vom Gefühl her wie ein Kind –, da bin schon in der Hypnose wie auch später hier über den Flur gehüpft, also innerlich gehüpft.
Ich habe mich immer umgedreht, habe sehr oft gewinkt und mich ganz doll gefreut und habe immer gesagt: ›Tschüs‹ und ›Ich geh jetzt wieder‹ und ›Ich kann aber auch wiederkommen in Gedanken, wenn ich will‹ und ›Ich habe dich lieb‹ – und das habe ich auch ganz oft gesagt, weil ich das damals halt auch verpasst habe. Und dann bin ich aus dem Tor raus. Dort war es auf einmal auch vor dem Tor viel heller. Ich habe mich draußen hingesetzt und habe zurückgeguckt und dachte nur: ›Das war einfach *schön*. Das war einfach angenehm. Und es war auch ganz warm.‹«

Nach dieser Trance konnte sie auch die schöne Seite ihrer Kindheit sehen. Das Horrorbild mit dem blutüberströmten Vater und das Verlassenheitsgefühl hatten aber all dies bisher in negativer Weise überschattet. Sie sagt dazu:

»Das ist auf einmal, als hätte man auch in die andere Hälfte der Waagschale etwas hineingeworfen, etwas Positives. Das hat sich jetzt so ausgependelt.

Ich habe das schreckliche Bild noch ein bisschen, aber es ist *jetzt nicht mehr so groß*. Es ist nicht mehr hier ganz vorne im Kopf. Wenn ich das Bild sehe, sehe ich sofort auch die Hasen mit dazu. Die Hasen sind für mich ganz klar diese positiven Aspekte, und das beruhigt mich dann. Ich hatte ja auch eine Zeit lang sehr viel Ängste aufgebaut, weil ich auch alles so überspitzt gesehen habe, auch in der ersten Therapie. Ich hatte Ängste, ich dachte: ›Wer weiß, was damals *noch* passiert ist, und vielleicht sind das verdrängte Sachen, die du gar nicht mehr weißt.‹ Durch diese positive Erfahrung habe ich jetzt Sicherheit in mir.«

Symptome als Helfer

Dieser Fall zeigt verschiedene Aspekte, die beim Heilen eine Rolle spielen. Viele Menschen erwarten, dass ihre Symptome vom Arzt oder auch vom Heiler schlichtweg beseitigt werden. Bei der jungen Frau ist das bisher jedoch nicht gelungen. Wir können nun auch bis zu einem gewissen Grad nachvollziehen, warum dies so war.

Die meisten Dinge haben zwei Seiten. Bei Krankheiten beschränkt man sich in der Regel darauf, nur das Leid zu sehen.

Wesentliche Punkte wurden bisher nicht in die Behandlung mit einbezogen. Ihre Symptome werden sozusagen aus einem tiefen Erleben in der Person selbst »gespeist«. Ich gebrauche das Wort »gespeist«, weil es wie aus einer unterirdischen Quelle zu kommen scheint: Auch wenn ich das Wasser oben abschöpfe – das Symptom oberflächlich behandle –, fließt neues Wasser nach.

Diese Symptome haben einen Aspekt, der sehr stark mit dem emotionalen Erleben der Patientin verknüpft ist: mit Trauer in der Vergangenheit, mit Horror über das Erlebte, mit Hilflosigkeit, mit Alleingelassensein etc.
Möglicherweise führt die Patientin sich äußerlich Schmerzen zu, um von den inneren Verletzungen abzulenken. Oder sie möchte damit gewisse innere Spannungen abführen. Es kann aber auch sein, dass dies ein hilfloser Versuch ist, sich auf irgendeine Weise selbst zu spüren. Vielleicht hat aber das Zerkratzen auch eine symbolische Bedeutung, nämlich dass sie sich für irgendetwas bestrafen will.
Der Tod des Vaters wäre damit innerlich noch nicht akzeptiert. Die genaue Antwort auf diese Fragen ist aber für die Heilung nicht von Bedeutung. Ich versuchte in der Behandlung jedoch, in dieser Hinsicht nicht in die Tiefe zu dringen. Möglicherweise spielen sogar alle diese Faktoren eine Rolle. Die Symptome helfen ihr sozusagen, sie darauf aufmerksam zu machen, dass etwas Wichtiges – diese innere Heilung – noch nicht stattgefunden hat.
Was aber im Leben der Patientin deutlich wurde, ist, dass immer noch eine »innere Wunde« vorhanden ist, die sogar ihr aktuelles Leben beeinträchtigt, ohne dass es ihr bewusst wird. Sie versteht nicht, dass sie stets wieder Schwierigkeiten hat, sich in eine intensive Partnerschaft mit Männern einzulassen. Die Vater-Tochter-Beziehung ist eine emotionale Beziehung, wenn auch auf einer anderen Ebene als eine Partnerschaft. Später sagt sie, dass sie befürchte, irgendwann wieder ganz unvermittelt allein gelassen zu werden. In ihr sei eine Angst, dass eine intensive Beziehung eines Tages wieder in einer Katastrophe mit viel seelischem Schmerz enden würde.
Sie möchte sich also auf eine gewisse Art auch schützen. Insofern sind die Symptome hier wieder Helfer. Ich sehe dies als Lösungs- oder Heilungs*versuche* ihres Körpers an.

Dafür zahlt sie jedoch einen hohen Preis. Bei zu viel Nähe in der Beziehung reagierte sie bisher oft mit Rückzug. Eigentlich war das aber gar nicht ihr Wunsch. Damit zerstörte sie bedauerlicherweise manchmal eine gerade begonnene Partnerschaft.
Sollte es durch irgendetwas gelingen, die Symptome einfach »wegzumachen«, bestünden die seelischen Verletzungen aber immer noch fort. Da Körper und Seele nicht voneinander getrennt sind, wäre es nämlich keine wirkliche Heilung. Es wäre vielleicht nur eine Symptom*verschleierung.* Die Symptome entstanden nicht aus sich heraus, sozusagen aus einer Laune der Natur, sondern sind mit der Persönlichkeit und mit bestimmten traumatischen Ereignissen verknüpft. Nachvollziehbar ist jetzt auch, weswegen sich die Krankheitszeichen in den vorausgegangenen rein medizinischen Behandlungen praktisch weigerten, zu verschwinden.
Nicht nur der Körper kann verletzt werden, sondern auch der fragile Teil, den wir »Seele« nennen. Die körperlichen Symptome sind hier nur Ausdruck von etwas, was sonst nicht sichtbar ist. Insofern kann es manchmal gar nicht gelingen, ein Symptom losgelöst von allem anderen einfach nur beseitigen zu wollen.

Die Heilung

Für die Patientin hat mit der Begegnung in der Trance etwas für sie sehr Bedeutsames stattgefunden. Die Erlebnisse sind wirklich ganz real für sie, so real wie die Symptome, unter denen sie leidet. Sie begegnet dem Vater wieder. Dieses Zusammentreffen mit ihm im Garten macht auf den ersten Blick geradezu einen belanglosen Eindruck. Man könnte meinen, dass es sich einfach um eine harmonische Kindheitserinnerung handelt. Interessant ist aber, wie sich diese Begegnung gestaltet. In der Trance wird jedoch nicht spontan das grausame Geschehen von damals aufgefrischt. All das wird eigenartigerweise nicht wieder lebendig durchlebt. Hingegen wird eine »Erlebnislücke« geschlossen, wie ich es nennen möchte. In der Realität konnte sich die Patientin nicht von ihrem Vater verabschieden. Durch den Selbstmord wurde er nicht nur abrupt aus seinem, sondern auch aus *ihrem* Leben gerissen. Jetzt setzt eine innere Versöhnung ein, der innere Heilungsvorgang.

Bemerkenswert ist, dass sich das, was die Patientin in der Trance erlebte, auf verschiedene Ebenen bezieht. Sie hört das Vogelzwitschern und das Rauschen der Bäume. Sie ahnt, dass sie gleich einer Person begegnen wird. Sie sieht diese Person und das, was beide zusammen tun, so real wie damals zu Hause bei sich im Garten. Die Stimmung wird fröhlicher, sie beginnt, innerlich zu hüpfen, und auch körperlich findet dieser Umschwung seinen Ausdruck. Sie fühlt sich ruhiger, fühlt sich wärmer, alles ist harmonisch.

Sie ist nicht nur beeindruckt, sondern auch auf der Gefühlsebene tief berührt. Sie ahnt mehr, als dass sie es genau benennen könnte, was das Erlebte zukünftig für sie bedeuten wird. Sie sagt Folgendes:

> »Ich habe so das Gefühl, *ich bin ein Stück heil geworden dadurch*. Das war für mich *mit einer der wichtigsten Punkte* hier in der Therapie. Das hat auch noch so *einen Stein ins Rollen gebracht*, dass ich auch gemerkt habe – und das ist für mich auch sehr wichtig gewesen hier –, dass ich immer versucht habe, den Grund für diese Selbstverletzungstendenzen in der Vergangenheit zu suchen.

Für mich haben diese inneren Bilder jetzt *einen Ausweg gebracht*, denn ich habe immer in meiner Vergangenheit gesucht, und mir war in dem Augenblick auch immer schon klar: ›Die kannst du aber nicht mehr ändern, also musst du wohl damit leben.‹ Und als ich diese Selbstverletzungen angefangen habe, dachte ich: ›O Gott, wenn das auch aus der Vergangenheit kommt und du kannst das nicht mehr ändern, dann musst du damit leben.‹ *Ich bin mir vom Gefühl her auch jetzt so sicher, dass ich das nicht mehr machen werde, mich zu zerkratzen.* Das ist ganz komisch.«

Die Patientin erlebt eine innere Gewissheit, dass sie etwas hinter sich gelassen hat. Gleichzeitig »weiß« sie intuitiv, dass eine positive Zukunft vor ihr liegt, in der das Symptom der Selbstverletzung nicht mehr existieren wird. Diese innere Sicherheit gibt ihr neuen Auftrieb.

Die Wandlung

Gesundheit resultiert aus einem harmonischen Gleichgewicht auf der körperlichen wie auch auf der geistigen Ebene.
Bei der jungen Frau ist durch die Behandlung eine Wandlung eingetreten. Eine Last, die sie jahrelang mit sich herumgeschleppt hatte, konnte sie nun loslassen. Das Symptom hat sozusagen seine Aufgabe erfüllt. Sie selbst ist dadurch ein Stückchen über sich hinausgewachsen.
Dieses »Heilwerden« ist im Sinne von »wieder ganz werden« zu verstehen. Die Störquelle ist nicht mehr vorhanden, was zu innerer Harmonie führt. Am Anfang des Buches haben

wir Krankheit u. a. gekennzeichnet als Störung des inneren wie äußeren Gleichgewichts des Menschen. Diese Auffassung finden wir sowohl in der ayurvedischen Medizin in Indien und Sri Lanka als auch in der traditionellen chinesischen Medizin als einen Ausgleich zwischen Yin und Yang. Insofern ist bei der jungen Frau nun Gesundheit eingetreten:

> »Nach der Hypnose ist es dann ja auch auf einmal *körperlich nachträglich so ganz warm geworden, als wenn irgendetwas aus mir herausströmt.* Es war so, *als wäre etwas von mir abgefallen.* Und durch dieses *Aussöhnen,* auch dieses Auf-Wiedersehen-Sagen, habe ich auch so das Gefühl gehabt, dass ich es loslassen konnte. Danach bin ich *über den Flur gehüpft,* da hatte *ich völlig gute Laune,* weil ich gemerkt habe, *irgendetwas hat sich da geschlossen.*«

Es ist jedoch nicht nur ein »Störenfried im Körper« weggefallen, sondern gleichzeitig sind neue Energien frei geworden. Energien, die vorher sozusagen an das Symptom gebunden waren. Beispielsweise weil sich die Patientin über die Symptome geärgert oder sie sogar bekämpft hatte. Zudem gab es Spannungen in der Partnerschaft, weil sie selbst unausgeglichen war. Hinzu kamen noch zahlreiche Arztbesuche. All das hat sie Kraft gekostet, die sie nicht für etwas Produktiveres verwenden konnte. Somit kann jetzt auch eine Weiterentwicklung der Persönlichkeit stattfinden – oder sie hat bereits stattgefunden. Eine neue Qualität ist entstanden.

Für mich als behandelnden Arzt ist das Erstaunliche gewesen, dass kein genialer Heiler von außen dies bewirkte, sondern eine innere Instanz – wenn man so will, ein »innerer Heiler« – dies vollzog. Es waren nur besonders fördernde Rahmenbedingungen nötig, um es zu ermöglichen. Es ist also nicht unbedingt Magie erforderlich, sondern nur eine ganz individuell auf den Einzelnen abgestimmte Vorgehensweise.

Ich möchte an dieser Stelle jedoch noch einen wichtigen Hinweis geben. Die gleichen Symptome, die hier beschrieben wurden, können bei einem anderen Menschen einen völlig anderen Hintergrund haben. Somit würden sie auch eine neue Vorgehensweise erfordern. Das macht eine gezielte Behandlung nicht immer ganz einfach.
Mit diesem Fallbeispiel wollte ich dreierlei verdeutlichen:

1. Wenn wir uns fragen, warum manche Behandlung nicht den gewünschten Erfolg bringt, könnte es daran liegen, dass wir einen wichtigen Teil unseres Inneren nicht mit berücksichtigt haben.
2. Heilung ist in vielen Fällen auch Selbstheilung. Dies zu ermöglichen ist die eigentliche Kunst. Ein Arzt oder Heiler kann dabei Mittler sein, sie einzuleiten.
3. Gesundung hat in diesem Fall noch einen weiteren Aspekt, nämlich sich persönlich weiterentwickeln zu können. An das Symptom gebundene Kräfte werden frei und können jetzt zur positiven Gestaltung des Lebens und zur Persönlichkeitsentwicklung genutzt werden.

Denkbar ist, dass die überaus positiven Gefühle der Beschwingtheit, Leichtigkeit und Freude, die unmittelbar nach der Trance auftraten, sich nach einiger Zeit wieder verflüchtigten. Aber diese Erfahrung bewirkte mehr. Noch Tage nach dem Tranceerlebnis hielt die positive Wirkung an.
Sogar im Abschlussinterview, das vier Wochen später stattfand und aus dem ich noch einmal zitieren möchte, kommt diese positive Wandlung zum Ausdruck.

»Diese Hypnose hat mir auch *Kraft gegeben*, das jetzt *zu ändern*. Also, ich glaube, es hat mir auch *geholfen, mich damit auszusöhnen*. Ich merke, dass ich dadurch auch Kraft bekommen habe, auf meine jetzige Situation zu schauen und die Zukunft positiv zu gestalten.«

Die Mobilisierung geistiger Potenziale bei Heilern

Auf den Geist muss man schauen.
Denn was nutzt ein schöner Körper,
wenn in ihm nicht eine schöne Seele wohnt?
Euripides

Dieses Kapitel kam auf Anregung von Seminarteilnehmern einer therapeutischen Fortbildung zustande. Den jüngeren Kolleginnen und Kollegen hatte ich ein Videoband gezeigt, um bestimmte methodische Vorgehensweisen in der Therapie anschaulich zu machen. Es war eine Hypnosesitzung mit einer Patientin, die mir freundlicherweise ihr Einverständnis gegeben hatte, das Band zu Fortbildungszwecken zu zeigen. So konnte ich detailliert meine Arbeitsweise erläutern.

Die Teilnehmer eines solchen Seminars sind keineswegs Anfänger auf ihrem Gebiet. Sie arbeiten meistens schon seit vielen Jahren mit kranken Menschen in unterschiedlicher Weise. Trancetherapie war jedoch etwas Neues für sie. So erläuterte ich sehr ausführlich einzelne Schritte des Vorgehens.

Mehr als einmal erlebte ich, dass einzelne Teilnehmer anschließend in der Pause zu mir kamen und mich fragten: »Wie machen Sie das eigentlich, dass Ihnen gerade in dem Moment das Richtige einfällt? Alles wirkt so stimmig.«

Aber alles, was ich tat, war eigentlich ganz objektiv auf dem Videoband zu sehen und zu hören. Ich hatte auch einzelne Schritte anschließend erläutert. Und doch gab es noch etwas Verborgenes, das sich dem Betrachter nicht sofort erschließt. Es ist wieder genauso wie in der Geschichte mit den zwei Engeln:

> »Woher nehmen Sie die Ideen, dass Ihre Vorgehensweise immer so speziell auf den betreffenden Patienten zugeschnitten ist? Woher wussten Sie, was dem Betreffenden helfen würde – und warum gerade dieses Vorgehen? Woher kamen die Ideen für den nächsten Schritt, da sich doch alles aus der unmittelbaren Situation heraus ergab?«

Die Vorgehensweise erschien ihnen wie der Schlüssel zu sein, der in das entsprechende Schloss passte. Ich hatte aber alles »irgendwie ganz selbstverständlich« getan. Erst durch die Fragen kam ich darauf, dass sich dieses Selbstverständliche bei näherer Betrachtung aus vielen Bausteinen zusammensetzt.

Unsichtbare Kräfte

Bei den geistigen Dimensionen des Heilens ist das Geheimnis des Erfolgs nicht nur in einer langen Berufserfahrung begründet. Auch ganz verborgene Dinge spielen da mit hinein. Wir alle wissen, dass die stärksten Kräfte in unserer Welt unsichtbar sind. Ich kann sie weder sehen noch schmecken oder hören. Sie existieren im Hintergrund und durchwirken unser Leben, ohne dass wir sie bewusst erfassen.

Wir können die Gravitation nicht wahrnehmen, und doch ist sie die stärkste Kraft, die unsere Erde auf ihrer Umlaufbahn hält. Wir würden sonst ziellos durch den Weltraum trudeln und unweigerlich verglühen. Wir haben kein Sinnesorgan für Radioaktivität, und doch richtet sie uns zugrunde, wenn wir ihr ausgesetzt sind. Ihre zerstörerische Kraft bleibt zudem über Jahrtausende erhalten. Wir haben kein Sinnesorgan zur Erfassung der Elektrizität. Kommen wir jedoch direkt mit ihr in Berührung, kann sie tödlich sein. Unsere moderne Welt ist aber ohne sie gar nicht mehr denkbar.
Und es gibt noch eine andere universelle Kraft, die wir sogar selbst »produzieren« können, und das in verschiedenen Stärkegraden: die Liebe. Der Dichter La Rochefoucauld bemerkt ironisch dazu: »Es ist mit der wahren Liebe wie mit den Geistererscheinungen: Jedermann spricht davon, aber wenige haben solche gesehen.« Die Liebe ist vielleicht die stärkste Antriebskraft in unserem Leben und die Grundlage unserer Existenz. Wir können sie nicht messen oder wissenschaftlich erschließen. Aber all unser Streben und Wünschen geht dahin, Liebe zu geben und Liebe zu empfangen. Dies dürfte jedenfalls bei den meisten Menschen ein zentraler Bestandteil ihres Lebens sein. Sie ist nicht nur dazu »erfunden worden«, um die Fortpflanzung einigermaßen attraktiv zu machen, damit wir nicht aussterben.
Was hält eigentlich ein schweres Flugzeug am Himmel, wo doch schon eine leichte Feder unabwendbar zu Boden sinkt? Der Wunsch, zu fliegen, blieb bis vor hundert Jahren nur ein Wunschtraum der Menschheit, bis wir die Kräfte erkannten, die wir dafür nutzbar machen müssen. Früher konnten wir indirekt auf sie schließen. Aber heute können wir sie sogar berechnen und tonnenschweres Fluggerät durch die Lüfte gleiten sehen.
Wie aber will ich die Intensität einer menschlichen Begegnung berechnen? Welche noch unbekannten Kräfte spielen

bei Heilungen, Heilritualen oder hypnotischen Behandlungen eine wichtige Rolle? Sie sind ja ohne Zweifel vorhanden, wie wir an verschiedenen Fallbeispielen gesehen haben. Auch in der Placeboforschung versucht man, diesen geheimnisvollen Gehilfen der Heilung näher zu kommen.
Einige dieser unsichtbaren Faktoren der Heilung haben mit dem Heiler selbst zu tun. Ich möchte hier von mir persönlich sprechen, aber ich denke, dass bei anderen ähnliche Elemente mit zum Tragen kommen. Ich habe bereits an anderer Stelle ausführlich über Wirkfaktoren in der Psychotherapie[20] berichtet, aber das, womit ich mich hier befassen möchte, ist noch auf einer anderen Ebene angesiedelt. Es ist nicht zurückzuführen auf bestimmte Therapiemethoden oder äußere Rahmenbedingungen. Es hat vielmehr zu tun mit verschiedenen Bewusstseinszuständen und geistiger Kommunikation zwischen Heiler und Patient.
Darauf möchte ich jetzt näher eingehen. Ich bin jedoch sicher, dass die folgenden Erklärungsansätze bis zu einem gewissen Grade unzulänglich sein werden, weil beim großen Mysterium des Heilens vielleicht noch ganz andere Dinge mit im Spiel sind.

Die Beziehungsebene

Gerade Patienten, die in eine psychosomatische Klinik kommen, haben meistens eine lange, aber erfolglose Odyssee von Arzt zu Arzt hinter sich oder gar zahlreiche Krankenhausaufenthalte. Wenn diese schließlich in unsere Klinik

20 Siehe: Kuhn, *Krisenkompetenz*, a. a. O., S. 31–36.

kamen, habe ich mich von der Heftigkeit der Symptomatik und einer häufig erfolglosen Vorgeschichte nicht abschrecken lassen. Ich betrachtete dies häufig als Herausforderung, doch noch eine Verbesserung ihres Gesundheitszustandes zu erreichen.

Der Ausgangspunkt dabei waren weder übergroßes Mitleid noch Allmachtsphantasien, dass gerade ich vielleicht doch noch etwas würde ausrichten können. Es war die Haltung: »Mal sehen, was ich *zusammen mit dem Patienten* werde tun können, wenn ich mich wirklich auf dieses gemeinsame Projekt einlasse.« Nicht *für* den Patienten, sondern *mit* ihm zusammen wollte ich etwas erreichen. Das war für mich das Entscheidende. Ich sah mich nicht als Experten, von dem er passiv Besserung empfängt. Ich sah mich als seinen ehrlichen Begleiter auf dem Weg zur Heilung bzw. Selbstheilung.

Somit ist es ganz wichtig, ein Arbeitsbündnis zwischen Arzt und Patient herzustellen. Ja, mehr noch, ein Vertrauensbündnis. Dabei sollten wir uns bewusst sein, dass eine Behandlung immer eine recht private Begegnung von zwei Menschen ist. Der Patient steht uns mit seiner Verletzlichkeit gegenüber und gibt damit Einblick in sein Leben, seine Ängste und vielleicht auch seine Schwächen. Er bringt dem Behandelnden damit sehr viel Vertrauen entgegen.

In einer langjährigen Beziehung zum Hausarzt hat sich dieses Vertrauensverhältnis bereits gebildet. Aber wenn jemand einen Arzt oder Heiler das erste Mal aufsucht oder sich in eine Klinik begibt, so bedarf es einer gewissen Kunst, rasch diese Beziehungsebene herzustellen, in der sich der Patient angenommen und verstanden fühlt, sodass er sich öffnen kann.

Dies ist meiner Meinung nach die Basis, auf der die weiteren Behandlungsschritte erst aufbauen können. Ich kann nicht sofort mit der Tür ins Haus fallen. Ich muss den Patienten sozusagen dort abholen, wo er sich innerlich befindet. Mit seinen Ängsten, seiner Verunsicherung, seiner Hoffnung, aber auch mit seiner Skepsis dem Behandelnden gegenüber und dem, was ihn an Unbekanntem erwartet. Das wird in unserer hektischer gewordenen Medizin und auch beim Heilen leider häufig übersehen.

Zentriertheit

Es gibt interessante Glaubenssätze, die sich bei manchen Patienten etabliert haben. In meiner Berufspraxis bin ich zahlreichen Alkoholikern begegnet, die die Ansicht vertraten, dass eigentlich nur derjenige sie richtig verstehen und behandeln könne, der selbst den Weg von der Abhängigkeit zur Abstinenz gegangen sei. Derjenige Therapeut sei also der kompetenteste, der die gleichen Probleme gehabt habe. Diese Auffassung teile ich keineswegs. Abhängige Menschen können vielleicht besser nachvollziehen, was andere Alkoholiker erleben. Das mag stimmen. Aber es scheint mir nicht das Kriterium zu sein, auf dem Behandlungserfolge basieren.
Wäre diese Auffassung richtig, so müsste ein Arzt nur auf ein Krankheitsbild spezialisiert sein oder eine Krankheit nach der anderen selbst durchleben. Ein solcher Arzt mag sich vielleicht ausgezeichnet in den leidenden Menschen hineindenken können, aber er hat zwei entscheidende Handicaps, die auf der Hand liegen: Erstens ist er nicht mit sich selbst im Gleichgewicht. Und zweitens kann er dem Kranken nicht all jene gesunde Energie zur Verfügung stellen, die für die Heilung notwendig ist.

Stattdessen gelingt es im Zustand der Zentriertheit, in adäquater Weise auf den Patienten einzugehen. Im Kapitel »Heilsame Trance« habe ich dargestellt, dass ein Weg zur Heilung oder Gesundung für bestimmte Krankheiten derjenige ist, wieder in sein eigenes Zentrum zu gelangen und an seine inneren Kraftquellen angeschlossen zu sein. Dieses Zentrieren ist ein Weg, um wieder ins Gleichgewicht zu kommen. Ich denke auch, dass diese Zentriertheit aufseiten des Therapeuten eine wesentliche Voraussetzung für gute Heilarbeit ist.
Zur Illustration dessen, was ich meine, möchte ich hier eine kleine Geschichte wiedergeben. Erneut begegnet uns C.G. Jung. Der renommierte Sinologe und Übersetzer des *I Ging* Richard Wilhelm erzählte sie ihm nach seiner Rückkehr aus China.

> »Es herrschte eine große Dürre. Seit Monaten war nicht ein Regentropfen gefallen, und es drohte eine Katastrophe. Die Katholiken hielten Versammlungen ab, die Protestanten beteten, und die Chinesen zündeten Räucherstäbchen an und feuerten Schüsse ab, um die für die Dürre verantwortlichen Dämonen zu verscheuchen, doch vergebens. Schließlich sagten die Chinesen: ›Wir wollen den Regenmacher holen.‹ Ein ausgemergelter alter Mann reiste aus einer anderen Provinz herbei. Alles, was er verlangte, war, dass man ihm irgendwo eine ruhige kleine Hütte zur Verfügung stelle; dort schloss er sich drei Tage lang ein. Am vierten Tag zogen Wolken am Himmel auf, und ein heftiger Schneesturm brach los, in einer Jahreszeit, in der sonst nie Schnee fiel, und es schneite so stark, und in der Stadt verbreiteten sich so viele Gerüchte über den Regenmacher, dass Richard Wilhelm den Mann aufsuchte, um ihn zu fragen, wie er das bewerkstelligt habe. In der typischen Art des Europäers sagte er: ›Sie werden Regenma-

> cher genannt, können Sie mir sagen, wie Sie den Schnee gemacht haben?‹ Und der kleine Chinese sagte: ›Ich habe den Schnee nicht gemacht, ich bin nicht verantwortlich dafür.‹ – ›Aber was haben Sie denn in diesen drei Tagen getan?‹ – ›Oh, das kann ich Ihnen erklären. Ich komme aus einem anderen Land, wo die Dinge in Ordnung sind. Hier sind die Dinge nicht in Ordnung, sie sind nicht so, wie sie nach den Gesetzen des Himmels sein sollten. Daher ist das ganze Land nicht im Einklang mit dem Tao, und auch ich bin nicht im Einklang mit der natürlichen Ordnung der Dinge, weil ich mich in einem Land befinde, in dem die Ordnung nicht mehr herrscht. Ich musste also drei Tage warten, bis ich wieder ins Tao zurückgefunden hatte, und dann kam der Regen von ganz allein.‹«[21]

Der Begriff »Tao« bezeichnet in der chinesischen Philosophie die große Einheit, eine übergeordnete Gesetzmäßigkeit des Universums, die den natürlichen Rhythmus der Welt erhält und über dem begrifflichen Denken des Menschen steht. Die Zusammenhänge und Wechselwirkungen zwischen den einzelnen Phänomenen des Lebens, zwischen Mensch und Natur werden hiernach als Einheit gesehen.

In dieser Geschichte wird deutlich, wie wichtig es ist, selbst im Gleichgewicht zu sein. Wenn es zutrifft, dass sich die innere Welt in der äußeren Welt spiegelt, so musste nach Auffassung des Regenmachers die innere Rückkehr ins Tao zwangsläufig zur Rückkehr des Regens – als Zeichen der Wiederherstellung der natürlichen Ordnung – führen. »Wieder im Tao sein« ist eine andere Redewendung für »sich zentriert fühlen«.

Eine Folge des Zentriertseins für die Arbeit mit Patienten

21 Jung, C. G., *Gesammelte Werke 14/I, II, Mysterium Coniunctionis*, Walter Verlag, Olten und Freiburg i. Br. 1968.

ist, dass man seine eigenen Potenziale für den Heilvorgang besser nutzen kann. Ein weiterer Punkt ist, dass der Patient, der nicht in diesem inneren Gleichgewicht ist, sozusagen in Resonanz geht: Der innere Gleichgewichtszustand färbt etwas auf ihn ab. Ich habe dieses Phänomen auch in Gruppentherapien erlebt. Wenn ich selbst in jenem besonderen Zustand war, lief die Gruppenarbeit mühelos ab. Alles für die Genesung Notwendige stellte sich bei mir und den Patienten fast von selbst ein.

Dieser zentrierte Zustand hilft in besonderem Maße, sich auf den Patienten und seine Thematik einzulassen. Darüber hinaus schafft er Zugang zu den eigenen verborgenen therapeutischen Potenzialen.

Intuition

Sicher haben Sie schon des Öfteren Sätze gehört wie diese: »Das habe ich instinktiv richtig gemacht«, »Ich bin einer Eingebung gefolgt« oder »Ich sollte öfter auf meinen Bauch hören«. Diese Worte deuten den Sachverhalt an, um den es nun geht. Sie meinen eigentlich den Begriff »Intuition«. Instinkt ist jedoch nicht dasselbe wie Intuition. Und das Bauchgefühl soll beschreiben, dass es sich hierbei nicht um einen intellektuellen Vorgang handelt. Die bewusste Wahrnehmung der Intuition erfolgt hingegen schon über das Gehirn.

In der Medizin und leider auch in der Psychotherapie spielt das Einbeziehen der Intuition in den Behandlungsprozess immer weniger eine Rolle. Die Tendenz ist, rationale Vorgehensweisen zu favorisieren. Manche Strömungen in der

Psychologie wollen Krankheiten psycho-neurobiologisch erklären und demzufolge auch mechanistisch behandeln.
Jedes diagnostische und therapeutische Vorgehen ist aber eine Begegnung von Mensch zu Mensch. Vom Patienten wird erwartet, dass er sich dem Geschehen der Behandlung bzw. der Heilung öffnet. Der Behandelnde als Persönlichkeit soll jedoch mancher Lehrmeinung zufolge keine Rolle in diesem Prozess spielen. Ich denke aber, jeder Patient wird dieser Auffassung aus eigener Erfahrung widersprechen. Sympathien oder Antipathien sind auch hier, wie in allen menschlichen Begegnungen, von Bedeutung. Vielleicht spielen sie in der Medizin sogar eine noch größere Rolle, als bisher angenommen wurde.
Es gibt Menschen, die hauptsächlich ihre intellektuellen Fähigkeiten benutzen und sich denkend die Welt erschließen bzw. sich darin bewegen. Andere, ebenfalls intelligente Menschen, finden ihren Weg durch die Welt, indem sie sich mehr empfindend – d. h. auf die Eindrücke der Sinnesorgane verlassend – orientieren. Bei wieder anderen hingegen steht das Gefühl vielleicht mehr im Vordergrund. Das Wort »Gefühl« wird manchmal auch als Synonym der »Intuition« aufgefasst. Intuition ist jedoch eine eigene Qualität.
Und sie spielt in dem Prozess der Mobilisierung von Heilungskräften eine wichtige Rolle. Sie ist ein weiterer Baustein im Erklärungsmodell dafür, weshalb die Seminarteilnehmer das Vorgehen in dem Behandlungsvideo als stimmig oder als speziell zugeschnitten auf den Patienten erlebten. Ich versuche in der Behandlung und besonders in der Psychotherapie, möglichst alle Informationskanäle zu nutzen: das genaue Hinhören, optische Sinneseindrücke, das Denken, die Gefühle, die der Patient bei mir auslöst, und eben auch die Intuition. Was ist damit genau gemeint?
C. G. Jung hat für die unterschiedlichen Qualitäten eine sehr anschauliche Klassifikation geschaffen, die wie ein Kom-

pass zu betrachten ist, um sich zu orientieren und zum Ziel zu gelangen.
Es sind vier Qualitäten der Wahrnehmung oder Orientierung, mit denen der Mensch ausgestattet ist. Die eine ist nicht besser oder schlechter als die andere. Im Kompass entspricht das den vier Himmelsrichtungen. Auch wenn man eine Himmelsrichtung bevorzugt, in die man segeln möchte, behalten die anderen unabhängig davon ihren »Wert«.
Dieser Kompass kann sich drehen, sodass wie in der Skizze einmal das Denken die Richtung angibt, ein anderes Mal jedoch andere Qualitäten im Vordergrund stehen. Aber immer sind alle gleichzeitig vorhanden, wobei nicht alle immer gleich gut zugänglich sind. In unserem Modell deutet dies der etwas dunkler schattierte Bereich an.

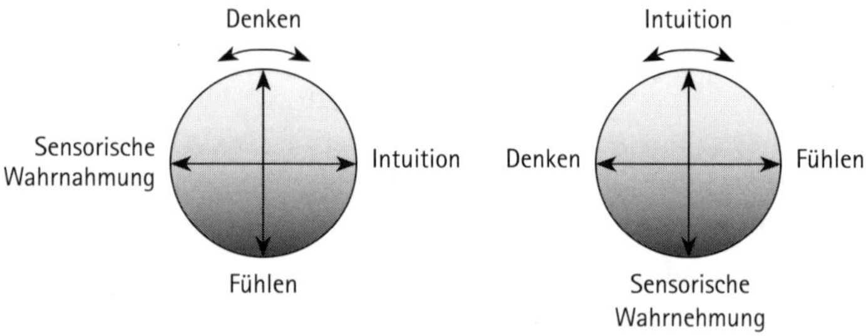

Die vier Qualitäten der Informationsgewinnung (nach C. G. Jung):

- *Je nach Erforderlichkeit kann eine dieser Qualitäten an oberster Stelle stehen. Die anderen sind dann nebengeordnet. Die Grafiken symbolisieren nur jeweils eine kurze Momentaufnahme.*
- *Der helle Bereich an der Spitze soll verdeutlichen, dass diese Qualität ganz dem Bewusstsein zugänglich ist. Der nach unten dunkler werdende Bereich soll die abnehmende Bewusstseinsklarheit für diese Qualität andeuten.*

Bei der Behandlung und ganz speziell bei der Hypnose ist es wichtig, auf so viele subjektive Informationsquellen wie möglich zurückzugreifen, um dem Patienten zu helfen.
C.G. Jung schreibt: »Intuition als ›Ahnung‹ ist nicht das Produkt eines willkürlichen Aktes, sondern eines unwillkürlichen Geschehens, das von inneren und äußeren Umständen abhängt.«[22] Sich auch mit seiner Intuition in Verbindung zu setzen oder darauf zurückzugreifen ist deshalb eine große Quelle der Inspiration und der Kreativität. Diese Quelle hat etwas, was über die anderen Informationskanäle hinausführt. Es erweitert dadurch die Möglichkeiten, sicherer durch das »Meer der Heilung« zu navigieren, um zielgenauer anzukommen, d.h. die für den Patienten bestmöglichen Heilimpulse zu setzen.
Die Intuition kann erstaunlich präzise Antwort auf Fragen wie »Welche Art von Hilfe braucht der Patient?«, »Was wären die nächsten Schritte im Vorgehen während der Hypnose?« usw. geben. Bei den zwei Fallbeschreibungen von David in Australien und der Trancebegegnung der Patientin mit ihrem verstorbenen Vater stellten sich die hilfreichsten Ideen bei mir durch Intuition ein.
Es gibt jedoch noch weitere Parameter für erfolgreiche Tranceheilung. Einer davon ist eine Art telepathischer Kommunikation, ein Informationsaustausch also auf einer anderen als der bewussten Ebene.

22 Jung, C.G., *Der Mensch und seine Symbole,* Walter Verlag, Olten 1968, [13]1981, S. 61. Die Abbildung, die hier leicht modifiziert wiedergegeben ist, steht auf S. 60.

Eine besondere Schwingungsebene

Ich möchte jetzt von einem weiteren geistigen Parameter berichten, der für ein erfolgreiches Vorgehen bei der Tranceheilung wichtig ist. Der Patient wie auch der Heiler begeben sich dabei auf eine praktisch übergeordnete gemeinsame Schwingungsebene. Es ist quasi ein »In-Resonanz-Gehen« zum Patienten.

Man kennt das Resonanzprinzip noch aus dem Physikunterricht. Der Lehrer schlug eine Stimmgabel an, und wir hörten einen feinen Ton. Stellte er die Stimmgabel auf ein leeres Holzkästchen, erklang der Ton plötzlich lauter. Das Kästchen wirkte als Resonanzkörper. Die Vibrationen der Stimmgabel hatten die Luft im Kästchen zum Mitschwingen angeregt. Das Resultat war eine Verstärkung des Tons.

Doch dann kam der verblüffendste Teil des Experiments. Der Lehrer stellte nun in einiger Entfernung zu der ersten Stimmgabel eine zweite auf. Er versetzte die erste durch kurzes Anschlagen in Schwingung, sodass ein Ton produziert wurde. Kurz danach hielt er sie jedoch wieder an. Damals war es ein großes Aha-Erlebnis, dass weiterhin der Ton zu hören war. Die zweite Stimmgabel hatte sich aufgrund des Resonanzprinzips in Schwingung versetzt. Etwas Ähnliches kennen wir beim Mitschwingen einer Gitarrensaite, wenn ein gleich gestimmtes Instrument ertönt. Auch in vielen anderen Bereichen kommt das Resonanzprinzip zum Tragen. Eine Brücke, die durch Resonanz aufgeschaukelt wird, kann dadurch sogar einstürzen. Es ist also eine nicht zu unterschätzende Kraft.

Je nachdem, in welchem Zustand sich der Mensch befindet, produziert das Gehirn entsprechende Wellen. Bei einem harmonischen Hirnstrombild (EEG) einer bestimmten Frequenz befindet sich der Mensch in Harmonie. Er fühlt sich wohl und

entspannt. Ich gebrauche den Begriff »Schwingungsebene« jedoch nicht im Sinne von messbaren Hirnwellen. Er ist eher bildhaft gemeint. Es geht hier auch um mehr als nur Empathie und das wohlwollende Eingehen auf den Patienten.
Auf dieser Schwingungsebene werden sozusagen Unebenheiten oder Irritationen in der Kommunikation ausgeglichen. Sie schafft eine gute Voraussetzung, sich ganz auf den Patienten einzustellen. Wenn wir dieses »Einstellen« mit einem Radio vergleichen, so drehen wir am Senderknopf, um ihn auf den bestmöglichen Empfang einer Frequenz einzustellen. Ähnlich verhält es sich beim Tranceheilen, wenn wir uns auf die gleiche Wellenlänge des Patienten einstellen und damit eine gewisse Übereinstimmung erzielen. Auch dies ermöglicht dann eine Kommunikation auf einer anderen geistigen Ebene als auf der unseres Alltagsbewusstseins.

Schwingungsebene

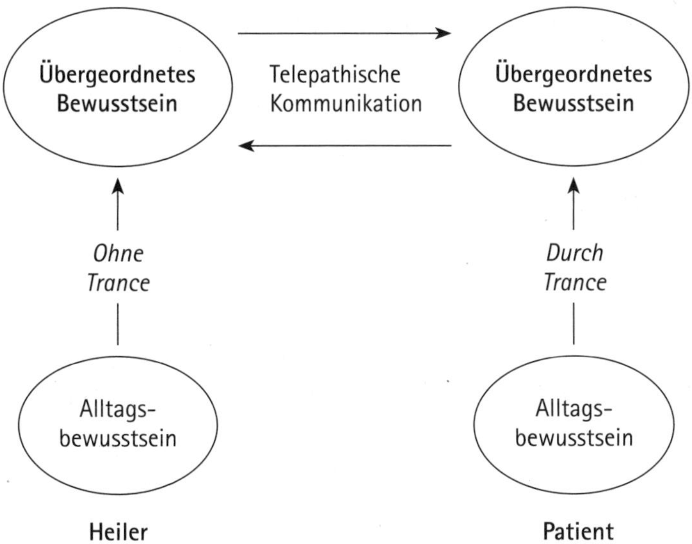

Wie die Abbildung zeigt, haben wir auf der einen Seite den Heiler, auf der anderen den Patienten. Beide befinden sich im Alltagsbewusstsein. Der Heiler versetzt nun den Patienten mittels Hypnose in Trance. Er selbst befindet sich nicht in Trance, sondern in einem fokussierten Wachbewusstsein. Der Patient kann durch die Trance in einen übergeordneten Bewusstseinszustand eintreten. Der Heiler tut dies, indem er sich sozusagen durch Fokussierung auf die Schwingungsebene des Patienten einstimmt. Diese Fähigkeit hat er sich durch ein meist langjähriges Training angeeignet.
Beide befinden sich nun in diesem übergeordneten Bewusstseinszustand und haben dadurch Zugang zu viel mehr Potenzial. Das ist jedenfalls meine persönliche Erfahrung. Auf dieser Ebene tritt auch das begrenzende Ego zurück. Ich bin sozusagen ganzheitlich für den in Trance befindlichen Patienten da.

Auf dieser Ebene findet eine besondere Form der geistigen Kommunikation statt. Sie ermöglicht leichter ein Zustandekommen von telepathischer Kommunikation.

Telepathie

Erinnern wir uns noch einmal an die Tranceheilung der jungen Frau, die im Paradiesgarten eine Begegnung mit ihrem verstorbenen Vater hatte (siehe das Kapitel »Eine ungewöhnliche Selbstheilung«). Es ist eindrucksvoll, dass nach Jahren der Selbstverletzung eine ganz unverhoffte Lösung in der Trance für die Entschärfung der Symptomatik gesorgt hat. Es ist eine Lösung, auf die weder Arzt noch Patientin

durch Nachdenken gekommen wären. Und doch ist sie wieder erstaunlich passgenau.
Bis zu der Tranceheilung hatte ich als Therapeut nichts von diesem Erlebnishintergrund und dem viele Jahre zurückliegenden Selbstmord des Vaters gewusst. Auch nichts davon, dass meine Patientin seinerzeit Zeugin der Rettungsmaßnahmen durch die Notärzte war.
Lange Jahre geschah bei ihr in therapeutischer Hinsicht gar nichts. Sie hatte zwar alle möglichen Beschwerden, aber sie nahm keine Hilfe in Anspruch, bis die Symptome im Erwachsenenalter in massiver Form wieder hervorbrachen. Die Frau zeigte Anzeichen der Getriebenheit und Anspannung. Sie hatte Probleme, Nähe zu ihrem Partner zuzulassen. Deshalb gab es mit ihm auch häufig Streitereien. Sie ritzte sich zudem gelegentlich mit der Schere oder den Fingernägeln den Unterarm auf. Zeitweise fühlte sie sich mit dem ganzen Leben überfordert. Die Behandlung durch verschiedene Ärzte blieb für sie unbefriedigend.
Ich hatte mir noch nicht einmal Gedanken über mögliche Zusammenhänge der Symptome und eine effektive Therapie gemacht. In der ersten Trance geschah aber eine höchst effektive Therapie fast wie von selbst. Betrachtet man die Bildinhalte der Trance mit den Augen eines Außenstehenden, wirken diese eher banal: die unspektakuläre Begegnung mit dem Vater, das Erlebnis mit dem Hasen, das Auf-Wiedersehen-Sagen.
Die Quelle, aus der die Symptome gespeist wurden, lag jedoch auf einer tiefen emotionalen Ebene, wo diesen Symbolen eine ganz andere Bedeutung zukommt. Durch die Interaktion zwischen Therapeut und Patientin – wobei sich Letztere in Trance befindet – wurden ganz neue Lösungspotenziale angezapft, die bisher *außerhalb der Vorstellung* von beiden gelegen haben. Wir können diese andere Ebene jedoch nur zum Teil mit unserem Intellekt verstehen.

In der Trance geschieht eine Informationsübertragung mit Worten, aber auch darüber hinaus. Wahrscheinlich spielt auch so etwas wie Telepathie bis zu einem gewissen Grade eine Rolle. Erinnern wir uns daran, was die Patientin später im Interview über ihre Erlebnisse in Trance berichtete: »Es war schon so, dass ich das Gefühl hatte, als ich vor der Steinmauer stand, *noch bevor Sie das sagten*, hatte ich schon das Gefühl, da muss ein Tor kommen.« Und drei Sätze weiter sagte sie: »Ich hatte auch schon von Anfang an das Gefühl: ›Du triffst hier jemand‹, *und dann sagten Sie das ja auch.«*

Telepathie ist ein weit verbreitetes Phänomen. Viele Ehepaare und enge Freunde erklären, sie könnten oft sagen, was der andere gerade denke, und sogar Fragen beantworten, die noch gar nicht gestellt wurden. Das zeigt, dass sie auf irgendeine Weise in einem geistigen Kontakt miteinander stehen. Und in manchen Familien wird die Fähigkeit der Mutter, auf Bedürfnisse oder bedrohliche Situationen ihres Kindes zu reagieren, für eine Selbstverständlichkeit gehalten. Dies ist sogar möglich, wenn sich die Mutter in einem anderen Raum befindet – selbst über größere Entfernungen hinweg.

Ganz anders ist es, wenn Sie an jemanden denken – und wenige Minuten später bekommen Sie einen Anruf von dem Betreffenden. Oder Sie denken an jemanden, von dem dann ein Brief am selben Tag eintrifft. Zuweilen rufen beide Menschen einander exakt zur selben Zeit an. Manche berichten, dass sie mehrmals angerufen hätten und jedes Mal das »Besetzt«-Zeichen ertönte. Als sie dann auflegten, läutete es sofort, und der Betreffende hatte die ganze Zeit versucht, den anderen anzurufen. Das ist ein Vorgang, der mir selbst im Alltag schon unzählige Male passiert ist.

Besonders auffällig war ein Erlebnis, das mir ein paar Tage vor dem Verfassen dieses Kapitels zuteil wurde. Urplötzlich während meiner Arbeit verspürte ich eine innere Unruhe und dachte, ich müsse auf der Stelle meine Mutter anrufen. Sie ist schon über achtzig, und in der Regel telefonieren wir selten miteinander. Ich gab diesem Impuls nach, wunderte mich aber, dass ich niemanden erreichte. Eigentlich war sie den ganzen Tag zu Hause, da sie auch nicht mehr so mobil war. Ich probierte es nach einer Weile erneut. Auch diesmal ging keiner ans Telefon. Geraume Zeit später erfuhr ich, dass genau zum Zeitpunkt meines Anrufs der Rettungswagen vor ihrer Tür gestanden hatte, um sie ins Krankenhaus zu bringen. Alles nur Zufall?

Was ist eigentlich Telepathie? Frederic Myers, einer der Pioniere der Erforschung paranormaler Phänomene, hat den Begriff »Telepathie« 1882 eingeführt. Das Wort geht auf das griechische *tele* (= »fern, weit« wie in »Telefon« oder »Television«) und *páthos* (= »Gefühl, Leiden« wie in »Empathie« oder »Sympathie«) zurück.

Myers soll sich bewusst für einen Begriff entschieden haben, der Emotionen und Eindrücke und nicht nur visuelle Erscheinungen oder die Übertragung von Gedanken einbezog. Er definierte Telepathie als »die Kommunikation von Eindrücken jeder Art von einem Geist zu einem anderen, unabhängig von den anerkannten Sinneskanälen«.[23]

Telepathie kann auf vielfältige Weise geschehen. Sie kann visueller Natur sein; d.h., dass man vielleicht eine bildhafte Vorstellung empfängt. Man kann jedoch auch Gedanken oder ganze Sätze übermittelt bekommen. In manchen Fällen hängt die telepathische Kommunikation nur mit dem Gefühl der Unruhe oder Sorge wegen eines anderen Menschen zusammen, ohne dass der Empfänger dieser Botschaft wusste, warum er dieses Gefühl hatte.

23 Sheldrake, Rupert, *Der siebte Sinn des Menschen*, Scherz Verlag, Bern 2003, S. 101.

Eine besondere Rolle für häufig vorkommende telepathische Kommunikation scheint das emotionale Band zwischen den beteiligten Personen zu spielen. Gerade das scheint auch besonders für mentale Formen der Heilbehandlung wie der Hypnose zu gelten. Es ist eine wichtige Voraussetzung aufseiten des Therapeuten, sich ganz auf die Behandlung zu konzentrieren, und aufseiten des Patienten, sich für das, was sich entwickeln möchte, zu öffnen. Erst dann können alle geistigen Potenziale für die Heilbehandlung ausgeschöpft werden.

Der Heiler ist wichtiger als die Methode

Bei der therapeutischen Ausbildung vergessen wir häufig, dass nicht die Methode das allein Ausschlaggebende für den Erfolg ist. Die Person des Heilers selbst ist für diese Form der Therapie von ganz besonderer Bedeutung. Wie wir gesehen haben, sollte er nicht nur in einem zentrierten Zustand sein, zwischen ihm und dem Patienten findet auch eine nonverbale Kommunikation statt, die sich rationalen Erklärungsmodellen entzieht.

Auf der anderen Seite ist es jedoch nicht so, dass sich der Heiler in seiner Wichtigkeit sonnen sollte. Im Gegenteil: Das würde vieles verhindern. Das Ego des Heilers muss zurücktreten. Ein aufgeplustertes Ego sollte den Patienten eher misstrauisch machen. In solch einem Fall wird der Behandler sich selbst wichtiger nehmen als das Anliegen des Patienten. Bescheidenheit und Ehrfurcht signalisieren eine innere Haltung, die förderlicher ist als das Gefühl der Überlegenheit oder Grandiosität. Er sollte sich selbst nicht zu wichtig nehmen, sich vielmehr ganz auf den Patienten einstimmen (Schwingungsebene) und sich lediglich als Begleiter oder Wegbereiter der Heilung betrachten. Eine ganz offene, fast absichtslose Haltung wie im Zen-Buddhismus ist förderlich, auch ein Sich-inspirieren-Lassen für das, was an Heilung geschehen will.

Nicht der Heiler macht etwas mit dem Patienten, sondern *er ist Teil des Heilungsvorgangs*, wobei er natürlich seine speziellen Kenntnisse und Erfahrungen ausschöpft. Diese stehen aber nicht im Vordergrund. Er überlässt sich ebenfalls in gewisser Weise dem Heilungsprozess. Möglicherweise fließen ihm auch aus einer anderen Dimension noch weitere Ideen und Kräfte zu.

Heilung verändert somit nicht nur den Patienten, ebenso kommt der Heiler in zunehmendem Maße mit eigenen noch ungenutzten Potenzialen in Berührung. Die Resultate sind Erkenntnisgewinn, Persönlichkeitsentwicklung und Reifung.

Dass etwas Wichtiges zwischen Heiler und Patient (und umgekehrt) auf verschiedenen geistigen Ebenen geschieht, wurde in den bisherigen Fallbeispielen und auch in diesem Kapitel sicher deutlich. Dabei wird dem Patienten in der Hypnose nichts aufgezwungen, sondern erstens nur die Möglichkeit geschaffen, Zugang zu seinen eigenen Heilpotenzialen (dem inneren Heiler) zu schaffen. Zweitens werden die Potenziale, in »höhere« Bewusstseinsebenen zu gelangen, nutzbar gemacht. Und drittens stellt auch die Interaktion zwischen beiden (Schwingungsebene und Telepathie) auf einer anderen geistigen Ebene eine besondere Qualität dar. Darüber hinaus wird der Patient dadurch vielleicht in die Lage versetzt, die Unterstützung aus einer übergeordneten geistigen Welt besser empfangen zu können.

Tranceheilung ist zudem ein sehr individuelles Geschehen. Man kann die Inhalte und die Vorgehensweise nicht ohne

Weiteres auf den nächsten Patienten übertragen. Während der Trance findet in vielen Fällen auch eine *verbale* Kommunikation zwischen Therapeut und Patient statt.
Trance wird dennoch nicht nur durch die Worte des Heilers hervorgerufen. Es ist ein komplexer Prozess. Man kann, wie gesagt, nicht einfach alles auf ein Tonband aufnehmen und beim nächsten Patienten wiederverwenden. Selbst wenn derselbe Patient versuchte, mit dieser Aufzeichnung in den gleichen Zustand zurückzugelangen, so würde ihm das nicht möglich sein. Zu einem anderen Zeitpunkt wäre seine Ausgangsbasis ebenfalls eine andere. Somit stünden während der nächsten Trance andere Inhalte im Mittelpunkt. Ein vorgefertigtes Konzept würde schon gar nicht auf unterschiedliche Bedürfnisse eingehen und individuell abgestimmte Instruktionen wählen. Trotzdem ist es möglich, beim Anhören eines solchen Bandes wieder einen gewissen Entspannungseffekt zu erzielen.

Ich habe hier viel von Bewusstseinsebenen, Intuition und telepathischer Kommunikation im Heilungsprozess gesprochen. Wie aber kann man all diese nützlichen »Fertigkeiten« erwerben? Es sind Fähigkeiten, die uns schon gar nicht an der Universität in der medizinischen Ausbildung vermittelt werden.
Bei mir war es so, dass vor allem ein Aufenthalt in Sri Lanka viele Jahre zuvor unbewusst meine spätere therapeutische Arbeit prägte. Deshalb möchte ich Ihnen mehr davon berichten. Dieser kleine gedankliche Ausflug nach Asien ist vielleicht auch eine willkommene Erholungspause von den überwiegend theoretischen Ausführungen dieses Kapitels.

Begegnungen im Menschenland

Mein Aufenthalt in Sri Lanka vor einem Vierteljahrhundert hat wertvolle Eindrücke bei mir hinterlassen. Ich war damals dorthin gereist, um an einer Klinik meine medizinischen Kenntnisse zu erweitern und Akupunktur zu lernen. Dort gab es Ärzte, die diese Heilkunst in China gelernt hatten. Zunächst war ein Aufenthalt für längstens drei Monate geplant. Aber es kam anders.

Damals hatte ich einige Erlebnisse, die mich sehr verblüfften. Zunächst einmal hatte ich nach meiner Ankunft nicht das Gefühl, hier vollkommen fremd zu sein, sondern eher eine seltsam unbestimmte Ahnung, nach Hause gekommen zu sein. Ich weiß nicht, woher es rührte, denn es war mein erster Aufenthalt in diesem Teil der Welt. Die Menschen waren mir jedoch von Anfang an vertraut, obwohl sie ungewohnt fremd aussahen und eine mir vollkommen unbekannte Sprache sprachen. Viele Spielregeln des Umgangs miteinander mussten in den folgenden Wochen behutsam ertastet werden.

Vom ersten Tag an lebte ich in singhalesischen Familien. Für Hotels reichte damals mein Geld nicht aus. Die Verständigung lief auf Englisch und mit Gesten und gutem Willen. Tagsüber behandelte ich – zusammen mit anderen Medizinern aus Europa und Kanada – Patienten aus allen Bevölkerungsschichten in der Ambulanz des größten städtischen Krankenhauses in Colombo. An Wochenenden badeten wir im Indischen Ozean oder machten Ausflüge in andere Teile des Landes.

Ich traf eine Welt an, die mehr als zwei Jahrzehnte später nicht wieder zu erkennen war. Sri Lanka war damals mein Inselparadies gewesen. Es gab kaum Autos. Das Leben lief gemächlich ab. In den frühen Morgenstunden, wenn noch

der Nebel über dem Fluss lag, machte ich mich auf den Weg zur Hauptstraße, um mit dem Bus ins Krankenhaus zu fahren. Auf den paar hundert Metern zur Hauptstraße versperrten mir oft krokodilartige Reptilien den Weg. Es waren bis zu zwei Meter lange Warane, die ich aufschreckte und die dann schnell in den Fluss flüchteten.
Später hatte ich ein Fahrrad und konnte die wenigen Kilometer zu meiner Arbeitsstätte eigenständig zurücklegen. Auch sonst war das Leben damals in den Vororten Colombos und erst recht in den Dschungeldörfern geradezu idyllisch. Dort, wo ich lebte, gab es im weiten Umkreis nur zwei Fernsehapparate. Telefone waren ebensolche Seltenheiten.
Wie hatte sich das Bild doch gewandelt, als ich nach mehr als zwei Jahrzehnten in mein Inselparadies zurückkehrte! Colombo war ein Moloch geworden. Der Verkehr drohte jeden Moment zu kollabieren. Tausende dreirädrige Kleintaxis (»Tuktuks« genannt) verstopften die Straßen und produzierten stinkende Abgase, die die Tropenluft schwängerten. Jeder fuhr hektisch und hupend eine Art Slalom zwischen Autos, Bussen, Straßenkarren und Menschentrauben hindurch. Es war lebensgefährlich geworden, hier die Straße zu überqueren. Nahezu jeder besaß jetzt einen Fernsehapparat, und selbst in den kleinen Dschungeldörfern hatten Radio und Popmusik Einzug gehalten. Die Menschen aber waren in ihrer Liebenswürdigkeit kaum verändert.

Ich hatte von ihnen sehr viel gelernt, ohne dass ich es wusste. Die persönliche Begegnung lief auch noch auf anderen Ebenen ab, als wir sie in unserem Kulturkreis kannten: Die Menschen begegneten mir aufgeschlossener und herzlicher. Zunächst dachte ich, das sei ein Trick, um an Geld zu kommen; aber sie waren außerordentlich hilfsbereit und fassten die Gabe eines Trinkgelds als Beleidigung auf.
Die Menschen lebten viel unmittelbarer im Augenblick. Bei

einer Begegnung erspürten sie ihr Gegenüber intuitiv. Das gab ihnen mehr Sicherheit als rationale Überlegungen, ob sie jemandem trauen durften oder nicht. Ich konnte mich ihrer Art nicht verschließen und lernte auf einer unbewussten Ebene diese zielsichere Orientierung. Andere Medizinstudentinnen und -studenten, mit denen ich engen Kontakt hatte, weil wir zusammenarbeiteten und teilweise auch -wohnten, waren da reservierter. Sie merkten, dass mir die Begegnungen mit den Einheimischen Spaß machten, weil sie etwas spielerisch Leichtes und Unbekümmertes hatten. Vom Informationsaustausch her waren sie nicht sehr tief schürfend, aber von der unmittelbar menschlichen Begegnung her schon. Ich prägte später, wenn ich ähnliche Situationen mit Freunden in der Heimat erlebte, dafür den Begriff »eine Begegnung im Menschenland«.

Von ihnen lernte ich, auf die Dinge zu vertrauen, die sich entwickeln werden. Und irgendwie fügte sich in den meisten Fällen alles auf eine ganz selbstverständliche Weise. Das ging so weit, dass ich mit dem Rucksack per Bus in verschiedene Teile des Landes fuhr und manchmal mitten auf der Strecke ausstieg. Das ist anders als bei uns, wo es Haltestellen gibt. Man signalisiert dem Fahrer einfach, an welcher Stelle man aussteigen möchte.

So hielt ich einmal auf freier Strecke in der Nähe eines kleinen Dschungeldorfs an, das an einer wunderbaren Bucht gelegen ist. Es gab nur ein paar Palmhütten und Holzhäuser, weder ein Hotel noch ein Gästehaus. Ich kletterte also aus dem überfüllten Kleinbus, stellte meinen Rucksack auf die Straße und sah dem abfahrenden Bus nach.

»Tja, was nun ...?«, dachte ich. »Mal sehen, wie sich das entwickelt.«

Ich hatte noch nicht den Gedanken »Zur Not kann ich heute Abend die drei Stunden wieder zurück nach Colombo fahren ...« zu Ende gedacht, als ich plötzlich von einer Schar

Kinder und Jugendlicher umringt war. Sie strahlten aus allen Knopflöchern. Die Schüchternheit war bald verflogen – auf beiden Seiten.
Sie fragten: »Wo gehst du hin?« Das ist eine Redewendung in Sri Lanka, die jeder jeden fragt, wenn man sich begegnet. Deshalb waren mir diese Worte in der Landessprache bereits geläufig.
Ich hatte kein bestimmtes Ziel. Ob ich nicht zu ihnen mit nach Hause kommen wolle, ich könne doch im Dschungel wohnen? So wurde ich, umringt von einer Kinderschar, in ein Dschungeldorf geschleppt und den Eltern vorgestellt. Die saßen etwas sprachlos da und wussten mit dem übermütigen Vorschlag ihrer Kinder erst einmal nichts anzufangen. Wo sollte er denn schlafen? Was sollte er denn essen? Das hier ist doch viel zu primitiv für seine Ansprüche!
Ich war mir selbst nicht sicher, ob ich mich auf dieses »Experiment« einlassen sollte. Aber es war doch ein tolles Angebot und vielleicht sogar ein Wink des Schicksals. Ich vertraute einfach darauf, dass sich alles positiv entwickeln würde. So kamen wir schließlich überein, dass ich eine Schlafstatt in einem noch nicht fertigen Raum bekam. Fenster gab es nicht, nur große Öffnungen, durch die Scharen von Moskitos ein und aus flogen. Nachts war es im Dschungel unendlich heiß und stickig.
Der Morgen hingegen war milde und unschuldig. Nebel hing noch in den Palmenwipfeln, und Rauch stieg aus den Hüttendächern, da mit Kokosschalen Feuer gemacht wurde. Kinder mit einer Zahnbürste im Mund liefen vor dem Haus herum und amüsierten sich, wenn ich mich – aus Ermangelung einer Dusche – wie die Einheimischen auch mit einem Eimer Wasser im Hof übergoss, den ich zuvor an einem langen Seil aus dem Brunnen schöpfen musste.
Danach bekam ich meinen »Morning-Tea« im Mutterland des Tees. Ich setzte mich auf die Stufen vor dem Haus und

beobachtete das beschauliche Treiben. Alles war so friedlich, so heiter und gelassen. Ganz langsam erwachte der Dschungel aus seiner meditativen Ruhe.
Ich wurde mit drei warmen Mahlzeiten versorgt, die Mutter und Tochter jeweils frisch zubereiteten. All das kostete drei D-Mark. »All inclusive«, wie es heute heißt. Es war jedoch viel mehr eingeschlossen als nur Unterkunft und Essen. Inklusive waren die Herzlichkeit der Menschen, das Lachen und eine tiefe Verbundenheit. So lebte ich zwei Wochen ganz abgeschieden von der Welt.
Die ersten zwei Tage brauchte ich noch Begleitung, um den Weg aus dem Dschungel zur Bucht und wieder zurück zu finden. Es war ein kleines Paradies: *mein* Paradies. Und als ich in der Nacht vor dem Heiligen Abend Abschied nahm, um ins Gebirge zu fahren und dort in der Weihnachtsnacht den Adam's Peak, den heiligen Berg, zu erklimmen, flossen viele Tränen.
Welche Kostbarkeiten ich dort bekommen hatte, sollte mir erst sehr viel später bewusst werden. Es war eine Quelle, aus der ich immer wieder schöpfen konnte. Die Menschen seinerzeit in Sri Lanka »dachten viel mehr mit dem Herzen«. Sie gingen vorbehaltlos, akzeptierend und mit einer gewissen unschuldigen Neugier auf fremde Menschen zu – eine wunderbare Haltung, so dem ängstlichen oder schmerzgeplagten Patienten beim ersten Zusammentreffen zu begegnen.
Ich lernte damals auf eine nichtintellektuelle Art. Diese Menschen brachten neue Saiten in mir zum Klingen. Ich kommunizierte auf eine unmittelbar intuitive Weise mit ihnen, wenngleich mein wacher Verstand immer eingeschaltet blieb. Man lernt dies nicht in einer akademischen Ausbildung, aber es ist ungeheuer nützlich, und zwar keineswegs allein für die geistigen Dimensionen des Heilens. Es sind ganz allgemein wertvolle Fähigkeiten im menschlichen Miteinander, um gesund zu bleiben.

Heilung fast wie Magie

> An den Grenzen der Logik hört zwar
> die Wissenschaft auf, nicht aber die Natur,
> die auch dort blüht, wohin noch keine
> Theorie gedrungen ist.
>
> *C. G. Jung*

Manchmal lässt sich der Körper nicht darauf ein, wenn der Arzt die Schmerzen einfach nur »wegmachen« will. Ich möchte Ihnen einen spannenden Fall vorstellen, der vielen Ärzten Rätsel aufgegeben hat.

Seit einem Dreivierteljahr wird die Patientin Frau C. immer wieder wegen akuter Schmerzen im Unterbauch behandelt. Sie ist aufgrund dieser Attacken auch wiederholt in eine Akutklinik eingewiesen worden. Eine Ursache ist nicht zu finden. Sie erhält Beruhigungstabletten, krampflösende Mittel und Schmerztabletten. Doch die Schmerzen kommen immer wieder und überschatten ihr Leben.

Schmerzen, Schmerzen, Schmerzen

»Ich bekam so wahnsinniges Bauchweh, dass ich im Bett gelegen habe und vor Schmerzen geschrien habe«, berichtete Frau C., eine 63-jährige »resolute« Hausfrau. »Ich habe alle zusammengetrommelt. Ich sagte: ›Ich halt es nicht mehr aus.‹ Ich hab dagelegen und geschrien. Meine Tochter sagte: ›Mama, beruhige dich doch.‹ – ›Ich will mich aber nicht beruhigen‹, sagte ich. ›Ich will, dass mir geholfen wird, dass ich die Schmerzen wegbekomme.‹«
Das ist nur eine von vielen Episoden, die zeigen, wie die Schmerzsymptomatik der Patientin in Erscheinung trat. Die Patientin erzählte, dass sie extrem starke Schmerzen im Unterleib hätte, die in gewissen Abständen mit heftiger Symptomatik aufträten. Diese hätten dann kolikartigen Charakter. Die Schmerzen seien nach einem Asienurlaub vor einem Dreivierteljahr aufgetreten.
Selbst als medizinischer Laie denkt man sofort an eine seltene Tropenkrankheit, die sie sich dort zugezogen haben wird. Vor der Reise habe sie noch eine Lungenentzündung gehabt, die mit Antibiotika behandelt worden sei. Anschließend habe sie ein Aufbaupräparat für den Darm bekommen.
Die heftigen Schmerzattacken habe sie in gewissen Abständen mehrmals wöchentlich. Sie seien kaum zu ertragen. Aus diesem Grunde sei sie das letzte Dreivierteljahr nach der Rückkehr aus Thailand ständig in ärztlicher Behandlung gewesen. Ihr Internist habe alles Erdenkliche abgeklärt, und zwar mehrfach: ein breites Spektrum an Blutwerten, Magen- und Darmspiegelung, Ultraschall des gesamten Bauchraums, ein Computertomogramm (CT), Belastungs-EKG, Untersuchung auf Helicobacter-Bakterien des Magens, die

Schilddrüse u. v. m. Ihr Magen sei darüber hinaus auf den Candidapilz untersucht worden. Sie habe auch ein entsprechendes Mittel bekommen, was sie aber gar nicht vertragen habe.

Da zwei ihrer Kinder in medizinischen Laborberufen tätig sind, wurde zusätzlich privat veranlasst, alle Laboruntersuchungen nochmals zu wiederholen. Dennoch ergab sich kein Hinweis für irgendeine organische Erkrankung. Auch zum Neurologen sei sie geschickt worden. Dieser überwies sie zur weiteren Abklärung zusätzlich an einen Psychologen. Der wiederum sagte, es sei nichts Psychisches, worauf sie dann vierzehn Tage internistisch im Krankenhaus behandelt wurde. Dort führte man alle Untersuchungen ein weiteres Mal durch. Man vermutete, es läge an der Bauchspeicheldrüse, was sich jedoch nicht bestätigte.

Frau C. erlebte die heftigen Schmerzattacken aber immer quälender. Mehrfach wurde sie daraufhin stationär therapiert. Eine ursächliche Behandlung dort war jedoch nicht möglich, da eben keine Ursache ausfindig gemacht werden konnte. In einem Zeitraum von zwei Tagen klangen diese Schmerzen dann auch spontan wieder ab.

Von ihren Erfahrungen mit den Krankenhausärzten berichtete sie Folgendes: »Und dann kam noch zum Abschluss der Oberarzt und sagte: ›Sie haben da ja nichts, und mit diesen Schmerzen können Sie hundert werden.‹ – ›Schönen Dank‹, erwiderte ich, ›dann kann ich ja jetzt wieder nach Hause gehn …‹«

Die Klinikärzte und der Internist schienen von ihrer Patientin etwas genervt zu sein: »Wenn ich jetzt zu meinem Internisten gehe, dann sagt er, ich hätte nichts. Er wüsste nicht mehr, was er noch mit mir anstellen sollte.« Frau C. selbst beschlich das Gefühl, nicht mehr ernst genommen zu werden. Sie fühlte sich als Simulantin abgestempelt. Sie war frustriert, verärgert, aber auch hilflos.

Schließlich wurde ihr der Aufenthalt in einer psychosomatischen Klinik nahe gelegt. Das hatte ihr gerade noch gefehlt! Sie reagierte sehr aggressiv auf diesen Vorschlag ihres Hausarztes; wie sie berichtete, schien es doch die Annahme zu untermauern, dass sie »nicht ganz zurechnungsfähig sei«. Sie hatte keine Vorstellung davon, was sie in einer psychosomatischen Klinik erwartete. Sie willigte aber in den Klinikaufenthalt ein, obwohl es ihr widerstrebte, dorthin zu gehen.

Die Grenzen der Schulmedizin

Der Eindringlichkeit, mit der die Patientin die Schmerzen schildert, kann man sich kaum entziehen. Als ich diese Vorgeschichte höre, bin ich ziemlich sicher, dass die Patientin in der psychosomatischen Klinik falsch ist. Ich kann sie gut verstehen. Man will sie abschieben und das Ganze als »psychisch« deklarieren. Man weiß zwar nicht genau, was den Schmerzen zugrunde liegt, aber aus der rein organmedizinischen Behandlung durch Hausarzt und Internisten ist sie dann erst einmal raus. Es mag vielleicht sogar verständlich sein, dass man sie für eine gewisse Zeit »loswerden« möchte.

»Immer wenn man nicht mehr weiterweiß, ist es ›psychosomatisch‹«, denke ich, als ich die Patientin übernehme. Die Umstände mit dem Tropenurlaub sind so, dass möglicherweise ein wirklich ziemlich exotischer Erreger die Ursache der Erkrankung sein könnte, der in unseren Breiten gar nicht in Betracht gezogen wird. Da ich selbst schon häufiger in den Tropen gewesen bin, habe ich von so manchen absonderlichen Krankheiten gehört, die Spezialisten erst nach langwierigen Untersuchungen herausgefunden haben. Allein schon die Borreliose – die durch Zecken in unseren Breiten übertragen wird – war lange unerkannt geblieben, da die Symptome häufig an andere Erkrankungen wie Grippe oder Rheuma erinnern. Wie soll man da erst eine absonderliche Tropenkrankheit ausschließen können ...?

Ich bin skeptisch und glaube nicht, dass diese Schmerzen keine organische Grundlage haben sollen. So setze ich mich mit dem Hamburger Tropeninstitut in Verbindung. Ich entschließe mich ebenfalls, noch einmal alle Laboruntersuchungen zu wiederholen, und zwar dort, an diesem hoch spezialisierten Institut. Vielleicht braucht es erst eine gewisse Zeit, bis bestimmte Erreger nachgewiesen werden können.

In den Labortests sucht man Salmonellen, Shigellen, Yersinien, Campylobacter, Rotaviren ... sowie Darmparasiten, Amöben, Lambien usw. Ich erwähne hier nur wenige Namen, um eine Vorstellung von dem Aufwand zu bekommen, der mit der Suche nach den Ursachen verbunden ist. Zudem hat Frau C. in den letzten fünf Monaten unfreiwillig 13 Kilogramm abgenommen. Das ist verdächtig. Eine Tumordiagnostik wird deshalb zusätzlich dringend angeraten.

Ich kann jedoch nicht abwarten, bis die Ergebnisse eingetroffen sind. Die Patientin hat *jetzt* akute Schmerzen und darüber hinaus von der Kasse nur eine Kostenzusage für drei Wochen Klinikaufenthalt. Irgendetwas muss rasch geschehen.

Aber was könnte ihr helfen, was nicht schon ausprobiert wurde? Selbst Schmerzmittel halfen ja nur bedingt. In Deutschland gibt es acht Millionen Menschen, die trotz hoher Medikation täglich unter unerträglichen Schmerzen leiden. Sollte ein solcher Leidensweg für sie vorgezeichnet sein?

Was heute zum Thema »Schmerzgedächtnis« erforscht wird, war damals, als ich die Patientin behandelte, nicht bekannt. Unter einem Schmerzgedächtnis versteht man die Fähigkeit des Nervensystems, starke Schmerzen zu merken und zu einem späteren Zeitpunkt wieder abzurufen, obwohl kein organischer Grund mehr dafür vorliegt. Dabei ist der Schmerzreiz zuerst eine sinnvolle Warnung an das Gehirn. Es versetzt das Gehirn in Alarmbereitschaft.
Die Gefahr besteht, dass sich durch das akute Schmerzgeschehen eine Erinnerungsspur im peripheren und zentralen Nervensystem abzeichnet, die sogar zu molekularen Änderungen der Nervenzellen und zu neuen Verschaltungen der Schmerzverarbeitung im Rückenmark und im Gehirn führen können. »Ganz ähnlich einem Bild, das Sie wiederholt sehen, brennt es sich immer mehr in Ihr Gehirn ein«, erklärt Prof. Walter Zieglgänsberger vom Max-Planck-Institut für Psychiatrie in München.[24] Eine Therapie für ein solches Geschehen ist bis heute jedoch noch nicht bekannt.

Eine seltsame Tropenkrankheit

Genau wie die Patientin bin auch ich als Arzt nicht überzeugt davon, dass es keine Tropenkrankheit sein soll. Es ist ja auch schwer nachzuvollziehen, dass ein so schmerzhaftes körperliches Geschehen seelische Ursachen haben kann, zumal auf den ersten Blick keine derartigen Probleme erkennbar sind. »Bei mir ist alles bestens«, lautet die häufigste

24 Stahmer, Dunja, »Schmerzgedächtnis«, in: *»Prisma«*, NDR III, 9. 11. 2004.

Antwort in einer solchen Situation. »Finanziell stehen wir uns gut, meine Ehe ist in Ordnung, wir haben ein Haus, auch beruflich keine Schwierigkeiten.«
In dieser Ausgangssituation wird auch deutlich, dass die Patientin einer psychotherapeutischen Behandlung sehr skeptisch und abwehrend gegenübersteht. Wo aber setzt man in einem solchen Fall an, wenn ja »alles in Ordnung« ist? Sie war schließlich schon beim Neurologen und ebenso beim Psychologen. Keine Anhaltspunkte also für irgendeine psychische Krankheitsursache. Frau C. ist jetzt zwar in der Klinik, aber sie sagt: »Ich bilde mir die Schmerzen doch nicht ein …« Das ist keine einfache Ausgangslage für mich als behandelnden Arzt. Würde sie sich darauf einlassen, wäre das unbewusst ja schon ein Eingeständnis, dass möglicherweise doch etwas »Psychisches« dahintersteckt.
Natürlich ist Frau C. auf das Symptom fixiert. Man kann es ja schließlich auch nicht übersehen. Es steht sozusagen im Mittelpunkt ihres Lebens. Ihr Körper streikt und sendet Schmerzen. Die nahe liegende Annahme ist, er möchte auf etwas aufmerksam machen. Das ist die Haltung in der psychosomatischen Medizin. Frau C. empfindet die Schmerzen jedoch eher als Schikane und nicht als wichtigen Warnhinweis. Sie hat zudem eine »unglaubliche Wut auf die Schmerzen«, wie sie sagt. Die Annahme, dass diese Schmerzen irgendeinen Sinn machen könnten, ist ja auch kaum verständlich, zumal im Hintergrund steht, dass man möglicherweise diagnostisch noch etwas übersehen hat.
Ich sage der Patientin, ich könne ihre Lage gut verstehen. Ich vermute auch eher, dass etwas Organmedizinisches übersehen wurde. Ich würde ihre Beschwerden gern noch von einem Gynäkologen abklären lassen, denn das sei bisher nicht geschehen. Gerade Beschwerden im rechten Unterbauch könnten ja darauf hindeuten. Ich wollte mir darüber hinaus auch noch eine halbe Stunde für sie Zeit nehmen, um nicht

nur ihre Krankheit, sondern auch ein bisschen den Menschen Frau C. und ihre Lebensumstände kennen zu lernen.
Frau C. ist mir sympathisch. Sie sagt, was sie denkt. Sie ist geradlinig und alles andere als gekünstelt. In der Vergangenheit kämpfte sie sich durch schwierigste Lebensumstände. Sie war immer tatkräftig und entschlossen. Sie besaß sehr viel Energie und Durchsetzungsvermögen. Alle Widrigkeiten des Lebens meisterte sie mit Bravour. Und es gab deren nicht wenige.
Die Patientin hat vier Kinder, die nun erwachsen sind. Inzwischen ist sie auch Großmutter geworden. Sie war mit 45 Jahren eine neue Partnerschaft eingegangen, nachdem ihr Mann drei Jahre zuvor verstorben war. Den Rest des Lebens allein zu bleiben konnte sie sich seinerzeit nicht vorstellen. Sie lernte schließlich einen Mann kennen, der nicht allzu lange Zeit zuvor seine Frau infolge einer Krebserkrankung verloren hatte.
»Ich dachte: ›Dem Mann musst du helfen‹«, sagt sie über die damalige Begegnung. Sie wechselte dem neuen Partner zuliebe den Wohnort, wurde dort jedoch nie heimisch. Sie bauten gemeinsam ein Haus, und sie regelte das Finanzielle dabei. Zwei ihrer eigenen Kinder waren zu diesem Zeitpunkt schon aus dem Haus. Ein Sohn des Partners zog auch mit ein, sodass sie wieder eine große Familie waren.

Frau C. hatte bisher keine Probleme gekannt, mit denen sie nicht allein fertig geworden wäre. Der Tod ihres Mannes war jedoch der größte Einschnitt in ihrem Leben. Er hatte auf einer Bohrinsel gearbeitet, auf der ein Unglück geschah. Eines der Rettungsboote wurde beschädigt und sank. Im eiskalten Wasser des Atlantiks hätte es damals keine Überlebenschance gegeben. Sie vermutet, dass bei diesem Betriebsunfall etwas »vertuscht« wurde, da es sich um eine Weltfirma handelte. Sie bekam fünf Jahre lang von der Fir-

ma einen Blumenstrauß anlässlich des Todestages. Um die Hinterbliebenenrente musste sie allerdings kämpfen. Sie war zu diesem Zeitpunkt Anfang vierzig. Sie hatte vier Kinder, von denen noch zwei minderjährig waren.
»Ich bin immer zum Doktor gegangen und habe gesagt, ich habe dies und das und alles Mögliche.« Sie bat ihn sogar darum, sie an einen Psychotherapeuten zu überweisen. Daraufhin habe er gesagt: »Frau C., Sie sind nicht krank. Sie sind nur seelisch und nervlich kaputt!«
Sie dachte damals, sie könne sich selbst helfen. Und irgendwie würde sie es schon schaffen. Aber es lastete eine Vielzahl an Problemen auf ihren Schultern, die sie nicht so einfach wegstecken konnte.
Als Ratschlag gab ihr der Arzt noch Folgendes mit auf den Weg: »Zeigen Sie Ihren Kindern nicht Ihre Trauer! Ihre Kinder sind jung und führen ihr eigenes Leben. Schauspielern Sie ihnen etwas vor!«
So, wie Frau C. die seltsame Begegnung mit dem Arzt schildert, habe ich keinen Anlass, an ihrer Aussage zu zweifeln. Als brave Patientin, die auf die Ratschläge ihres »Doktors« etwas gab, ging sie nach Hause und befolgte sie. Und in den folgenden Wochen und Monaten tat sie so, als sei nichts geschehen. »Ich war immer lustig und fröhlich.« Sie versorgte die vier Kinder, aber ihr Leben kam ihr vor, als sei sie im falschen Film. Sie war innerlich gar nicht bei dem, was sie tat: »Abends fragte ich mich: ›Was habe ich eigentlich den ganzen Tag gemacht?‹ Ich stand den ganzen Tag in der Küche und habe bloß gekocht. Jedes der Kinder kam ja zu einem anderen Zeitpunkt nach Hause.«
Ich frage Frau C., ob ihre Kinder denn jemals traurig gewesen seien.
»Nein. Sie haben auch so weitergemacht wie vorher. Ich weiß nicht, ob sie trauerten. Ich hab mit ihnen nicht darüber gesprochen. Es wurde einfach nie erwähnt.«

Ich kann nicht sagen, ob dieser Vorgang, der mehr als 20 Jahre zurückliegt, etwas mit der aktuellen Schmerzsymptomatik zu tun hat. Aber vielleicht ist er ein Hinweis darauf, dass man in solchen Situationen mit der eigenen Gefühlswelt doch etwas rücksichtsvoller umgehen sollte ...
Frau C. ist also keine wehleidige oder empfindliche Person. Auch die Schmerzen würde sie vielleicht irgendwie in den Griff bekommen, wenn sie nicht ganz so heftig wären. Was kann man aber jetzt für sie tun?

Ein Tranceurlaub

Meine innere Haltung dem ganzen »Fall« gegenüber war: Die Frau braucht dringend Hilfe. Ein langes Herumexperimentieren würde sie nur noch mutloser machen. Es würde ihre Einstellung, dass die Medizin versagt hat und sie ein hoffnungsloser Fall sei, nur noch bestärken.
Ich vertraue darauf, dass irgendeine geistige Instanz in der Patientin die Lösung des Problems weiß. Es ist dies eine weise Institution, es ist der innere Heiler, den ich im Laufe meiner medizinischen Tätigkeit mit Hypnose bei den unterschiedlichsten Krankheitsbildern entdeckt und schätzen gelernt habe. Es waren dies beileibe keine harmlosen Krankheiten: entzündliche Darmerkrankungen mit Blutungen (Morbus Crohn und Colitis ulcerosa), Asthma, Herzbeschwerden, verschiedene Schmerzzustände und anderes mehr.
Bei Frau C. vertraue ich deshalb wieder auf den inneren Heiler. Diese übergeordnete geistige Instanz erreicht man im Trancezustand der Patientin. Dazu ist jemand in der Außenwelt, ein Arzt oder Heiler, notwendig, der die Patientin

in diesen Zustand versetzt, während ihr Tagesbewusstsein in den Hintergrund tritt und sozusagen als Zuschauer dem ganzen Geschehen beiwohnt.
Es ist sehr spannend, in welcher Form dieser innere Heiler in Erscheinung tritt. Es handelt sich eher selten um eine konkrete Person wie bei David und dem australischen Schamanen. Meistens sind es Lösungen, die sich von allein gestalten, Heilungsprozesse, die sich wie von selbst zu organisieren scheinen. Dennoch: Ohne Anstoß von außen, ohne dass man sie sozusagen weckt, nehmen sie nicht diese Aufgabe wahr. Jene geistige Instanz würde wichtige Informationen für den Genesungsprozess liefern können oder ihn sogar einleiten.
Da die Patientin inzwischen ein durchaus angespanntes Verhältnis Ärzten gegenüber aufgebaut hat, gestaltet es sich nicht so ganz einfach, ihr auch noch mit undurchsichtigem »Psychokram« zu kommen. Es ist wichtig, ein gutes Arbeitsbündnis zu schaffen. Ich muss das Vertrauen von Frau C. gewinnen. Ich erkläre ihr, was ich zu tun gedenke. Aber ich weiß nicht, ob sie auf diese Art der Behandlung ansprechen wird. Ich schlage ihr vor, etwas Angenehmes für sie zu tun. Ich erwähne nichts von Hypnose, sondern erzähle nur etwas von Tiefenentspannung. Das mit der Entspannung ist keine Falschinformation, sondern ein angenehmer Nebeneffekt, der sich gleich zu Anfang einstellt.
Hypnotherapie ist die angenehmste Therapieform, die ich kenne. Viele Patienten stehen dem sehr aufgeschlossen gegenüber. Aber das Wort »Hypnose« kann auch Befürchtungen wecken. Deshalb sind Informationen wichtig. Hat sich der Patient entschlossen, sich darauf einzulassen, wird er sich sehr schnell wohl fühlen, es wird ihm teilweise sogar Spaß machen, und hinterher nimmt er sich als tief greifend erholt wahr. »Ganz nebenbei« können auch noch Beschwerden gebessert werden oder ganz verschwinden. Ich kenne

nichts Vergleichbares, was eine ähnlich intensive Wirkung erzielt – ohne Nebenwirkungen zu verursachen.
Als ich mit der Patientin spreche, wird deutlich, dass sie eine Narkoseangst hat und zusätzlich Angst vor Kontrollverlust. Es ist nicht so selten, dass Patienten keine guten Erfahrungen mit einer Narkose gemacht haben. Die moderne Anästhesie hat in dieser Hinsicht aber große Fortschritte erzielt. Doch derartige Erfahrungen und Ängste der Patienten muss man bei diesem Vorgehen ernst nehmen. Wenn man adäquat damit umgeht, verlieren sich sogar langjährige Ängste. Diese Erfahrungen habe ich mehr als einmal gemacht.
Ich erkläre der Patientin jeden Schritt und installiere während der Hypnose eine kontinuierliche verbale Rückmeldung; d.h., sie soll mir in Trance erzählen, wie es ihr geht. Dadurch kann ich noch gezielter auf ihre Bedürfnisse eingehen.
In dieser ersten Sitzung geht es nicht darum, therapeutisch mit der Schmerzsymptomatik zu arbeiten oder sie zu beseitigen. Es ist sozusagen eine Probesitzung, um zu prüfen, ob sie sich auf dieses Verfahren einlassen kann. Weiterhin soll ihr vermittelt werden, dass sie sich damit auf eine ganz angenehme Behandlungsform einlässt. Wer würde ein solches Angebot bei einer Schmerzsymptomatik ausschlagen?
Ich baue auf die positiven Erfahrungen, die sie machen würde. In der Trance schicke ich sie in ein kleines Urlaubsparadies ans Mittelmeer. Sie hatte zuvor kurz erwähnt, dass sie Sonne mag und auch mit ihrem jüngsten Sohn damals in Spanien Urlaub gemacht hätte. So schenke ich ihr einen Tranceurlaub.
Das hat der Patientin ungewöhnlich gut gefallen, und sie strahlt anschließend. Sie konnte alles deutlich vor sich sehen und sogar den wärmenden Sand am Rücken spüren, in den sie sich am Strand gelegt hatte. Schon durch diese ganz

unspezifische Hypnosesitzung sind die Schmerzen deutlich reduziert.

Es ist wichtig, Patienten schnell ein Erfolgserlebnis zu verschaffen, damit sie wieder Hoffnung schöpfen können. Ich nenne dies »eine ›Gegenerfahrung‹ machen lassen«. Nach all dem Ärger und den Schmerzen, den der Körper Frau C. verursacht hat, ist es wichtig, ihn auch einmal wieder auf angenehme Weise erfahren zu können. Das leitet eine gewisse Versöhnung ein. Dagegen anzukämpfen bringt ihr nur Frustrationen ein, da der Körper sozusagen »am längeren Hebel sitzt«. Schmerzen sind ja bekanntermaßen ein Signal, und in diesem Fall ist der Körper recht hartnäckig, seine Botschaft mitzuteilen.

Die Seelenlandschaft

Die zweite Sitzung beginnt Frau C. mit der Bemerkung: »Das war *sehr* angenehm letztes Mal. Ich habe gedacht, dass das heute so weitergeht.«

Eine Trance ist relativ einfach einzuleiten. Innerhalb von fünf bis sieben Minuten kann man einen mittelgradigen Trancezustand erreichen. Dann wird man mit dem Patienten zusammen gut auf anderen Bewusstseinsebenen arbeiten können. Dabei ist es wichtig, sich ganz in der mentalen Welt des Patienten einzufinden. Das bedeutet, an seine Gefühls- und Erlebniswelt anzuknüpfen und sogar seine Sprachmuster und seinen Wortschatz mit zu berücksichtigen.

Wenn jemand gern Sonne und Urlaub am Meer mag, wird es geradezu das Gegenteil des gewünschten Effekts bewirken, wenn ich ihn in die Berge und in den Schnee schicke.

Aber gerade das war für einen Mann einmal sehr wichtig, der traumatische Erlebnisse einer Folter und Demütigung nicht verarbeiten konnte. Sein Hirn quoll über von diesen Erlebnissen und Vorstellungen. Sein Kopf drohte ihm zu zerplatzen. Als er jenes Gefühl mit einer Geste beschrieb, deutete er mit seinen Händen die Größe eines Ballons von einem Meter Durchmesser an.

Was würde ihm Erleichterung verschaffen? Wo würde er gern sein? Er wünschte sich einen zugefrorenen Bergsee in einer Schneelandschaft. Dies war eine geeignete Landschaft, um die aufgewühlten Emotionen abzukühlen und Abstand zu den ihn bedrängenden inneren Bildern der Folter zu bekommen. Die Vorstellung von Kühle und klarer Luft verschaffte ihm dann auch *innerlich* mehr Luft, und seine Gedanken kamen wieder zur Ruhe.

Es gibt also auch in dieser Hinsicht keine standardmäßige Vorgehensweise. Vor der Hypnose versuche ich daher stets, ein wenig in Erfahrung zu bringen, worauf der betreffende Patient gut anspricht und was er in diesem Moment am meisten braucht. Das ist der Einstieg. Und wenn er merkt, es tut ihm gut, kann er sich auch auf das weitere Vorgehen einlassen. Dann mag er sich sozusagen zusammen mit dem Hypnotherapeuten in Bereiche vorwagen, die ihm noch unbekannt sind. Aber dort ist die Quelle der Heilung.

Zur Hypnose gehören Suggestionen und angenehme Worte. Schon in der Einleitung der Trance lege ich »Samenkörner«, die im weiteren Verlauf der Sitzung »aufgehen« können. Im Fall von Frau C. verwende ich, nachdem sie schon in eine leichte Trance eingetreten ist, z.B. die Formulierung: »Und das ist Ihnen ja schon ganz vertraut, so in einen angenehmen Zustand hineinzugehen ... wo Sie ganz die Alte sein können ...« Aber was bewirkt diese Formulierung?

»Ganz die Alte sein zu können« weckt Vorstellungen an den Zustand *vor* der Erkrankung. Das ist auch beabsichtigt.

Aber gleichzeitig wird dadurch ein Lebensabschnitt in den Vordergrund gerückt, mit dem sich die Patientin vielleicht noch gar nicht beschäftigt hat, vor dem sie Angst hat und welcher vielleicht sogar die Ursache ihrer Beschwerden ist. Ihr könnte das ungelebte Leben bewusst werden und die Erkenntnis, dass nicht mehr allzu viel Zeit bleibt, etwas nachzuholen. Vielleicht auch die Furcht, wie sie mit dem jetzigen Partner diese Zeit füllen kann, da die Kinder aus dem Haus sind. Es sind alles Vorstellungen, die mitschwingen können und vielleicht sogar ihre unbewusst vorhandenen Befürchtungen ansprechen. Ich möchte nicht, dass die Patientin diese Themen verdrängt, aber ich spreche all diese Tatsachen mit dieser Formulierung nur *beiläufig* an. In der zweiten Hälfte des Satzes gebe ich ihm eine Wende. Und zwar lautet die vollständige hypnotische Instruktion: »Und das ist Ihnen ja schon ganz vertraut, so in einen angenehmen Zustand hineinzugehen ... wo Sie ganz die Alte sein können ... ja, eigentlich ganz die *Junge* sein können ... vielleicht so ein Stückchen, wie es früher war ...«
Beabsichtigt ist, an die früheren Ressourcen, an ihre Erfahrungen, an ihre Fähigkeiten und Stärken von früher anzuknüpfen. Nicht die Schmerzen stehen im Vordergrund, sondern all das Schöne, was auch in ihr »gespeichert« ist. Das kann man in der Trance wiederbeleben, sodass es ganz lebendig wird. Und damit kommen auch frühere Kräfte wieder zurück:

> »Und Sie spüren vielleicht auch ... dass es angenehmer und angenehmer wird ... und vielleicht auch im Körper wärmer wird ... wo Ihnen ja die Wärme gut tun wird ... denn Sie sind ja eigentlich ein *Sonnenmensch* ... der es brauchen kann. Vielleicht auch das Licht und besonders die Wärme. Und wie es ist, wenn Ihr Körper darauf reagiert.«

Die Formulierung »Sonnenmensch« habe ich in diesem Moment für sie erfunden. Ich hatte das Wort vorher noch nie verwendet. »Sonnenmensch« impliziert nicht nur, dass Frau C. die Sonne gut vertragen kann, dass sie Wärme mag, sondern es ist auch ein positiver Gemütszustand. Bisher war sie verzagt, verärgert über die Krankheit und vielleicht auch über manche Lebensumstände. Bei dieser Formulierung treten Depression und Verlassenheit in den Hintergrund. Ein »Sonnenmensch« hat innerlich eine ganz andere Haltung. Er steht über den Dingen, ist heiter und entspannt. All das soll mobilisiert werden. Und in diesem veränderten Bewusstseinszustand der Trance hat es erstaunlicherweise eine enorme Wirkung.

Dem Schmerz Gestalt geben

Bis hierher kann man die Dinge vielleicht noch gut nachvollziehen, aber das weitere Vorgehen wird nun immer verschlüsselter. Das Geschehen spielt sich auf einer anderen Wirklichkeitsebene ab, und damit liegt es auf einer anderen *Wirkungs*ebene. Manches mag für den Außenstehenden merkwürdig oder sogar banal anhören. Für denjenigen, der sich in dem tranceinduzierten Heilungsprozess befindet, hat all das jedoch einen anderen Realitätscharakter.
Die nächsten Schritte dieses Heilungsprozesses möchte ich hier deswegen gern transparenter machen. Genau wie bei der Geschichte mit den Engeln schaut man sonst, wenn man das Geschehen nur vordergründig betrachtet, an der eigentlichen Realität vorbei. In diesem Fall an dem komplexen Geschehen der Tranceheilung.

Die Vorgehensweise ist folgende: Ich arbeite schrittweise mit aus dem Unbewussten aufsteigenden inneren Bildern und Symbolen. Auf dieser symbolhaften Ebene versuche ich, eine Veränderung der Symptomatik einzuleiten.

Die Patientin kann sich recht schnell gut entspannen, aber natürlich ist der Schmerz noch vorhanden. Er wirkt wie ein Fremdkörper in dieser angenehmen Situation. Die Patientin möchte ihn loswerden. Sie hat schon ein Dreivierteljahr zwangsläufig auf diesen Schmerz geschaut, der damit im Mittelpunkt ihres Lebens stand. Man kann ihn aber nicht einfach ausblenden. Man kann ihn auch nicht überlisten. Wir müssen ihn zur Kenntnis nehmen, er ist nun einmal vorhanden. Aber vielleicht kann man mit ihm arbeiten.
Der rechte Unterbauch ist auch in der momentanen Situation angespannt, als hätte Frau C. eine Blinddarmentzündung. Aus diesem Grunde ist es wichtig, alles infrage Kommende vorher abgeklärt zu haben. Der Schmerz ist Realität, also schaue ich mit der Patientin auch dort genau hin. Ich nehme jedoch nicht ernsthaft an, dass die Schmerzen auf dieser noch eher rationalen Betrachtungsebene bereits positiv zu beeinflussen sind. Ich werde trotzdem mit den Schmerzen arbeiten. Die Gründe dafür nenne ich Ihnen etwas später.
Ich bitte die Patientin, mit ihrer Aufmerksamkeit an die schmerzende Stelle zu wandern. Sie wird sich verwundert fragen, was dieses Vorgehen soll. Sie möchte ja eigentlich *nicht* dorthin schauen. Diese Verwunderung erhöht aber ihre innere Wachheit. Ich möchte ihr den Schmerz auch nicht einfach wegnehmen. Er hat seine Berechtigung; und erst dann, wenn das, was dahinter liegen mag, erkannt bzw. verändert ist, hat er seine Existenzberechtigung verloren.
Als Nächstes frage ich sie, welche Qualität der Schmerz hat, ob es ein heller oder dunkler oder scharfer Schmerz ist. Die Patientin bezeichnet ihn als rau. Ich sage ihr, dass ich

noch weitere solcher merkwürdiger Fragen stellen werde. Wenn der Schmerz eine bestimmte Konsistenz hätte, wie wäre diese? Hart oder weich oder sonst wie? Er ist hart. Und wenn er eine Größe hätte, wie groß wäre er? Wie eine etwa zehn Zentimeter große Kanonenkugel. Er wäre auch schwer. Wenn er eine Farbe hätte, wie wäre diese? Grau.
Und jetzt frage ich sie, ob sie sich auf ein Gedankenexperiment einlassen möchte. »Angenommen, der Schmerz könnte sich verändern ... könnten *Sie* ihn in Gedanken vielleicht *größer* werden lassen?« Dieser kleine Schock ist beabsichtigt. Die Frage suggeriert jedoch, dass er in jenem Moment nicht mehr maximal groß ist, dass sich also in der Zwischenzeit etwas verändert hat.
»Nee, das kann ich nicht. Das *will* ich nicht!« Das ist interessant. Ich versichere mich, ob sie es denn *könne*. Ja, das könne sie, wenn sie es denn wolle. Warum beharre ich darauf, sich in der eigentlich angenehmen Situation der Trance so intensiv mit diesem Schmerz zu beschäftigen? Hier die fünf Gründe:

1. Ich nehme den Schmerz als wichtiges Hinweissignal an. Ich betrachte ihn auch als reale Größe und nicht nur als »eingebildet«. Sie selbst nimmt den Schmerz nicht in dieser Weise als Signal an. Sie bekämpft ihn oder möchte ihm am liebsten davonlaufen.
2. Ich frage, ob *sie* den Schmerz *beeinflussen* könne. Aber nicht, ob sie ihn kleiner machen könne. Das hat sie ja schon das letzte Dreivierteljahr über vergeblich versucht. Doch beeinflussbar ist er. Das ist eine wichtige Erkenntnis.
3. Ich möchte, dass sie sich noch einmal die Stärke des Schmerzes deutlich macht, damit sie später jede kleine positive Veränderung als klaren Unterschied zur Ausgangslage registriert.

4. Indem ich indirekt darauf aufmerksam mache, dass der Schmerz schon einmal größer war, wird ihr unbewusst deutlich, dass sie selbst (bzw. ein Teil in ihr) es war, der in Zwischenzeiten den Schmerz regulieren konnte. Es gibt ja Perioden, in denen er ganz verschwunden ist.
5. Und dieser letzte Punkt ist mein eigentliches Ziel: Die Patientin soll meiner Fixierung auf den Schmerz etwas überdrüssig werden, um dann, wenn ich therapeutisch endlich etwas Neues anbiete, innerlich für dieses Neue ganz aufgeschlossen zu sein. Ich nenne dies »eine ›Ja-Haltung‹ installieren«, ein inneres Sichöffnen für ganz neue Erfahrungen. Damit kann ich dann auf der Ebene arbeiten, auf der nicht immer der kritische Verstand dazwischenfunkt. Durch die Ratio vieler Patienten wird manchmal die eigentliche Heilung geradezu blockiert.

Geheimtherapie auf der Symbolebene

Es ist deshalb einfacher, die Behandlung auf eine geistige Ebene zu verschieben, auf der das kritische Tagesbewusstsein nicht das weitere Vorgehen behindert. Sie soll sich auch nicht intensiv bemühen, etwas zu ändern. Eine Haltung, etwas *geschehen zu lassen*, ist in diesem Fall die beste.

Mit der Trancetherapie tritt man in einen Bereich ein, aus dem auch nächtliche Traumbilder gespeist werden. Der Unterschied liegt jedoch erstens darin, dass die Patientin intensiv Beteiligte und zugleich außenstehende Beobachterin ist, und zweitens, dass ein Therapeut dieses Traumgeschehen ein wenig lenkt. Er steuert nicht alle Einzelheiten des

Geschehens, sondern er gibt quasi nur Entwicklungsanreize zur Gesundung.

Ich stelle der Patientin die Frage, ob sie bereit sei, ein weiteres Gedankenexperiment zu machen: »Wenn der Schmerz irgendwie mit einer Landschaft zu tun hätte, wie würde eine solche Landschaft aussehen?«

Die Patientin erlebt diese Landschaft wie folgt: Es ist eine hügelige Gegend. Die Jahreszeit ist Herbst. Es ist alles grau in grau. Es gibt viel Regen und Nebel. Es ist kalt und trostlos. Es gibt nur vereinzelt Bäume, die jedoch keine Blätter haben. Es sind überhaupt keine Personen dort anwesend. Mehr noch, es gibt überhaupt keine Lebewesen, wohin sie auch schaut. Nur ein paar Mäuse sind da unter der Erde.

Das ist wahrhaftig keine einladende Landschaft. Wir nehmen sie nun als Ausgangspunkt, um Frau C.s Befinden zu verändern. Deshalb frage ich sie, wie eine Landschaft beschaffen sein müsse, damit diese einladend für sie sei und sie sich dort wohl fühlen könne.

Die Patientin ist jetzt tief in der Bilderwelt zu Hause und visualisiert ziemlich schnell dieses Wohlfühlszenario: In der gleichen hügeligen Landschaft hat jetzt der Frühling Einzug gehalten. Der Himmel ist blau. Die Sonne strahlt. Die Wiesen sind grün. Blumen blühen. Es riecht schön. Und sie präzisiert sogar diesen Duft – er rieche »sehr frisch«.

Was würde sich noch verändern, wenn es eine andere Jahreszeit wäre und die Sonne am Himmel stünde? »Die Stimmung wird besser. Man wird aufgeschlossener. Man fühlt sich wohler, wärmer. Auch von innen heraus wärmer.« Und sie beginnt zu beschreiben, dass sie dabei ist, mit dem Fahrrad durch diese Landschaft zu fahren. Sie beschreibt in allen Einzelheiten, was sie sieht und was sie erlebt. Sie erkennt, dass sie eine weiße Hose anhat, eine rote Bluse und eine blaue Jacke. Dies seien so richtige Farbtupfer in der Landschaft!

Durch Suggestionen verstärke ich, dass es beim Fahren von innen heraus noch wärmer werden kann. Aber mit der Geschwindigkeit könne sie auch selbst regulieren, wie es ihr angenehm sei. Bei der Schmerzsymptomatik hatte sie dagegen keine Möglichkeit mehr, ihr Wohlbefinden zu regulieren. Diesen Punkt baue ich deshalb noch etwas aus. Ich lasse sie das Wohlbefinden auch zeitlich auskosten. Ich bitte sie, sich umzuschauen, ob es vielleicht eine Bank oder Schatten spendende Bäume gäbe. Das sei der Fall. In der Ferne. Sie steuert darauf zu.
Sie ist nun vom Fahrrad abgestiegen und schiebt es. Symbolisch regelt sie selbst, wie stark sie sich anstrengen will und wie intensiv sie damit die Wärme spüren möchte.
Ich verdeutliche ihr: »So einfach geht es, sich wohl zu fühlen. Da ist plötzlich auch das da, was man braucht ... Und Sie haben es verdient, es zu genießen.«
Die Patientin kennt im realen Leben ja fast nur Arbeit und Pflichten. Der Genuss ist bisher vielleicht ein bisschen zu kurz gekommen. In einem Nebensatz hatte sie beim Erstgespräch angedeutet, dass sie vielleicht früher auch einmal gern tanzen gegangen wäre, aber die Verpflichtungen für die vier Kinder hätten das nicht zugelassen. Außerdem sei ihr Mann, wenn er nach Monaten einmal von der Bohrinsel nach Hause gekommen sei, froh gewesen, die Zeit im Kreise der Familie verbringen zu können.
Ich frage sie, ob sie sich überall im Körper wohl fühle. Das verneint sie. Statt jetzt nachzuforschen, wo das Unwohlsein lokalisiert sei, frage ich, wo sie sich denn *besonders wohl* fühle. Beiläufig soll sie lediglich zur Kenntnis nehmen, dass es einfach einen Bereich gibt, der noch nicht ganz in Ordnung, aber nicht mehr der wichtigste ist. Im übrigen Körper fühle sie sich schon wohl. Zuvor war es so, dass der Schmerz ja alles überdeckt hatte. Jetzt sind leichtes Unwohlsein, aber ebenso ein angenehmes Körpergefühl gleichzeitig vorhan-

den. Also fehlt nicht mehr viel, um das Angenehme auch noch auf den Rest des Körpers auszudehnen.
Und dann frage ich einen weisen Teil in ihr, der für die Gesundheit zuständig ist – den ich übrigens ganz direkt anspreche –, was passieren müsste, damit sich auch der Bauch noch besser fühlen würde. Die Lösung lautet, dass sie weiterfahren müsse, dass sie Bewegung bräuchte. Sie fährt daraufhin in der Traumwelt der Trance spontan nach Hause. Die Schmerzen im Bauch verflüchtigen sich. Es wird alles ganz leicht im Bauchraum.
An der Haustür stehen ihre Tochter, ihr Mann und ihre Enkelin. Diese fragen, wo sie herkomme und wie es ihr gehe. Sie erzählt ihnen, dass es ihr gut gehe und dass es schön war. Sie nimmt damit ihre Entlassung aus der Klinik in Gedanken vorweg. Sie weiß intuitiv, dass es ihr nach dem Krankenhausaufenthalt gut gehen wird.
Jenes positive Gefühl baue ich in diesem Moment noch etwas aus. Ich frage sie auch, was sie jetzt am liebsten tun würde. Sie möchte Tee trinken. Und plötzlich sitzen alle gemütlich um den Küchentisch herum und trinken Tee: ein beschauliches Bild. »Ich fühle mich beschwingt«, sagt sie, »ohne Schmerzen.«
Es ist interessant, sie hat die Schmerzen nicht vergessen. Sie sind jedoch nicht mehr da, und diese Tatsache hat sie damit geprüft. Ob ihr noch etwas fehle? Nein, sie sei wunschlos glücklich. Dieses Bild wird noch einmal intensiviert. Das Erlebnis des Teetrinkens wird erneut ganz deutlich auf der körperlichen Ebene etabliert. Sie spürt, wie der warme Tee die Kehle herunterrinnt und den Bauchraum wärmt. Wärme von innen tut auch den Schmerzen gut soll dies indirekt vermitteln. Dann verankere ich noch einmal diese positiven Bilder, sodass die heilsame Kraft weiterwirkt. Und damit wird die Trance beendet.

Schmerzfrei und glücklich

Der anschließende kurze Dialog zwischen Patientin (P) und Therapeut (Th) ist vielleicht ganz aufschlussreich. Ihre ersten Worte nach dem Auftauchen sind:

P: »Uuha. [Sie räkelt sich.] Ist man weg? War man weg?«
Th: »Sie waren weg und waren gleichzeitig hier.«
P: »Aha ... Irgendwie tut mir das ganz gut. Man kann sich das so richtig *vorstellen!* Die standen richtig auf der Treppe vor dem Haus. Das ist Wahnsinn. Ich war richtig in der Küche. Ich habe meine neue Küche gesehen, die ist jetzt tapeziert. Dieser Tisch, da saßen wir drum herum.«
Th: »So kann's kommen.«
P: »Ja. Also ehrlich, das war unbeschreiblich.«
Th: »Man erlebt noch Überraschungen.«
P: »Ja. Wie machen Sie das, dass Sie so ruhig sind? Sie wirken auf mich so ausgeglichen.«
Th: »Bin ich auch im Moment.«
P: »Nicht so hektisch.«
Th: »Ich bin in Gedanken ganz bei Ihnen und begleite Sie.«
P: »Aha. Nicht so hektisch, so wie ich. Manchmal bin ich so hektisch, so drauflos.«
Th: »Im Moment würde Ihnen das gar nicht helfen, wenn ich auch so hektisch wäre.«
P: »Nee. Ich glaube, wenn einer hektisch mit mir wird, dann fang ich auch an und werde hektisch.«
Th: »Und Ihrem Körper tut das auch gar nicht gut. Dies war für Ihren Körper jetzt besser, oder?«
P: »Besser, als wenn mich einer immer so ... Dann werde ich auch hektisch. Ich werde dann *aggressiv*, glaube ich. Nicht aggressiv, aber unangenehm anderen Leuten gegen-

über. Sehr unangenehm. Aber ich muss auch lernen, mit mir ruhiger umzugehen.«
Th: »Vielleicht ist es das, was Sie lernen müssten.«
P: »Ich muss, glaube ich, lernen, mit mir ruhiger umzugehen und auch mit anderen Menschen ruhiger umzugehen. Und nicht immer, wie einem das beigebracht wurde oder wie man das von Anfang an gemacht hat, immer dieses Durchboxen. Da ist ja eigentlich keiner mehr, der mir was will.«
Th: »Sie brauchen gar nicht mehr so zu kämpfen.«
P: »Ich brauche nicht mehr zu kämpfen. Es ist ja alles schön und ruhig und heil. Aber ich meine immer noch, ich muss das.«
Th: »Vielleicht können Sie das loslassen. Und wie Sie festgestellt haben, ist es viel schöner so.«
P: »Ja. Nicht mehr kämpfen und boxen. Und immer meine ich, da ist noch einer, der will mir etwas.«
Th: »Mit dieser Haltung können Sie ja mal schauen, wie es Ihnen heute den Abend über geht. Und dann können Sie mir morgen mal darüber erzählen.«

Interessanterweise geht es ihr nicht nur den ganzen Abend über wunderbar, sondern die Schmerzen sind auch für die nächsten Tage abwesend. Sie bleiben es sogar für die nächsten Wochen und Monate, wie ich durch Nachfragen erfuhr.
Vor der Entlassung aus der Klinik führe ich eine weitere Trance mit ihr durch, aber nicht, um noch einmal auf die gleiche Weise mit ihr zu arbeiten, sondern um das Ergebnis zu stabilisieren.

Die Entschlüsselung

Wir haben hier etwas über Lösungsmöglichkeiten erfahren, auf die wir durch rationale Überlegungen wahrscheinlich nicht gekommen wären. Zudem ist erstaunlich, welch ungewöhnliche Lösungen diese andere Bewusstseinsebene hervorbringt. Nicht nur, dass die Schmerzen komplett verschwinden, sie liefert der Patientin auch neue Einsichten: »Ich muss ja nicht mehr kämpfen.« Sie kann zur Ruhe kommen, sie kann alte, »bewährte« Verhaltensmuster aufgeben. Ihr Leben hat sich weiterentwickelt.

Sie ist älter geworden und kann auch das Pensum, das sie vorher bewältigt hat, vielleicht gar nicht mehr schaffen. Sie müsste kürzer treten. Sie merkt aber auch, dass sie mit dem bisherigen Verhalten manche Menschen von sich fern hält. Sie möchte die anderen aber nicht abstoßen, sondern von ihnen gemocht werden.

Es ist viel wirkungsvoller, dass der Patientin plötzlich ganz aus sich heraus klar wird, was sie verändern müsste, als wenn ein Therapeut ihr kluge Ratschläge gäbe. Zudem haben die Lösungsmöglichkeiten, die aus dieser *tiefen* Einsicht heraus gewonnen werden, eine stärkere Tendenz, sich im Alltag zu verwirklichen.

Weder die Patientin noch ich wissen ganz genau, warum die Schmerzen nun verschwunden sind. Auch nicht, warum das Arbeiten mit dieser Symbolik eine solche Veränderung bewirkt hat. Vieles von dem inneren Geschehen entwickelte sich autonom. Der Körper oder die von mir als »innerer Heiler« bezeichnete übergeordnete Instanz haben diese Heilung bewerkstelligt.

Man fragt sich unwillkürlich, was nun die Ursache der Schmerzen gewesen sein mag. Eine mögliche medizinische Antwort wäre: »Eine larvierte Depression.« Das ist eine Niedergeschlagenheit, die sich hinter der Maske von Symptomen versteckt, bei der aber die Stimmung nicht erkennbar depressiv ist. Hinweise auf ein depressives Geschehen finden wir in ihrer ursprünglichen Seelenlandschaft: Herbst, alles ist grau und nebelig, viel Regen, kalt und trostlos, vereinzelt kahle Bäume, keine Personen oder Lebewesen – außer den Mäusen. Es ist schon ein sehr tristes und düsteres innerliches Bild: der Ausdruck ihrer Seelenlandschaft. Doch die Diagnose »larvierte Depression« dient nur als eine Beschreibung der Schmerzen auf einer psychologischen Ebene. Was aber hat diese Symptome gespeist? Der Schmerz war ja lediglich ein Signal.

Würde ein Maler das Thema Depression auf seine Leinwand bringen wollen, könnte er durchaus solch ein Landschaftsmotiv wählen. Wir würden es als Betrachter intuitiv erfassen. Ich möchte jedoch nicht allzu viel entschlüsseln, denn der Vorteil dieser Vorgehensweise ist ja gerade, dass die Privatsphäre durch das Arbeiten auf der Symbolebene geschützt bleibt. Aber es ist auch für den Therapeuten gar nicht wichtig, alle tiefer liegenden Ursachen gedanklich zu zerpflücken.

Vielleicht spielt das Thema Alter eine Rolle oder Einsamkeit, möglicherweise auch die Beziehung zum Partner. Ein wichtiger Faktor ist vielleicht die noch nicht vollzogene Trauer, die nun wieder aufbricht, die sozusagen jetzt ihr Recht fordert. Im Unbewussten gibt es keine Zeit wie im Alltagsbewusstsein. Vielleicht benötigte die Patientin auch Zuwendung und Verständnis. Ganz sicher brauchte sie eine positive Gegenerfahrung zu der quälenden Schmerzsymptomatik. Es war ein Wohlfühlerlebnis erforderlich, damit sie sich wieder mit ihrem Körper versöhnen konnte.

Neueste Forschungen mit bildgebenden Verfahren bestätigen übrigens, dass sich durch diese Form der Therapie nachweislich in umschriebenen Arealen des Gehirns bestimmte

chemische Botenstoffe vermehren, die für die Schmerzhemmung und für Glücksgefühle verantwortlich sind. Aber es führt wohl zu weit, hier näher darauf einzugehen.
Das Diagramm verdeutlicht noch einmal die Vorgehensweise bei dieser Tranceheilung.

Modell der Tranceheilung auf der Symbolebene

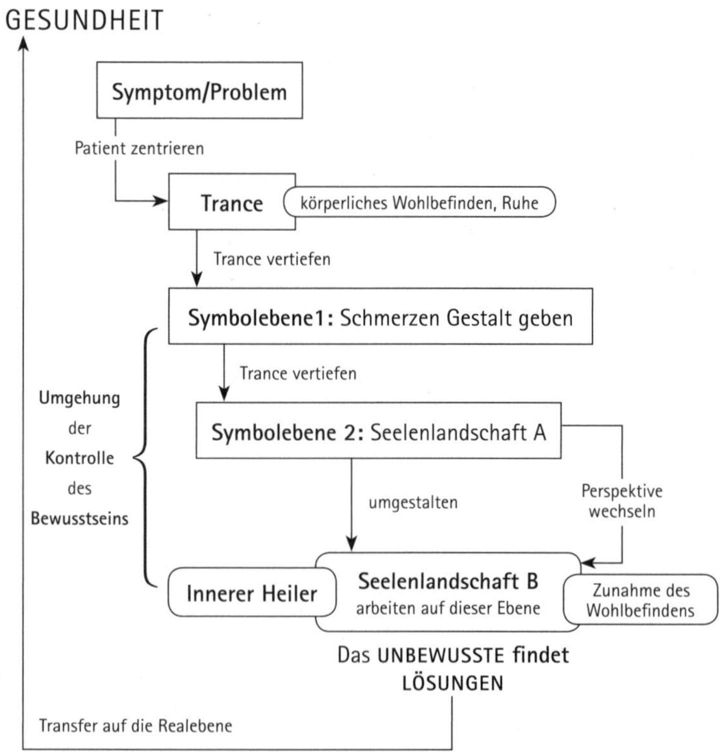

Ausgangspunkt der Behandlung sind die Symptome. Durch Zentrierung der Aufmerksamkeit nach innen wird die Trance eingeleitet.
Auf der Symbolebene 1 wird den Schmerzen eine Gestalt gegeben. Der Verstand kontrolliert noch zu sehr, was hier passiert. Deshalb wird die Symptomatik auf die Symbolebene 2 verschoben. Die Schmerzen werden hier sozusagen in seelischen Bildern ausgedrückt.
Um eine Veränderung der Symptomatik zu bewirken, wird eine Alternativlandschaft entworfen und dann damit gearbeitet. Hier findet das Unbewusste noch weitere Lösungen z. B. für Verhalten. All das bewirkt schließlich den Heilungsprozess und Gesundheit.

Der Blick in eine Überrealität

Was die Raupe Ende der Welt nennt,
nennt der Rest der Welt Schmetterling.
Laotse

Bis zu diesem Punkt haben wir schon eine weite Wegstrecke beim Kennenlernen ungewöhnlicher Phänomene des Heilens zurückgelegt. Einige Fälle klangen höchst erstaunlich, wenn nicht sogar unglaublich. Aber die Reise geht weiter. Langsam tasten wir uns in einen Bereich vor, der noch eine geistige Stufe »höher« angesiedelt ist.

Wenn ich in den folgenden Ausführungen auf das Thema »Tod« zu sprechen komme und die Weiterexistenz des Geistes diskutiere, dann tue ich dies keineswegs in der Absicht, daraus einen Trost für den Kranken abzuleiten, etwa nach dem Motto: »Wenn man schon nicht helfen kann, so ist der Tod doch gar nicht so schlimm ...« Auch Menschen an der Übergangsschwelle vom Leben zum Tod treten in einen außergewöhnlichen Bewusstseinszustand ein. Interessant in diesem Zusammenhang ist, dass der Geist nicht an unseren Körper gebunden zu sein scheint bzw. weit über diesen hinausreicht. Es gibt auch geistige Energien, die wir aus einer anderen Ebene der Realität anzapfen können bzw. die uns geschickt werden, um Heilung zu bewirken.

Der Übergangsbereich zur anderen Dimension

Die weltweit bekannte Ärztin und Sterbeforscherin Elisabeth Kübler-Ross hat in der Begleitung von sterbenden Menschen viele ungewöhnliche Erfahrungen gesammelt. Sie berichtete in ihren Büchern und Seminaren von einer Vielzahl eindrucksvoller Begebenheiten mit Menschen, die durch Unfälle oder schwere Krankheiten in die Nähe des Todes gerieten. Die meisten von ihnen verstarben, unmittelbar nachdem sie der Sterbeforscherin ihre inneren Erlebnisse an der Übergangsschwelle des Todes mitgeteilt hatten. Die Ärztin leistete diesen Menschen in den letzten Stunden ihres Daseins intensive Sterbebegleitung. Dadurch erfuhr sie höchst aufschlussreiche Dinge über den Geist und eine andere Wirklichkeit.
Eine stets sich wiederholende Erfahrung bestand darin, dass den Betreffenden in den letzten Momenten ganz plötzlich ungeahnte geistige Potenziale zur Verfügung stehen, die weit über ihren bisherigen Erfahrungsschatz hinausgehen. Es scheint so zu sein, dass bei lebensbedrohlichen Verletzungen alles in uns mobilisiert wird, um den Körper am Leben zu erhalten. Manchmal sind die Verletzungen jedoch so stark, dass ein Weiterleben nicht möglich ist. Dieser Zwischenbereich, in dem das Leben sozusagen am seidenen Faden hängt, ermöglicht uns weitere Einblicke in die Kräfte und die Natur des Geistes.
Elisabeth Kübler-Ross berichtet von einer jungen Indianerin in den USA, die auf einer Fernstraße von einem Mann angefahren wurde. Dieser beging anschließend Fahrerflucht:

> »Ein fremder Mann hielt seinen Wagen an, um ihr zu helfen. Sie sagte ihm in aller Ruhe, dass er für sie nichts

mehr tun könne, außer vielleicht ihr einen Wunsch zu erfüllen: Der Fremde, sollte er sich einmal zufällig in der Nähe des Indianerreservats aufhalten, möge ihre Mutter aufsuchen, die über tausend Kilometer von der Unfallstätte entfernt wohne, und ihr eine Botschaft überbringen. Diese Botschaft beinhaltete, dass es ihr gut ginge und sie sich glücklich fühle, da ihr Vater bereits bei ihr wäre. Daraufhin starb sie in den Armen des Fremden, der von diesem Erlebnis so berührt war, dass er sich sofort aufmachte, um jene weite Strecke, die keinesfalls seiner Reiseroute entsprach, zurückzulegen. In dem bezeichneten Indianerreservat angekommen, erfuhr er von der Mutter, dass ihr Mann, der Vater der Verstorbenen also, nur eine Stunde vor jenem über tausend Kilometer entfernt geschehenen Unglück an Herzversagen verstorben war.«[25]

Diese Schilderung beeindruckt uns, weil die sterbende Indianerin über Informationen verfügte, die sie auf herkömmliche Weise nicht erhalten haben konnte. Nun könnte man einwenden, dass sie diese Nachricht über das Handy erhalten habe.

Aber dieser Vorfall liegt mehr als zwanzig Jahre zurück, er geschah lange vor der Verbreitung des Mobiltelefons. Heute ist es für uns eine Selbstverständlichkeit, mit aller Welt innerhalb weniger Sekunden in Kontakt treten zu können. Wir vermögen uns schon gar nicht mehr vorzustellen, wie wir früher ohne jenes handliche Kommunikationsmittel ausgekommen sind. Dabei ist auch diese technische Errungenschaft ähnlich staunenswert wie die geistige Kommunikation.

25 Kübler-Ross, Elisabeth, *Über den Tod und das Leben danach*, Silberschnur Verlag, Güllesheim 1996, S. 67 f.

Die sterbende Frau hatte Informationen, über die sie zu diesem Zeitpunkt eigentlich auf herkömmliche Weise noch nicht hätte verfügen können. Aber etwas anderes verblüfft uns noch mehr an diesem Bericht. Durch ebenjenen anderen Bewusstseinszustand erhält sie Zugang zu einer anderen Dimension des Daseins, die ganz real zu sein scheint. Die andere Realität wirkt vielleicht mysteriös, weil die meisten von uns noch zu wenig über sie wissen.
Auch eine weitere Begebenheit belegt die Fähigkeiten des Geistes und die Existenz einer anderen Wirklichkeit in eindrucksvoller Weise. Elisabeth Kübler-Ross war zu jener Zeit in einem Krankenhaus in Kalifornien tätig. Üblicherweise machten viele Familien an Feiertagen und am Wochenende mit dem Auto Ausflüge in die nähere Umgebung. An solchen Tagen kam es vermehrt zu Unfällen, bei denen einige Familienmitglieder getötet, andere aber verletzt in verschiedene Krankenhäuser eingeliefert wurden:

> »Ich wusste jeweils ganz sicher, dass jene Sterbenden noch nicht über die Anzahl und die Namen ihrer übrigen Verwandten informiert worden waren, die bereits aufgrund des Unfalls gestorben waren. Es war für mich faszinierend zu hören, dass sie immer ganz genau wussten, wer von den übrigen schon verstorben war. Ich sitze bei ihnen, beobachte sie in aller Stille, vielleicht halte ich auch ihre Hand. So wird mir auch jede bei ihnen aufkommende Unruhe sofort erkennbar. Kurz vor dem Tod stellt sich bei ihnen oft eine friedliche Feierlichkeit ein, was immer ein bedeutsames Anzeichen darstellt. In diesem Moment frage ich sie, ob sie bereit und fähig seien, ihre augenblicklichen Erlebnisse mit mir zu teilen. Und sie antworten mir oft in ähnlichen Worten wie jenes Kind, das sagte: ›Alles ist jetzt in Ordnung. Meine Mutter und Peter warten schon auf mich.‹ Ich wusste zu dieser Zeit bereits, dass

seine Mutter am Unfallort gestorben war, doch dass sein Bruder Peter schon gestorben sein sollte, war mir noch nicht berichtet worden. Kurze Zeit darauf nahm ich einen Anruf vom Kinderkrankenhaus entgegen. Man teilte mir mit, dass Peter vor zehn Minuten gestorben war.«[26]

Auch hier beeindruckt der Geist durch eine besondere Form des Wissens. Darüber hinaus ist er in der Lage, mit einer anderen Dimension zu kommunizieren.
Es finden sich eine Fülle von Beispielen in den Büchern von Elisabeth Kübler-Ross und anderen Forschern, die diese besonderen Fähigkeiten des Geistes und die Existenz der anderen Wirklichkeit belegen. Es sind Fähigkeiten, die bei den meisten von uns im gewöhnlichen Alltagsleben brachliegen. Zudem werden sie auch nicht täglich benötigt. Diese »geistigen Kraftreserven« existieren jedoch. Ein Heiler hingegen hat in gewisser Weise gelernt, diese geistigen Energien bis zu einem bestimmten Grad anzuzapfen.

Jenseitszweifel

Die Frage, ob es ein Leben nach dem Tod gibt, beschäftigt viele Menschen und alle Religionen. Die Annahme, dass es möglicherweise ein Jenseits und eine Existenz nach dem irdischen Leben gibt, war mir früher allerdings relativ gleichgültig. Ich hatte meine Zweifel an einer Weiterexistenz über das physische Leben hinaus. Und die sich langsam verdich-

26 Kübler-Ross, Elisabeth, *Über den Tod und das Leben danach.* Silberschnur Verlag, Güllesheim 1996, S. 66.

tenden Anhaltspunkte, dass es eine solche Weiterexistenz gibt, hatten seinerzeit keine konkreten Auswirkungen auf mein alltägliches Leben. Ich schöpfte daraus weder Trost noch Hoffnung. Ich klammere mich auch nicht an dieses Leben. Ich habe mich schon sehr früh damit arrangiert, dass es *endlich* ist. Ich bin mir darüber hinaus gar nicht sicher, ob es so verlockend wäre, die Zeit mit mir selbst bis in alle Ewigkeit zu verbringen. Vielen Menschen jedoch bietet die Möglichkeit, dass es ein Jenseits gibt, in dem sie weiterexistieren, großen Trost.

In meiner ganz simplen Alltagsphilosophie stellte ich mir vor, in der Zeitlosigkeit der Jenseitswelt würde man auch wieder mit dem Unsinn konfrontiert, den man im Laufe seines Lebens angestellt hat. Schicksalsschläge und Tiefpunkte wären dann ebenfalls präsent. Dabei möchte man diese doch schon in seinem irdischen Leben so schnell wie möglich vergessen. Und wenn es eine Weiterexistenz nach dem Tode gibt, dann treffe ich auch im Jenseits all die Leute wieder, die mir vielleicht schon auf der Erde gar nicht so angenehm waren ...

Andererseits wird behauptet, dass im Jenseits alles wunderbar und unglaublich schön sei. Aber auch das verlöre nach meinen irdischen Maßstäben auf die Dauer seinen Reiz. Selbst für die wunderbarsten Dinge tritt nach einiger Zeit ein Gewöhnungseffekt ein, zumal wenn sie bis in alle Ewigkeit fortgesetzt würden.

Es wäre so, als wenn ich jeden Tag ein Festmahl zu mir nähme oder das ganze Leben nur aus Urlaub bestünde. Man weiß die schönen Seiten des Lebens dann gar nicht mehr zu schätzen. Es beginnt einen zu langweilen. Man braucht Herausforderungen und auch den Wechsel zwischen Höhen und Tiefen, zwischen Hell und Dunkel. Wenn ich zudem noch behauptete, das richtig schöne Leben beginne erst im Nirwana, dann entwertete ich damit in gewisser Weise die Gestaltungsmöglichkeiten des irdischen Daseins.

Insofern bin ich jemand, der den Gedanken des persönlichen Weiterlebens in anderer Form gar nicht so aufregend findet. Dennoch finde ich aber die Frage der *Weiterexistenz des Geistes* äußerst spannend. Mich interessiert an diesem Forschungsgegenstand nämlich der Aspekt, ob wir daraus Möglichkeiten für die Heilung ableiten können, wie manche dies behaupten. Weiterhin lassen sich dadurch interessante Perspektiven der Weiterentwicklung des menschlichen Bewusstseins gewinnen. Welche bisher verborgenen Fähigkeiten des Menschen kämen in der Zukunft noch ans Tageslicht? Wären wir vielleicht irgendwann imstande, diese Fähigkeiten zu »heben« wie einen versunkenen Schatz?

Das Gehirn verwöhnt uns beim Sterben

Nahtod-Berichte sind ein spannender Forschungsgegenstand. Die Frage ist jedoch, ob die Erlebnisse des betreffenden Menschen auf das Gehirn beschränkt sind oder ob diese Ausnahmesituation ihnen einen Blick ins Jenseits ermöglicht.
Einer der bekanntesten Berichte davon, dass etwas ganz Außergewöhnliches in der Situation des bevorstehenden Todes abläuft, stammt aus dem Jahre 1892 von dem Schweizer Bergsteiger Prof. Albert Heim. Er schildert darin seinen Absturz am Säntis:

> »Ich fuhr auf dem Rücken nach unten über den Fels und flog schließlich noch 20 Meter frei durch die Luft. Was ich in den 5 bis10 Sekunden gedacht habe, lässt sich in zehnmal mehr Minuten nicht erzählen. Alle Vorstellun-

gen waren zusammenhängend und sehr klar, keinesfalls traumhaft verwischt. Dann sah ich aus einiger Entfernung, wie auf einer Bühne mein ganzes vergangenes Leben sich in zahlreichen Bildern abspielte. Ich sah mich selbst als die spielende Hauptperson. Alles war wie verklärt von einem himmlischen Lichte, und alles war schön und ohne Schmerz, ohne Angst. Erhabene und schöne Gedanken beherrschten und verbanden die Einzelbilder, und eine göttliche Ruhe zog wie herrliche Musik durch meine Seele. Dann hörte ich ein dumpfes Aufschlagen, und mein Sturz war zu Ende.«[27]

Diese Eindrücke kurz vor dem Tod sind in der Regel offenbar sehr schön: Menschen, die eine Nahtod-Erfahrung gemacht haben, berichten von göttlicher Ruhe und meist auch von einem unbeschreiblichen Lichterlebnis. Nun könnte es die Natur so eingerichtet haben, dass das Gehirn diese schönen Erlebnisse produziert, um dem Betreffenden das Sterben zu erleichtern.
Aber dann müsste man sich doch fragen: »Wozu so viel ›Aufwand‹, wenn das Leben in der nächsten Sekunde vorbei ist? Warum dehnt sich die Zeit geradezu, damit das ganze Leben Gelegenheit hat, Revue zu passieren?« Das Erstaunliche aber ist, dass diese besonderen Erlebnisse auch ablaufen, wenn jemand bereits bewusstlos ist. Dann gehen wir eigentlich davon aus, dass der Sterbende ohnehin nichts mehr mitbekommt. In einer solchen Situation das Sterben zu verschönern würde dann doch noch weniger Sinn machen, oder?

27 Faulstich, Joachim, *Das Innere Land. Bewusstseinsreisen zwischen Leben und Tod*, Droemer Knaur Verlag, München 2003, S. 90 f.

Out-of-Body-Erfahrungen

Heutzutage kehren immer mehr Menschen von der Schwelle des Todes zurück. Durch die in den letzten Jahrzehnten errungenen Fortschritte in der Notfallmedizin ist es möglich geworden, das Herz wieder zum Schlagen zu bringen, die Atmung zu reaktivieren und den Blutdruck zu stabilisieren. Vielen Patienten, die vor noch nicht allzu langer Zeit in einer solchen Situation gestorben wären, wird es dadurch ermöglicht, ihre irdische Existenz fortzuführen. Daher erhalten wir immer mehr Zeugnisse darüber, was Menschen an dieser Übergangsschwelle erleben.

Eines der ersten Bücher, das sich ausführlich mit Nahtod-Erlebnissen befasste, war das von Dr. Raymond A. Moody: *Leben nach dem Tod*. Nach seiner Veröffentlichung vor mehr als zwanzig Jahren löste es eine große Resonanz aus. Es kündete von einer anderen Dimension der Existenz und davon, dass mit dem Tod die geistige Existenz des Menschen nicht zu Ende zu sein scheint. Dr. Moody hatte zahlreiche Berichte von Menschen gesammelt, die wiederbelebt wurden und anschließend über sehr ungewöhnliche Erlebnisse während des Sterbeprozesses berichteten.

Dr. Michael B. Sabom war zu jener Zeit schon ein bekannter amerikanischer Kardiologe. Er wurde damals gebeten, zu dem Buch von Moody Stellung zu nehmen. Er hielt wenig von den dort vertretenen Thesen und meinte, dass die Berichte von den Nahtod-Erlebnissen *reine Erfindung* seien. Er kritisierte zudem, dass es sich lediglich um eine Fallsammlung von Krankengeschichten handele und um keine abgesicherte wissenschaftliche Untersuchung.

Da er als Herzspezialist fast täglich mit Herzstillstand und Tod konfrontiert war, beschloss er, die von Moody publi-

zierten Berichte *zu widerlegen* und sie als Humbug zu entlarven. Er und sein Team führten selbst eine aufwändige, mehrere Jahre dauernde Untersuchung durch.
Er erinnerte sich noch sehr genau an seine ersten Interviews mit den betreffenden Patienten. Er war stark beeindruckt von der Ernsthaftigkeit, mit der diese über die Nahtod-Erfahrung berichteten. Die Erlebnisse schienen eine tiefe Wirkung auf sie gehabt zu haben. Am Ende der Interviews hatte er das Gefühl, dass es sich bei dem, was die Patienten schilderten, um einen ganz persönlichen Einblick in einen medizinischen Aspekt handelte, von dem er nichts wusste.
Das Resultat seiner eigenen Forschungsarbeit war für ihn selbst höchst überraschend. Er fand die von Moody gesammelten Berichte von Patienten in der überwiegenden Mehrzahl der Fälle bestätigt. Diese Ergebnisse fasste er in dem Buch *Erinnerung an den Tod* zusammen. Der folgende ist nur einer von 150 von ihm untersuchten Fälle.

Frei schwebender Geist

Dieser Bericht handelt von einer 42-jährigen Frau aus Missouri, an der eine Bandscheibenoperation vorgenommen worden war. Am Morgen des Operationstages hatte sie eine Spritze bekommen, sodass sie einschlief. Danach wurde sie in den Operationssaal gerollt, woran sie aber keine Erinnerung mehr hatte. Nach der Operation berichtet sie, sie habe den ganzen Operationsverlauf aus einer anderen Perspektive mitbekommen. Sie habe praktisch ihren Körper verlassen und sei an die Zimmerdecke geschwebt:

»Ich kann mich nicht daran erinnern, dass ich aus meinem Zimmer in den Operationssaal geschafft wurde ... Ich erinnere mich erst wieder daran, dass ich im Operationssaal das Gefühl hatte, oben an der Decke zu schweben. Über meiner Schulter schien ein Licht zu sein, weil es so warm war. Ich glaube, es war die Operationslampe oder so etwas Ähnliches. Ich fühlte mich wirklich prima, und ich war richtig aufgeregt, weil ich zusehen konnte, wie sie arbeiteten ... Es war schon ein komisches Gefühl, ich war oben an der Decke, und mein Körper war dort unten ... Es war ein grüner Raum. Mir fiel auf, dass der Operationstisch nicht parallel zu den ganzen Instrumenten stand. Das war richtig interessant für mich ... Sie trugen Operationskleidung ... Ich konnte sehen, wie sie mich am Rücken operierten. Ich schwebte oben an der Decke und sah zu. Komisch, jetzt fällt mir ein, dass mir beim Zuschauen gar nicht schlecht wurde.
Ich erinnere mich noch daran, dass ein Arzt auf der einen Seite des Tisches stand und der andere, der Oberarzt der neurochirurgischen Abteilung, wie ich später erfuhr, auf der anderen Tischseite. Der Oberarzt schien einen Großteil der Operation durchzuführen. Er gab auch Dr. D. Anweisungen. Das war interessant, denn eigentlich hätte mich Dr. D. operieren sollen. Dann hörte ich Dr. D. sagen: ›Das ist der Diskus! Da ist er!‹ Ich bewegte mich daraufhin nach unten, um aus der Nähe zu sehen, was vor sich ging. Ich war erstaunt, wie tief meine Wirbelsäule in meinem Rücken lag, unter wie vielen Schichten. Es war wirklich unglaublich, wie tief die Wirbelsäule lag. Ich hatte immer geglaubt, sie sei ganz oben. Dann sah ich, wie sie hineinlangten, ich glaube, es war auf der linken Seite, und die Bandscheibe herausholten ... Sie benutzten dazu eine lange Pinzette, die vorne abgebogen war ... Mir kam das absolut phantastisch vor. Ich sagte mir immer wie-

der: ›Das ist einfach unglaublich! Das ist einfach phantastisch!‹ Ich konnte gar nicht begreifen, dass schon alles vorüber war.
Plötzlich sagte irgendjemand hinter meinem Kopf ... äh ... ich weiß nicht mehr genau, was er sagte – doch, jetzt weiß ich es wieder, er sagte: ›Stillstand!‹ ... Er sagte: ›Verschließen!‹, und sie nahmen mir in Windeseile die Klammern heraus und begannen mich zuzunähen. Sie fingen unten an, und sie nähten so schnell, dass oben noch ein Stück Haut wegstand, als sie fertig waren. Ich war verärgert, weil sie offensichtlich irgendwo zu fest angezogen hatten. Ich dachte mir: ›Das hätte ich besser gekonnt.‹
Das Ganze war für mich nun nicht mehr übermäßig interessant, ich schwebte deshalb wieder zur Decke hoch, zur Tür hinaus und den Korridor hinunter. Ich war ganz oben an der Decke, denn die Neonleuchten waren richtig grell.
Danach erinnere ich mich an nichts mehr, erst wieder daran, dass ich in einem anderen Raum aufwachte. Draußen war es dunkel, und ich dachte, sie hätten mich frühmorgens operiert und es sei noch dunkel, es war aber bereits Nacht. Bei mir war dieser andere Arzt, ich erkannte ihn sofort, obwohl ich ihn vor der Operation noch nie gesehen hatte.
Ich fragte ihn, was los sei, und er antwortete: ›Ihr Herzrhythmus stimmt nicht.‹
Ich sagte: ›Kann das damit zusammenhängen, dass ich als Kind Rheuma hatte?‹
Er wurde wütend und fuhr mich an: ›Warum haben Sie uns denn das nicht früher gesagt?‹
Ich glaube, danach schlief ich wieder ein ... Als sie mir den Verband abnahmen, sah ich, dass ich oben eine klaffende Öffnung hatte. Sie hatten auf der linken Seite ganz

> offensichtlich zu fest angezogen, und das sagte ich ihnen auch ...
> Als ich mich mit der Schwester unterhielt, erzählte ich ihr, wie der Operationssaal aussah, wo die Tür und das Fenster waren, wo der Operationstisch gestanden war und dass der Raum grün war. Die Schwester, die schon öfter im Operationssaal gewesen war, bestätigte mir alle diese Angaben ... Ich erzählte ihr auch, dass dieser Oberarzt einen Großteil der Operation durchgeführt hatte; sie setzte sich daraufhin mit einigen anderen Schwestern in Verbindung und bestätigte mir dann auch diese Angaben ... Ich sah alles ganz genau und kann mich noch genau daran erinnern.«[28]

Aus den Krankenhausunterlagen der Klinik ging hervor, dass die Operation tatsächlich in der von der Frau geschilderten Weise durchgeführt worden war, nämlich von Dr. D. und dem Oberarzt der neurochirurgischen Abteilung. Das außerkörperliche Erlebnis der Frau wurde somit größtenteils durch die Unterlagen, den Operationsbericht sowie durch die Aussage der Schwester erhärtet. – Einmal mehr wird deutlich, dass es sich beim Geist um eine geheimnisvolle Größe handelt, die ungeahnte Fähigkeiten besitzt.

28 Sabom, Michael B., *Erinnerung an den Tod. Eine medizinische Untersuchung*, Goldmann Verlag, München 1986, S. 96 ff.

Der Fall Pam Reynolds

Zwar befassen wir uns in diesem Buch hauptsächlich mit geistigen Kräften, die eine außergewöhnliche Heilung bewirkt haben, aber in der Chirurgie gibt es auch Operationsmethoden, vor denen wir nur voll Hochachtung den Hut ziehen können. Dennoch ist dies jedoch nicht der Hauptgrund, weswegen ich hier einen Fall aus der Neurochirurgie vorstellen möchte. Er soll uns einen weiteren Blick in eine Überrealität ermöglichen.

Es wurde immer wieder behauptet, dass die Nahtod-Erlebnisse von Patienten *reine Hirngespinste* seien. Der folgende Fall ist jedoch in der Weise bemerkenswert, dass dieses Erlebnis der Patientin unter exakten wissenschaftlichen Bedingungen ablief.

Wenn Menschen durch einen Unfall oder Herzstillstand in die Nähe des Todes geraten, ist dies für das medizinische Personal eine Notfallsituation. Es wird alles unternommen, um das Leben zu erhalten oder den Sterbenden wiederzubeleben. Somit bleibt keine Zeit, Messelektroden anzulegen, um Aufschlüsse darüber zu bekommen, was sich währenddessen möglicherweise im Gehirn abspielt. Abgesehen von der Tatsache, dass eine Aufzeichnung der Hirnstromkurven (EEG) keine Aussagen über die Inhalte der Gedanken machen kann. Das EEG registriert »lediglich«, welche *Art* der Aktivität sich im Gehirn abspielt; d. h., welche Hirnwellen produziert werden.

Selbst wenn das Herz aufgehört hat zu schlagen, kann das Gehirn noch für einen Zeitraum von wenigen Minuten weiter aktiv sein. Wissenschaftlich *gesicherte* Daten über diesen Grenzbereich erhält man so nur in begrenztem Umfang. Man könnte wie gesagt einwenden, die Erfahrung,

den eigenen Körper in einem Nahtod-Erlebnis zu verlassen, sei eine *Täuschung*. Unser Erinnerungsvermögen habe die für diesen Vorgang nötige Information *gespeichert* und *konstruiere* dann die außerkörperliche Vorstellung aus sich selbst heraus. Aber abgesehen von der Frage, warum unser Gehirn so etwas tun sollte, gibt es Fälle, die mit dieser These nicht erklärt werden können.
Ein besonderer Glücksfall in der Medizin ist deshalb die Amerikanerin Pam Reynolds. Ihre Erlebnisse waren so spektakulär, dass die BBC eine Dokumentation[29] darüber drehte. Pam Reynolds war eine bekannte Songschreiberin und Sängerin gewesen, als sie im Jahr 1991 schwer erkrankte. Sie litt an einem Aneurysma, der krankhaften Erweiterung einer Hirnarterie. Man stelle sich einmal einen Gartenschlauch vor, der an einer Stelle dünn und brüchig geworden ist. Durch die Wandschwäche in diesem Bereich kommt es durch den Wasserdruck zu einer Erweiterung. Manchmal platzt er bei höherem Druck auch an der Schwachstelle. Ähnlich ist es mit einem Aneurysma im Gehirn. Diese Erweiterung komprimierte bereits Teile des Gehirns und verursachte erhebliche Beschwerden.

»Ich hatte starke Schwindelgefühle«, erläutert die Patientin, »und konnte nicht mehr sprechen. Ich konnte auch meinen Körper kaum noch bewegen. Ich wurde zum Neurologen überwiesen. Er machte mir nahezu keine Hoffnung, dass ich überleben würde.« Diese Gefäßaussackung kann bei Anstrengung oder hohem Blutdruck platzen und verursacht

29 Die wörtlichen Zitate sind dieser Dokumentation entnommen: »BBC Exklusiv«: *Begegnung mit dem Tod*, VOX, 21.4.2003; sowie: Faulstich, Joachim, »Jenseitsreisen. Erfahrungen an der Grenze des Todes«, in: Wissenschaftssendung *»Prisma«*, NDR III, 21.9.2004.

dann eine Katastrophe im Gehirn. Aber es gab noch eine letzte Hoffnung: Pam Reynolds machte sich auf eine lange Reise nach Phoenix, Arizona, zum Neurochirurgen Dr. Robert Spetzler.

Künstlicher Hirntod

Das Aneurysma befand sich an der Hirnbasis. Dieser Bereich ist sehr schwer zugänglich. Für eine Operation muss man also durch den Schädel gelangen. Aber auf der einen Seite ist das Gesicht und auf der anderen der Hals. Dr. Spetzler entschloss sich, eine ganz ungewöhnliche Operation zu wagen, da die Patientin ohne einen solchen Eingriff eine noch geringere Überlebenschance hatte.
Die geplante komplizierte Maßnahme ist auch als »Stillstandoperation« bekannt. Pam Reynolds sollte nicht nur in einen Tiefschlaf versetzt werden, sondern auch die Blutzufuhr zum Gehirn musste unterbrochen werden. Da das Gehirn aber eine Unterversorgung mit Sauerstoff nicht länger als acht Minuten übersteht, musste ihre Körpertemperatur auf 10 bis 15 Grad abgesenkt werden. Ihr Herzschlag und ihre Atmung sollten angehalten, ihre Hirnwellen reduziert und das Blut aus ihrem Kopf entfernt werden. Jegliche registrierbare Lebensäußerung des Körpers sollte eingestellt werden, sodass keine messbare neuronale Aktivität mehr vorhanden sein würde. Sie wäre für die Zeit der Operation *klinisch tot.*
Der Kardiologe Dr. Michael Sabom, den wir schon kennen gelernt haben, wurde auf diesen Fall aufmerksam:

»Pams Fall ist deswegen einzigartig, weil sie ihre Nahtod-Erfahrung machte, als sie an medizinische Instrumente angeschlossen war. Will man sich eine Untersuchungssituation schaffen, in der man jemanden nahe an den Zustand des Sterbens führt – oder, falls möglich, sogar in den Tod – und ihn dann zurückholt und ihn fragt, woran er sich erinnern kann, dann kommt Pams Fall einer solchen Situation am allernächsten.«[30]

Doch Pam Reynolds scheint entgegen allen Erwartungen während der Operation nicht vom Leben abgeschaltet zu sein. Sie berichtet von höchst erstaunlichen Erlebnissen während des Eingriffs:

»Ich erinnere mich nicht an einen Operationssaal oder daran, Dr. Spetzler gesehen zu haben. Einer seiner Kollegen war bei mir. Dann weiß ich absolut nichts mehr. Bis zu diesem Geräusch. Das Geräusch war extrem unangenehm. Es erinnerte mich an eine Zahnarztpraxis. Ich erinnere mich daran, dass mein Kopf oben kribbelte und dass ich oben aus meinem Kopf irgendwie heraussprang. Und dann sah ich einen Körper. Es war mein Körper, aber das kümmerte mich nicht.
Mein Aussichtspunkt befand sich irgendwie auf der Schulter des Arztes. Ich erinnere mich an das Instrument in seiner Hand. Es sah aus wie der Griff meiner elektrischen Zahnbürste. Ich hatte angenommen, dass sie den Schädel mit einer Säge öffnen würden. Ich hatte den Begriff ›Säge‹ auch gehört, aber was ich hier sah, erinnerte mich mehr an eine Bohrmaschine. Da waren sogar verschiedene kleine Bohrer in einem Kasten, der aussah

30 »BBC Exklusiv«, a.a.O. *Begegnung mit dem Tod.* VOX, 21.4.2003.

wie die Kiste, in der mein Vater seine Schraubenschlüssel aufbewahrte, als ich ein Kind war. Und ich erinnere mich deutlich, dass ich eine Frauenstimme sagen hörte: ›Wir haben ein Problem. Ihre Arterien sind zu eng.‹ – ›Nehmen Sie die andere Seite.‹
Es schien von weiter unten am Tisch zu kommen. Ich wunderte mich darüber, da es doch eine Gehirnoperation war. Aber sie hatten einen Zugang zu den Oberschenkelarterien gelegt, um das Blut abzulassen. Das habe ich nicht verstanden.«

Als Dr. Sabom sich den OP-Bericht anschaute, entdeckte er, dass die Schilderungen der Patientin dem tatsächlichen Geschehen entsprachen. Er fand es zwar höchst merkwürdig, dass Pam von einer Knochensäge sprach, die wie eine elektrische Zahnbürste ausgesehen haben soll. Als er sich von den Chirurgen ein Bild dieser Säge zeigen ließ, stellte er jedoch fest, dass sie tatsächlich einer elektrischen Zahnbürste ähnelte. – Dazu der Kommentar des Neurochirurgen Dr. Spetzler:

»Ich glaube nicht, dass ihre Beobachtungen darauf zurückzuführen sind, was sie gesehen hat, als sie in den Operationssaal gebracht wurde. Da waren diese Geräte für sie einfach nicht sichtbar. Der Bohrer und die anderen Sachen waren abgedeckt oder eingepackt. Sie werden nicht aufgedeckt oder ausgepackt, bevor der Patient vollständig eingeschlafen ist. Das ist notwendig, um die Umgebung steril zu halten.«[31]

Pam Reynolds sagte auch, sie habe während der Operation ein Gespräch wahrgenommen, das zwischen dem Hirnchi-

31 Ebenda. »BBC Exklusiv«.

rurgen sowie den Herz-und-Gefäß-Chirurgen stattgefunden hatte, während diese sie an die Herz-Lungen-Maschine anschlossen. Als eine Ärztin Pams Leiste geöffnet hatte, merkte sie, dass die Venen und Arterien zu eng waren. Sie musste es an der anderen Seite versuchen. Hierbei sprachen die Ärzte am Fußende Pams miteinander. Diese Komplikation ist im Operationsprotokoll extra vermerkt. Pam Reynolds konnte sich präzise an dieses Gespräch erinnern, obwohl sie klinisch tot war! – Dazu noch einmal der Neurochirurg:

> »In dieser Phase der Operation kann niemand etwas beobachten oder hören. Es ist unvorstellbar, dass in jener Phase normale Sinne wie das Gehör funktionieren. Abgesehen davon steckten Ohrhörer für die Klick-Tests[32] in ihren Ohren. Es gab für sie keine Möglichkeit, die Gespräche über ihr Gehör wahrzunehmen.«[33]

Begegnung mit dem Jenseits

Das alles deutet darauf hin, dass es während der Operation zu einer außerkörperlichen Erfahrung gekommen ist, die es der Patientin erlaubte, präzise zu hören und anscheinend

32 Über diese Ohrhörer wurden lautstarke Klick-Signale in die Ohren der operierten Patienten gesandt. An der Reaktion der Hirnwellen, die man dann ableitete, konnte man den Narkoseverlauf überprüfen. Die Patientin konnte somit aufgrund der Lautstärke keine Gespräche aus dem Raum über die Ohrmuschel wahrnehmen.

33 »BBC Exklusiv«, a. a. O.

auch genau zu sehen, was im Operationssaal vor sich ging. Der zweite Aspekt, weswegen ich so ausführlich auf diesen Fall eingehe, ist die Beschreibung einer Begegnung mit einer anderen geistigen Welt – mit dem Jenseits. Pam Reynolds:

> »Ich fühlte, da war etwas. Ich drehte mich herum, und da sah ich dieses stecknadelkopfgroße Licht. Das Licht begann mich anzuziehen. Ich konnte körperlich spüren, wie es mich anzog. Ich weiß, wie sich das anhören muss. Trotzdem ist es wahr. Ich konnte es körperlich spüren. Ein Gefühl, als ob man sehr schnell über einen Berg geht. Und ich ging auf das Licht zu.
> Je näher ich dem Licht kam, umso mehr erkannte ich verschiedene Leute. Und ich hörte deutlich meine Großmutter nach mir rufen. Sie hatte eine ganz klare Stimme, und ich ging unverzüglich zu ihr. Es war ein großartiges Gefühl. Und ich sah meinen Onkel, der schon mit 39 Jahren gestorben war. Er hatte mir viel beigebracht, auch das Gitarrespielen. Ich sah ganz viele Leute, die ich kannte. Und ganz viele, die ich nicht kannte, aber irgendwie war ich ihnen verbunden. Ich fragte, ob das Licht Gott wäre. Und die Antwort war: ›Nein, das Licht ist nicht Gott. Das Licht erscheint, wenn Gott atmet.‹ Ich erinnere mich noch genau, dass ich dachte: ›Ich stehe im Atem Gottes.‹«[34]

Diese jenseitige Welt scheint zu existieren, und immer mehr Menschen werden Zeuge davon. Die Existenz dieser Personen scheint eine *energetische* zu sein. Das ist schwer vorstellbar. Aber in der Physik werden unter dem Begriff »Welle-Teilchen-Dualismus«[35] auch gegensätzliche Eigen-

34 Ebenda. »BBC Exklusiv«.

35 Unter dem Begriff »Welle-Teilchen-Dualismus« versteht man

schaften von Dingen beschrieben, die gleichzeitig zutreffen können. Das ist keine Erklärung, sondern lediglich eine Analogie. Vielleicht unterliegen auch wir dieser Doppelnatur und gehen beim Sterben zum Teil in diesen anderen Zustand über.

Aus einer Vielzahl von Nahtod-Schilderungen wissen wir inzwischen, dass dieser rein geistige Zustand für den Betreffenden sehr attraktiv ist, so auch für Pam:

> »Irgendwann wurde ich daran erinnert, dass es Zeit wäre, zurückzugehen. Natürlich hatte ich entschieden, zurückzugehen, bevor ich mich überhaupt auf diesen Operationstisch legte. Aber je länger ich dort war, umso besser gefiel es mir. Mein Onkel war es, der mich zu meinem Körper zurückbrachte. Aber als ich dann wieder bei meinem Körper war und dieses Ding anschaute, wollte ich nicht dahinein zurück, denn es sah aus, wie es war: leblos. Ich wusste, es würde wehtun. Ich wollte da nicht hinein. Er versuchte mich zu überzeugen, es wäre, wie in ein Schwimmbecken einzutauchen.
> ›Spring einfach!‹
> ›Nein.‹
> ›Was ist mit den Kindern?‹
> ›Den Kindern wird es gut gehen.‹
> ›Schätzchen, du musst zurück!‹
> ›Nein!‹
> Er schubste mich. Er hat ein bisschen nachgeholfen. Es hat lange gedauert, aber inzwischen kann ich ihm das verzeihen. Ich bin zurück. Ich sah den Sprung in den Kör-

die Erkenntnis der Quantenmechanik, dass einerseits Wellen wie z.B. elektromagnetische oder mechanische Wellen auch Teilchencharakter und andererseits Teilchen wie z.B. etwa Elektronen auch Wellencharakter haben.

per, wie er diese Zirkusnummer macht. Dann schubste er mich, und ich spürte: Mach es jetzt.«[36]

Wenn das Herz stillsteht und das Gehirn nicht funktioniert, dann kann es keine Erinnerung geben. Das Gehirn ist nicht in der Lage, Erlebnisse in diesem Zeitraum zu memorieren, *weil das Gedächtnissystem nicht arbeitet.* Wenn Menschen mit Nahtod-Erlebnissen sich erinnern, wie sie den Körper verlassen, und bei ihren Wiederbelebungsversuchen zugesehen haben, ist das für die gegenwärtige Neurowissenschaft nicht nachzuvollziehen, eben weil das nicht mit einem Erinnerungssystem funktionieren kann, das außer Kraft ist.
Pam Reynolds' Fall zeigt jedoch, dass sie in der Lage war, Zusammenhänge wahrzunehmen und sich daran zu erinnern, während sie klinisch tot war. Das deutet darauf hin, dass es einen Unterschied zwischen Geist und Gehirn geben könnte.

Weit reichende Konsequenzen

Wenn aber Gemeinsamkeiten zwischen den Sterbenden überall auf der Welt bestehen, könnte das nicht der Hinweis darauf sein, dass sie durch Nahtod-Erlebnisse den Blick in eine andere Realität getan haben? Möglicherweise ist das Jenseits nur eine weitere Dimension des Seins?
Nach den bisher geschilderten Beispielen scheint der Geist jedenfalls

36 »BBC Exklusiv«, a.a.O.

- anderen physikalischen Gesetzen von Raum und Zeit zu gehorchen als der Körper,
- nicht an ein waches Gehirn und
- nicht an einen lebenden Körper gebunden sowie
- schmerzunempfindlich zu sein,
- über eine optische und akustische Wahrnehmung zu verfügen, unabhängig von den Sinnesorganen Augen und Ohren,
- sich frei schwebend durch den Raum bewegen und
- große Entfernungen in Bruchteilen von Sekunden überwinden zu können. (Oder handelt es sich dabei um eine Art Expansion des Geistes?)

All diese Fähigkeiten sind höchst staunenswert und haben normalerweise in unserem Alltagsleben gar keinen Platz. Vielleicht lassen wir sie aber auch nicht ohne Weiteres zu. Oder sind wir noch nicht geschult, uns dieser Möglichkeiten des Geistes zu bedienen? In Extremsituationen allerdings scheinen wir dennoch verstärkt Zugang zu diesen geistigen Fähigkeiten zu bekommen. Chronische oder lebensbedrohliche Krankheiten jedenfalls sind solche Extremsituationen.

Sollte es zutreffen, dass unser Geist körperlos in einer anderen Realität weiterexistiert, dann wären der diesseitige Geist und der jenseitige Geist nicht grundsätzlich voneinander verschieden. Dann wäre vielleicht sogar eine Kommunikation auf geistiger Ebene möglich. Schon heute sind nicht nur Schamanen und spirituelle Medien davon überzeugt, sondern auch mehr und mehr bedeutende Wissenschaftler.
Mein Interesse gilt dabei neben der grundsätzlichen Möglichkeit der Kommunikation mit der geistigen Welt viel mehr der Frage, welche Perspektiven sich daraus ergeben. Ich möchte wissen, ob wir dadurch unser irdisches Leben in

irgendeiner Weise bereichern können. Ist es möglich, dass wir dieses Wissen, diese Fähigkeiten aus der Überrealität für Heilungszwecke und für unsere Gesundheit nutzen, um letztlich schon hier auf Erden ein erfüllteres Leben zu gestalten ...?
Prof. Bruce Greyson, der als anerkannter Experte auf dem Gebiet der Nahtod-Erfahrungen gilt und sie wissenschaftlich ganz systematisch und miteinander vergleichbar untersucht hat, berichtet, dass diese Erlebnisse bei den Betroffenen Veränderungen besonderer Art bewirken:

> »Die große Mehrheit der Menschen mit einer Nahtod-Erfahrung hat sich für den Rest ihres Lebens tief greifend verändert. Sie sind weniger materialistisch, weniger konkurrenzorientiert. Sie kümmern sich kaum um persönliche Macht, Prestige oder Ruhm. Sie sind viel selbstloser, interessieren sich mehr für Beziehungen und die spirituelle Seite des Lebens. Es gibt viele Beispiele von Menschen, die ihren Beruf gewechselt oder ihre Beziehung aufgegeben haben.«[37]

Bereits in den letzten zwanzig Jahren hat sich ungeheuer viel auf diesem Gebiet getan. Meiner Meinung nach ist das jetzige Wissen darüber jedoch erst ein winziger Bruchteil dessen, was wir und zukünftige Generationen in dieser Hinsicht noch entdecken werden.
Zum Abschluss dieses Kapitels möchte ich deshalb den englischen Arzt Dr. Sam Parnia zitieren, der eine Studie mit Herzstillstandpatienten durchgeführt hat. Er meint,

> »dass der Geist eine separate wissenschaftliche Einheit ist, die auch dann funktioniert, wenn am Ende des Lebens

37 Ebenda. »BBC Exklusiv«.

das Gehirn nicht mehr arbeitet. Das wird zweifellos große Folgen für die Menschheit haben und unser ganzes wissenschaftliches Denken revolutionieren. Ein neues Feld der Wissenschaft wird sich auftun, das bisher noch nicht entdeckt worden ist.«[38]

38 Ebenda. »BBC Exklusiv«.

Mediale Fähigkeiten und Heilen

Für den gläubigen Menschen
steht Gott am Anfang,
für den Wissenschaftler am Ende
aller seiner Überlegungen.
Max Planck

Wenn diese andere Realität tatsächlich existiert, dann kommt den Berichten, die Heilung im Zusammenhang mit übergeordneten geistigen Existenzen beschreiben, ein ganz besonderer Stellenwert zu. Auf diese Form des Heilens möchte ich jedoch erst etwas später ausführlicher eingehen. Noch beschäftigt uns die Frage, ob wir auch auf andere Weise als kurz vor dem Tod Informationen über jene höhere geistige Existenzform erhalten können.

Es gibt Menschen, die mit dieser anderen Realität in Verbindung treten, auch ohne dass sie selbst an die Schwelle des Todes geraten müssen. Dazu gehören jedoch spezielle Fähigkeiten. Es sind so genannte spirituelle Medien, die als Informationsübermittler zwischen unserer und der geistigen Welt fungieren. Sie verfügen über eine besondere Begabung, die sie durch Training weiterentwickeln mussten. Manche dieser Personen sind auch in der Lage, mit ihren besonderen Fähigkeiten auf spirituelle Weise zu heilen. Einen solchen Menschen möchte ich Ihnen nun gern vorstellen.

Das schottische Medium Margaret Falconer

Ich habe diese in Großbritannien sehr bekannte spirituelle Heilerin einige Male getroffen, sie bei der Arbeit erlebt und sie hinsichtlich einiger Dinge befragt. Mich interessierten nicht nur ihre besonderen Fähigkeiten, losgelöst von ihrer Person. Ich wollte auch etwas über ihre Biographie und ihre persönliche Einstellung wissen. Wie beispielsweise hat sie diese speziellen Fähigkeiten entdeckt? Waren sie schon immer bei ihr vorhanden? Hat das eventuell ihr Leben verändert? Was läuft eigentlich genau in ihr persönlich während einer solchen Heilung ab?

Margaret Falconer ist jetzt Anfang sechzig. Sie hat vier Kinder und ist inzwischen auch Großmutter geworden. Eigentlich hatte sie sich ein Leben als Hausfrau und Mutter vorgestellt und wäre damit auch sehr glücklich gewesen. Doch das Schicksal hatte weit mehr mit ihr vor, als sie damals, vor dreißig Jahren, dachte.

In der Zwischenzeit ist sie ein sehr bekanntes spirituelles Medium in Großbritannien und zugleich Heilerin. Ihre Fähigkeiten werden dort nicht nur von Ärzten und Krankenhäusern geschätzt, sondern auch von der Polizei. Mit ihrer Hilfe und auch mit der Unterstützung einiger ihrer Kollegen konnten sogar undurchsichtige Verbrechen aufgeklärt werden. Mittlerweise ist sie darüber hinaus eine viel beschäftigte Ausbilderin für Heiler und mediale Fähigkeiten. Sie unterrichtet u.a. am Arthur-Findlay-College[39] in der Nähe von London.

39 Dieses College beschäftigt sich im weitesten Sinne mit allen Phänomenen der »geistigen Welt«. Es untersucht sie und führt auch Seminare zu diesen spirituellen Themen durch.

Es ist ein etwas anderes Leben geworden, als sie sich ursprünglich erträumt hat. In der Öffentlichkeit zu stehen hat sie eigentlich immer gescheut. Sie hätte lieber zurückgezogen gelebt. Auch jetzt würde sie gern mehr Zeit mit ihrer Familie und den Enkelkindern verbringen. Aber es sieht so aus, als ob gerade bei bestimmten Formen des Heilens das Schicksal diese Menschen in eine bestimmte Richtung lenkt.
Margaret Falconer ist keineswegs esoterisch abgehoben, sondern eine sehr bodenständige alte Dame aus dem Norden Schottlands. Ich schätze an ihr, dass sie ihrer Tätigkeit selbst immer noch sehr kritisch gegenübersteht. Sie bedauert, dass es leider eine ganze Reihe von Heilern gebe, die eher dem Lager von Scharlatanen zuzurechnen seien. Das diskreditiere auch all jene, die diese Tätigkeit seriös und mit viel Verantwortungsgefühl ausübten.
Weiterhin schätze ich ihr reflektiertes und präzises Vorgehen in ihrer Arbeit und ebenjenes hohe Maß an Verantwortungsgefühl. Sie warnt vor Leichtgläubigkeit und versucht, zwischen Einbildungskraft und anderer Realität zu unterscheiden. Auch ihr persönlicher Werdegang hinsichtlich der Medialität und des Heilens verleiht ihrem Handeln eine besondere Glaubwürdigkeit.

Kindliche Phantasie?

Wenn jemand ein spezielles musikalisches oder sportliches Talent besitzt, wird dies meist schon in der Kindheit sichtbar. Fördert man dieses Talent, kann etwas ganz Außergewöhnliches daraus werden. Wir kennen Beispiele auf anderen Gebieten wie den legendären Pianisten Arthur Rubinstein oder den talentierten Tennisspieler Boris Becker.

Bei Margaret Falconer lag die Sache etwas anders. Wie erkennt man, dass jemand über besondere mentale Fähigkeiten verfügt, die nicht nur auf blühender kindlicher Phantasie basieren? Das, was ich aus ihrer Kindheit erfuhr, hätte heute sofort einen Psychiater auf den Plan gerufen ...

Bereits im Alter von vier Jahren bemerkte Margaret Falconer diese geistige Welt. »Es gab damals einen Mann, der aus der geistigen Welt regelmäßig bei mir vorbeikam«, sagt sie. »Er setzte sich an mein Bett und sang mich in den Schlaf. Ich wusste nie, wer dieser Mann war.« Nehmen wir diese Aussage einfach mal so zur Kenntnis, ohne sie gleich abwerten zu wollen. Auch ich war geneigt, die geschilderten Erlebnisse eher für eine psychische Störung im frühen Kindesalter zu halten. Wohlwollend hätte man sie noch in die Schublade »kindliche Träumereien« einordnen können.

Diese damalige Erscheinung sei jedoch nicht aus Fleisch und Blut gewesen. Wenn es also keine reale Person war, dann muss es wohl doch die übergroße Einbildungskraft des Kindes gewesen sein, die sich da manifestierte. Erst vor vier Jahren, nach fast einem Vierteljahrhundert ihrer Tätigkeit, fand Margaret Falconer zufällig eine Fotografie dieses Mannes, den sie bis dahin noch nie gesehen hatte. Es war ihr Urgroßvater väterlicherseits, der damals aber schon viele Jahre tot gewesen war. Sie kannte ihn weder persönlich noch von Bildern her.

Ich halte eine solche reale Erscheinung von Verstorbenen zwar für extrem unwahrscheinlich, aber es gibt sicher mehr außergewöhnliche Dinge zwischen Himmel und Erde, als man sich vorstellen kann. Margaret Falconer ist jedoch, soweit ich sie kennen gelernt habe, sehr selbstkritisch und glaubwürdig. Sie steht wie gesagt mit beiden Beinen auf dem Boden. Sie hätte diese ungewöhnliche Episode auch für

sich behalten können, um nicht in den Verdacht der »Spinnerei« zu geraten oder ihren guten Ruf zu gefährden.
Solchen Dingen stehen wir berechtigterweise sehr skeptisch gegenüber. Aber unsere Kirchen sind überfüllt mit Wunderheiligen und geflügelten Engeln. Ich frage mich, warum die Menschen über Jahrtausende hinweg immer wieder diese Erscheinungen gerade an einem gottgeweihten Ort dargestellt haben? Sind das alles Zeugnisse einer psychischen Störung? Entweder handelt es sich dabei nur um folkloristische Ausgestaltungen unserer Religion, oder die Darstellungen künden von einer weiteren möglichen Existenzform. Im Laufe der Jahre ist mir eine seltsame Diskrepanz aufgefallen: Das, was in der Kirche als Glaube angesehen wird, wird in der Alltagswelt häufig als Aberglaube abgetan und in der Psychiatrie sogar als pathologisch eingestuft ...
Aber vielleicht kündet Margaret Falconer auch von Dingen, die nur wenigen Menschen bisher zugänglich sind. Möglicherweise sind diese Erfahrungen auch gar nicht für alle Menschen bestimmt, denn man muss psychisch schon recht stabil sein, um einige jener merkwürdigen Phänomene zu verkraften. Mag sein, dass das Schicksal auch gerade deshalb relativ bodenständige Menschen dafür ausgesucht hat, die in sich selbst gefestigt und hier in der irdischen Realität gut verankert sind. – Etwas anders verhält es sich mit einem weiteren Beispiel, von dem sie berichtet:

> »Als ich etwa elf Jahre alt war, erkrankte mein Vater an Krebs, und ich wurde zu einer Tante geschickt, bei der ich für einige Zeit leben sollte, da mein Vater ins Krankenhaus kam und meine Mutter sich intensiv um ihn kümmerte. Es gefiel mir nicht, von meinem Vater getrennt zu sein und bei meiner Tante in Glasgow zu wohnen. Eines Nachts hörte ich aber *seine Stimme*, und er sagte mir, dass ich nach Hause kommen sollte.

Am folgenden Tag erzählte ich meiner Tante, mein Vater wünschte, dass ich nach Hause kommen solle.

Meine Tante entgegnete: ›Sei nicht albern. Das ist nur deine Einbildung.‹

Aber ich insistierte: ›Er will, dass ich nach Hause komme.‹«

Die Tante argumentierte, dass Margaret nicht fahren könne, weil ihre Verletzung am Fuß, die sie sich bei der Gartenarbeit zugezogen hatte, erst verheilen müsse. Aber Margaret ließ sich nicht davon abbringen, dass sie nach Hause müsse. So rief die Tante nach langem Zögern ihre Mutter an, die schließlich einwilligte, und Margaret setzte sich in den nächsten Zug:

»Ich fuhr sofort ins Krankenhaus, um meinen Vater zu sehen. Aber seine Freude, mich zu sehen, stand gar nicht im Vordergrund, sondern seine Sorge um meine Verletzung am Fuß. Er hatte die Befürchtung, dass ein Gift durch meinen Körper zöge. Er veranlasste deshalb, dass ich sofort im Krankenhaus untersucht wurde, wo man auch eine Blutvergiftung feststellte, die ich mir offensichtlich bei der Gartenarbeit durch eine Wunde zugezogen hatte. Wenn man meinen Fuß nicht im Krankenhaus untersucht hätte, wer weiß, was dann passiert wäre. Das war eine weitere wichtige Begebenheit für mich.«

Ich wollte von Margaret Falconer wissen, was sie selbst als Kind über diese Gabe gedacht hat, ob es für sie beängstigend gewesen sei und ob sie mit irgendjemandem darüber gesprochen habe. Sie habe eigentlich nur beim Vater Verständnis gefunden, da er aus einer Familie kam, die ebenfalls über diese speziellen mentalen Fähigkeiten verfügte. Auch der Großvater und der Urgroßvater kannten solche

Erfahrungen. Ihre Mutter hingegen hielt es für reine Einbildung.
»Aber es war mehr als meine Einbildung. Ich denke, als Kind weiß man nicht wirklich, was es ist, worum es sich da handelt, weil es so ist, als wenn man eine reale Person sieht.«
Beängstigend sei es für sie aber auch als Kind niemals gewesen. Es schien wie eine Selbstverständlichkeit einfach zu ihrem Leben dazuzugehören.

Der Wendepunkt zur geistigen Welt

Später schien diese Gabe wieder zu verschwinden. In der Jugend traten solche sonderbaren Begebenheiten kaum auf. Ihr Vater starb, und Margaret Falconer heiratete bereits mit siebzehn Jahren. Sie bekam recht schnell drei Kinder hintereinander und sah ihre Lebensaufgabe als Hausfrau und Mutter. Als sie Anfang zwanzig war, starb ihre Schwester. Und das war geradezu ein Wendepunkt in ihrem Leben hinsichtlich der Beschäftigung mit der geistigen Welt.
Nach der Beerdigung fuhr sie nach Hause und setzte sich ins Wohnzimmer, um innerlich wieder zur Ruhe zu kommen. Ihre Schwiegermutter hatte ihr dankenswerterweise die drei Kinder abgenommen, damit sie nach dieser Tragödie etwas Zeit für sich selbst hatte. Dann aber geschah etwas, was sie bis dahin noch nie erlebt hatte. Dieses wirklich sehr sonderbare Erlebnis schildert Margaret folgendermaßen:

> »Als ich so allein dasaß, sah ich einen Lichtpunkt in einer Ecke des Zimmers, und das Licht kam auf mich zu. Es schien mich auch dem Licht entgegenzuheben, und

es trug mich hinfort zu einem Platz, wo ich gewöhnlich als Kind gespielt hatte. Es war ein altes Bauernhaus auf dem Lande. Und ich sah ein Licht im Scheunentor des Gebäudes. Um dieses Tor herum gab es einen Bogen aus rosafarbenen Rosen. Und das Licht strömte durch diesen Bogen hindurch nach innen in die Tiefe des Raumes. Und plötzlich konnte ich meine Schwester dort in diesem Licht stehen sehen.

Sie sagte mir: ›Sag Mutter, dass ich glücklich bin und dass ich gefunden habe, wonach ich gesucht habe. Und du wirst in neun Monten eine Tochter empfangen. Bitte nenne sie nach mir.‹

Und dann war ich irgendwie wieder zurück im Wohnzimmer bei mir zu Hause. Ich war hellwach, und ich fragte mich: ›Was ist *das?*‹«

War es ein Tagtraum oder eine Vision? Sie konnte es nicht einordnen. Sie dachte darüber nach, was ihre tote Schwester über eine weitere Tochter gesagt hatte. »Aber ich hatte schon drei Kinder, und ein viertes Kind stand eigentlich nicht auf meiner Rechnung. Aber neun Monate später bekam ich tatsächlich eine Tochter, und ich nannte sie Elisabeth, nach meiner verstorbenen Schwester.«

Dieses Erlebnis war für sie sehr bedeutungsvoll gewesen. Es hieß für sie, dass sie mit ihren besonderen Fähigkeiten arbeiten und diese weiterentwickeln sollte. »Aber ich wusste nicht, wo ich hingehen konnte, um das zu verwirklichen.«

Bis zu ihrem 33. Lebensjahr arbeitete sie dann in der Wolle verarbeitenden Industrie in Schottland. Aber sie erlebte, dass die spirituelle Welt irgendetwas mit ihr vorzuhaben schien. Die weiteren Entwicklungsschritte liefen denn auch scheinbar nicht ganz so freiwillig ab: »Es ist eine Energie, ein Magnet, von dem man angezogen wird. Anders kann ich es nicht beschreiben.«

Eines Tages las sie in der Zeitung, dass es in ihrem Wohnort ein spirituelles Zentrum gäbe. Die Neugier, wie wohl ein spirituelles Medium mit der geistigen Welt arbeitet, führte sie schließlich dorthin. Der »Zufall« wollte es, dass an diesem Abend gerade eines der berühmtesten Medien Großbritanniens dort war und ihr eine Botschaft ihres verstorbenen Vaters übermittelte. Was dieser über das Leben ihres Vaters erzählte, traf in allen Einzelheiten zu.

»Er war so präzise in seiner Botschaft«, berichtete Margaret, »dass ich dachte, es stecke mehr dahinter. Deswegen reifte in mir der Entschluss, etwas mehr mit dieser Gabe anzufangen.«

Sie besaß ja ebenfalls jene mediale Fähigkeit, mit der geistigen Welt zu kommunizieren. Aber auch diese musste in den folgenden Jahren weiterentwickelt werden. Hierzu nahm sie in einem Ausbildungszentrum an speziellen Trainings teil. Eine der härtesten Prüfungen hielt das Schicksal jedoch noch für sie bereit.

Schicksalsschläge, Härten und Zweifel

Wenn man so »auf Du und Du« mit der geistigen Welt steht, könnte man der Ansicht sein, diese meine es besonders gut mit dem Betreffenden. Umso fassungsloser ist Margaret Falconer, als eine ihrer Töchter plötzlich stirbt. Das ist nun über sechs Jahre her. Damals geriet sie regelrecht in eine Sinnkrise über das, was sie als Heilerin und Medium tat. Sie schildert diesen Abschnitt als die härteste Zeit ihres Lebens. Sie war regelrecht wütend auf die geistige Welt, dass sie diesen frühen Tod zuließ: »Ich dachte bei mir: ›Ich arbeite

sozusagen in eurem Auftrag. Wie könnt ihr mich dann so behandeln?‹ Zu diesem Zeitpunkt war ich versucht, aufzugeben, je wieder mit der geistigen Welt zu arbeiten! Aber ich weiß nicht, was es war, irgendetwas *zog* mich.«
Als sie in der folgenden Woche in Dublin zu tun hatte, wusste noch keiner, was zwischenzeitlich passiert war. Innerlich wollte sie sich der weiteren Arbeit mit der geistigen Welt verweigern:

»Als ich dort gerade eine Einzelsitzung machte, klopfte es plötzlich an der Tür. Eine Dame trat ein und sagte, dass sie eine Nachricht von einer jungen Frau aus der jenseitigen Welt für mich hätte. Die Nachricht bestünde darin, dass sie die Rosen, die sie in der Hand hielt, *der traurigen Mutter* geben sollte. Die Rosen wurden mir übergeben, und es waren drei rote, drei gelbe und zwei weiße Rosen. Auf dem Sarg meiner Tochter waren ebenfalls drei rote, drei gelbe und zwei weiße Rosen gewesen. Niemand in Dublin aber war darüber informiert worden, dass meine Tochter zwischenzeitlich verstorben war. Vielleicht wollte die geistige Welt damit ausdrücken, dass sie wusste, wie sehr ich durch den Tod verletzt war, und mir übermitteln, dass es meiner Tochter gut geht.«

Es dauerte dennoch eine lange Zeit, bis sie sich mit der geistigen Welt wieder versöhnte, um weiterarbeiten zu können. Besonders schwer fiel es ihr, wenn Mütter in ihren Einzelberatungen saßen, die ebenfalls ein Kind verloren hatten und dieses sich nun aus der geistigen Welt meldete. Trotz des herben Schicksalsschlags sagt Margaret Falconer über ihre Tätigkeit, dass sie ihr Leben zum Besseren hin verändert habe und auch das ihrer gesamten Familie.

Heilenergien aus einer anderen Dimension

Wir haben bereits einige Stationen des Lebens von Margaret Falconer und ihre ungewöhnliche Begabung kennen gelernt. Wie aber ist es, wenn sie ihre Fähigkeiten zum Heilen einsetzt?

> »Mit dem Heilen, das war gar nicht so meine Sache. Ich hatte nicht das Gefühl, dass es eine meiner Gaben war, die ich verwenden sollte; mit der Heilung ist es nämlich eine besondere Angelegenheit. Vielleicht deswegen, weil ich die Ergebnisse nicht direkt sehen konnte, denn wenn man Heilung weitergibt, weiß man, dass die Energie aus der geistigen Welt kommt. Aber man sieht nicht immer gleich die Resultate.«

Heilung ist für sie eine Angelegenheit, die sie gerade bei lebensbedrohlichen Krankheiten sehr differenziert betrachtet. Einige Menschen könne man heilen und andere wiederum nicht. Sie sieht es letztlich auch als Gottes Wille an, ob Heilung möglich ist oder eine Person gar verstirbt.
Es gibt verschiedene Formen spirituellen Heilens. Bei derjenigen, bei der sie als Heilerin die Hände auf bestimmte Stellen des Körpers lege, spiele sich etwas Eigenartiges ab, so berichten ihr die Patienten. Sie beschreiben es, als wenn etwas Krankhaftes aus ihrem Inneren herausströme oder wie von einem Magneten herausgezogen werde. Aber es gebe auch den umgekehrten Fall, nämlich dass heilsame Energie in die betreffende Person hineinströme. Dabei ist dieses Gefühl nicht nur auf den Patienten beschränkt. Auch die Heilerin selbst spürt es. Beide nehmen ein Kribbeln wahr, was aber ein eher unspezifisches Gefühl ist. Es zeigt ledig-

lich, dass etwas passiert. Die Frage ist, ob der Heilvorgang als solches *überhaupt wahrgenommen* werden kann. Wenn unser Körper sich selbst heilt, ist das in den wenigsten Fällen unmittelbar zu spüren, weil es sich um einen langsamen Prozess handelt.

Ich möchte wissen, ob sie ihre Hände auf einen speziellen Körperteil legen müsse.

»Für gewöhnlich ja. Wo meine Hände hingezogen werden, da lege ich sie auch hin.« Die eigentliche Behandlung dauere dann nicht länger als fünf bis zehn Minuten. Ich möchte weiterhin erfahren, ob sie sich in gewisser Weise auf diesen Heilvorgang einstellen oder besonders konzentrieren müsse. Was geht ihr während eines solchen Vorgangs überhaupt durch den Kopf?

»Das Erste, was ich mache oder woran ich denke, ist Folgendes: Ich verbinde mich mit meinem *höheren Selbst* und dann mit der *geistigen Welt.*« Das ist wohl ein Schritt, den wir als Außenstehende hier nicht durch eine Beschreibung nachvollziehen können. Auf jeden Fall komme aber diese Verbindung zu der geistigen Welt, von der sie sozusagen die Energie anzapft, nicht zustande, wenn sie selbst in schlechter Verfassung sei. Insofern hat der Heiler nicht nur eine Verantwortung für den Patienten, sondern auch für sich selbst.

Wir haben gesehen, dass die Berufung zum Heiler manchmal sozusagen nicht ganz freiwillig geschieht. Besondere Gaben sind dazu notwendig, die aber in einer Ausbildung geschult und verfeinert werden müssen. Diese Tätigkeit erfordert auch ein hohes Maß an Verantwortungsgefühl, da der Heiler oft letzte Anlaufstelle von schwer kranken und verzweifelten Menschen ist.

Zum Schluss dieses Kapitels möchte ich noch einen kleinen gedanklichen Ausflug in ein anderes Wissensgebiet machen. Es ist genauso staunenswert wie manche der bisher geschilderten Phänomene, und vielleicht gibt es sogar gewisse Parallelen.

Unsichtbare Dimensionen in der Physik: die String-Theorie

Dieses Buch handelt von einem Thema, das an der Grenze unseres Vorstellungsvermögens angesiedelt ist. Wir haben bisher von verschiedenen geistigen Dimensionen – also nichtmateriellen Ebenen – des Heilens gehört, die sich überwiegend auf die geistigen Potenziale des Heilers und des Patienten bezogen. In diesem und dem vorigen Kapitel wurden jene geistigen Dimensionen noch um eine räumliche Komponente – die »Jenseitswelt« – erweitert. Es geht um eine geistige Existenzform des Menschen, die auch zeitlich weiterzubestehen scheint.

Wir haben von Menschen gehört, die nach klinischen Maßstäben tot waren, aber nach ihrer Reanimation präzise schildern konnten, was die Ärzte während dieser Zeit sagten und taten. Sie verfügten über eine Außenwahrnehmung, obwohl sie nichts sehen und hören konnten. Wie ist das möglich? Sie schienen darüber hinaus eine andere Realität betreten zu haben, die für sie sehr anziehend und schön war. Dort begegneten sie verstorbenen Personen, mit denen sie sich auf geistigem Wege und nicht mit Worten verständigen konnten. Darüber hinaus gibt es Menschen, die bereits hier auf Erden mit jener geistigen Welt in Verbindung treten und dies für Heilzwecke nutzen können.

Wenn wir uns all dies noch einmal vor Augen halten, dann sagen uns unsere Erfahrung und unser Alltagsbewusstsein:

Das kann nicht sein! Doch wenn etwas jenseits unseres Erfahrungshorizonts und unseres Vorstellungsvermögens liegt, heißt dies noch lange nicht, dass es nicht existiert. Aber verlassen wir einmal für einen kurzen Moment das Thema »Heilen«, und schauen wir zur modernen Physik hinüber, welche Gedanken diese sich gerade aktuell hinsichtlich des Verstehens unserer Welt macht.

Die Physik ist sozusagen die Königsdisziplin der Naturwissenschaften, was Präzision, Messbarkeit und das Sammeln von harten wissenschaftlichen Fakten angeht. Umso erstaunlicher ist es, dass nun die hellsten Köpfe unserer Zeit eine Theorie des Universums entworfen haben – die String-Theorie –, die mehr an Science-Fiction erinnert als an die uns vertraute Realität.

Albert Einstein, eines der größten Genies des 20. Jahrhunderts, war ein kleiner Angestellter von 26 Jahren in einem Schweizer Patentamt, als er eine verblüffende Entdeckung machte: dass die Lichtgeschwindigkeit eine Art kosmische Geschwindigkeitsbeschränkung darstellt. Nichts kann schneller sein als Licht. Zehn Jahre lang nervenaufreibender Arbeit verbrachte er damit, um ein ganz neues Bild vom Universum zu entwerfen. Die drei Dimensionen des Raumes und die eine Dimension der Zeit als Einheit zu betrachten, als »Raumzeit«. Auf dieser Grundannahme formulierte er die »Allgemeine Relativitätstheorie«. Sie ist für Strukturen im Großen gültig. Die später entwickelte Quantenfeldtheorie wurde dann auf den Mikrokosmos angewandt.

Einstein wollte aber irgendwie beides miteinander verbinden. Selbst kurz vor seinem Tod hatte er immer einen Notizblock griffbereit – für den Fall, dass er doch noch so etwas wie eine Weltformel finden würde, die »alles beschreibt«. Die Wissenschaftler nennen es »Unification«.

Unter dieser Vereinigung versteht man eine Gleichung, die alle Naturkräfte in einer einzigen Formel zusammenfasst.

Sämtliche wissenschaftlichen Erkenntnisse der letzten 200 Jahre deuten genau darauf hin, dass es solch eine Weltformel zu geben scheint, wie Brian Greene meint. Er ist einer der führenden String-Theoretiker. Sein Buch *Das elegante Universum*[40], das diese schwere Kost leicht verständlich schildert, stand monatelang auf den Bestsellerlisten der USA. Seine TV-Dokumentation zu diesem Thema *Was Einstein noch nicht wusste*[41] wurde mit einem Dokumentarfilm-Oscar ausgezeichnet.

Nach der String-Theorie verbirgt sich hinter dem sichtbaren Universum eine Realität von so ungeheurer Vielfalt und Raffiniertheit, dass sie unser Vorstellungsvermögen übersteigt. Die Physiker sprechen von elf Dimensionen und von Paralleluniversen. So etwas war bisher nur Sache von Science-Fiction-Autoren.
Die Grundidee der String-Theorie ist überraschend einfach. Sie besagt, dass alles im Universum, vom Sandkorn bis zu den größten Sternen, aus nur einem Grundbestandteil besteht: unvorstellbar winzigen *vibrierenden Fäden* aus Energie (daher auch der englische Name *string* [= »Faden, Schnur; Saite« etc.]), die in diesem vieldimensionalen Raum schwingen. Und so wie z.B. die Saiten eines Cellos unendlich viele Melodien erklingen lassen können, schwingen die winzigen Strings auf unendlich viele verschiedene Arten und erschaffen auf diese Weise die Bausteine der Natur.
Jene Energiestränge, die »Strings«, sind derart winzig, dass nur ein Vergleich ihre Größe veranschaulichen kann. Wären

40 Greene, Brian, *Das elegante Universum. Superstrings, verborgene Dimensionen und die Suche nach der Weltformel*, BTV Berliner Taschenbuch Verlag, Berlin 2002.

41 Greene, Brian, *»Was Einstein noch nicht wusste«, Teil 1*, TV-Dokumentation von Brian Greene und NDR III, 2004.

Strings so groß wie ein Baum, dann hätte ein einziges Atom die Größe des gesamten bekannten Universums.
Die String-Theorie mit ihren elf verschiedenen Dimensionen möchte ich nun nicht als Erklärungsmodell für die geistige unsichtbare Welt strapazieren. Ich will nur in einer Gegenüberstellung andeuten, dass diese wissenschaftliche Königsdisziplin, die Physik, etwas formuliert, was in ähnlicher Weise sehr »absonderlich« klingt und die Grenzen unserer Vorstellungskraft sprengt. Im Vergleich dazu scheint das, was wir über die Nahtod-Erfahrungen, das Freischweben des Geistes und den Kontakt mit einer geistigen Welt erfahren haben, geradezu harmlos zu sein.
Dr. Walter H. G. Lewin vom Massachusetts Institute of Technology sagt hinsichtlich seiner Einschätzung zu dieser Theorie: »So viele richtige Dinge in der Physik wurden anfangs für falsch gehalten. Also Vorsicht, bevor man etwas für falsch erklärt!«[42]

42 Vgl. ebenda.

Altes Geheimwissen in der Nachbarschaft

Die Lebenskraft ist nicht im Menschen eingeschlossen, sondern umstrahlt ihn wie eine leuchtende Kugel und kann in die Ferne wirken. In diesen halbstofflichen Strahlen kann die Vorstellungskraft eines Menschen gesunde oder krank machende Wirkungen hervorrufen.

Paracelsus

Vielleicht haben Sie auch schon mal davon gehört, dass jemand in Ihrer Nachbarschaft zum »Besprechen« von Warzen oder einer Gürtelrose gegangen ist. Und dann wird quasi hinter vorgehaltener Hand von den Künsten eines alten Kräuterweibs berichtet, das tatsächlich geholfen habe. Alles, was sich um dieses Thema rankt, klingt doch sehr obskur. Man weiß zwar nicht, was genau da geschieht, aber vielleicht liegt auch in dieser Geheimniskrämerei der Erfolg des Ganzen.

Ich hatte wenig Interesse an dieser Art von Heilung, vielleicht weil es dabei nur um zwei sehr spezielle Krankheiten zu gehen schien, besagter Gürtelrose und eben Warzen, und weil diese Art der Behandlung doch wohl eher in den Bereich des Aberglaubens gehörte. Als ich jedoch während der Arbeit an diesem Buch von jemandem ganz in der Nähe meines Wohnortes erfuhr, der damit arbeitete und der ein ganz seri-

öser Mensch zu sein schien, beschloss ich, Informationen zu sammeln, um zu prüfen, worum es dabei eigentlich geht.
An dieser Art von Behandlung scheint irgendetwas dran zu sein, da es eine lange Tradition in unseren Breiten hat. Einerseits haben viele davon gehört, andererseits findet es jedoch irgendwo im Verborgenen statt. Zum einen wird es von den Ärzten belächelt, zum anderen schicken wiederum gerade auch Mediziner bestimmte Patienten, bei denen sie selbst nicht weiterwissen, zu ebenjenem Besprechen ...
Das Besprechen scheint eine Art Volksmedizin zu sein. Aber nur die Volksmedizin aus anderen Kulturen hat im Westen Hochkonjunktur. Wie schon berichtet, erfreuen sich die traditionelle Medizin aus China und die ayurvedische Medizin aus Indien bei uns seit Jahren zunehmender Beliebtheit. Schauen wir jetzt also einmal, was unsere eigene Tradition der Heilung zu bieten hat. Sind dabei überhaupt geistige Dinge mit im Spiel – oder handelt es sich um eine besondere Form der Kräuterheilkunde?

Geschichten ranken sich um diese Heilkunst

Die Szenerie mutet an wie aus einem Spionagethriller. Morgens um sieben Uhr parkt eine schwarze gepanzerte Limousine mit Diplomatenkennzeichen am Waldrand des kleinen Ortes. Vier Herren in dunklen Anzügen steigen aus, drei Bodyguards und ein bekannter Politiker mit Sitz im Deutschen Bundestag. Die letzten paar hundert Meter zum Haus des Heilers gehen diese vier Personen zu Fuß. Man will inkognito bleiben.
»Würde die Presse davon Wind bekommen«, sagt der Po-

litiker bei der Begrüßung, »wäre ich die Lachnummer der Nation.«
Warum kommt so jemand zu einem »dubiosen« Heiler – ein Realist, ein Pragmatiker, der handfeste Politik macht?
Und noch eine Geschichte weiß Peter K., der Heiler aus dem Nachbardorf, zu erzählen. Als kleiner Junge habe er oft miterlebt, dass Leute aus der Nachbarschaft zu seiner Großmutter kamen und um Heilung baten. Sie habe sich dann mit den Betreffenden zurückgezogen, und später gab es an solchen Tagen immer gut zu essen. Die Leute hätten in Naturalien bezahlt, und wenn ein wohlhabender Bauer kam, fiel das Mahl besonders üppig aus. Die Tätigkeit seiner Großmutter sei so für ihn immer mit etwas Positivem verbunden gewesen. Die Leute kamen nicht nur wegen ihrer eigenen Krankheiten. Sie ließen sogar das Vieh behandeln.
Man wusste von diesen eigenartigen Fähigkeiten der Großmutter, aber es war nie ein Gesprächsthema im Hause. Er selbst habe auch nie gefragt, was da eigentlich passiere. Insofern liefern solche Gegebenheiten bereits viel Nahrung für Gerüchte und Spekulationen.
Peter K. ist ehemaliger Journalist, der u. a. bei der *Bild Zeitung*, dem *Hamburger Abendblatt* und bei Sat.1 gearbeitet hat. Er war für Sport und Politik zuständig. Jemanden wie den prominenten Politiker hätte man damals gern mit einer Schlagzeile auf die Titelseite gehoben, meint er. Wie kommt nun so jemand zu dieser seltsamen Tätigkeit?
Peter K.s Weg hängt auch damit zusammen, dass er ein großer Tierliebhaber ist. Er ist mit Tieren groß geworden. Und eine weitere merkwürdige Geschichte schließt sich an. Als einer seiner Hunde, der wegen Diabetes täglich Insulin gespritzt bekam, so stark erkrankte, dass der Tierarzt nichts mehr ausrichten konnte und vorschlug, das Tier einzuschläfern, erinnerte er sich an das Vermächtnis seiner Großmutter.
Vor ihrem Tod hatte sie ihm noch eine Art Prophezeiung mit

auf den Weg gegeben: »Irgendwann wirst du bei einer Krankheit nicht mehr weiterwissen. Dann besinne dich auf mich. Alles, was du brauchst, habe ich hier in dieser Kiste. Verwahre sie gut. Geh nicht leichtfertig damit um. Es ist kein Spaß.« Peter K. vergaß die Kiste. Seit dem Tod der Großmutter stand sie unbeachtet auf dem Dachboden. Er hatte auch nicht aus Neugier schon einmal vorher hineingeschaut. Bei der Aussicht aber, seinen Hund einschläfern zu lassen, wollte er nichts unversucht lassen. Und so erinnerte er sich an die Kiste. Dort fand er bestimmte Gegenstände und genaue Instruktionen. Das probierte er bei seinem Hund aus, denn die Großmutter hatte in dem ländlichen Gebiet fast mehr Tiere als Menschen kuriert. Auch sein Hund wurde wieder gesund. Es ging ihm besser als je zuvor. Selbst der Tierarzt war verblüfft. So kam es dazu, dass Peter K. langsam begann, die Tradition seiner Großmutter fortzusetzen. Nicht nur seine Frau begegnet seinem Tun mit großem Argwohn. Er selbst ist auch immer wieder verblüfft darüber, dass das, was er tut, eine heilende Wirkung hat. Sein jüngster Sohn, der gerade neunzehn ist, scheint irgendwann in seine Fußstapfen zu treten, so vermutet er. Er lässt ebenfalls eine besondere Begabung in dieser Richtung erkennen, obwohl niemand ihn auf jenem speziellen Gebiet gefördert habe.

Für welche Krankheiten kommt »Besprechen« infrage?

Für mich war es überraschend, zu hören, dass diese Form der Behandlung zu einem Großteil auch bei Tieren angewandt wird. Mit kleineren Haustieren wie Hunden und Kat-

zen seien die Leute zu der Großmutter hingekommen. Handelte es sich jedoch um größere Tiere wie Milchkühe oder Rennpferde, sei sie direkt auf den Bauernhof gegangen. Und so handhabt er es auch.
Warzen und Gürtelrose sind eigentlich die klassischen Fälle, anlässlich deren ein Mensch zum Besprechen geht. Bei der Gürtelrose handelt es sich keineswegs um eine harmlose Erkrankung. Sie verursacht heftigste Schmerzen und kann zu schweren Komplikationen bis hin zum Tod führen. Erstaunlich ist, dass Besprechen bei einer Krankheit hilft, die durch ein Virus (das Zoster-Virus) hervorgerufen wird. Die Medizin selbst hat bisher kein Medikament zur Verfügung, welches Viren wirklich ursächlich behandeln kann. Aus diesem Grunde gibt es heute schon eine Reihe von Ärzten, die in einem solchen Fall das Besprechen selbst anwenden.
Die Bandbreite der Krankheiten, die behandelt werden können, ist jedoch sehr groß. Sehr gute Resultate gebe es bei Hauterkrankungen wie Neurodermitis und Allergien. Besonders verblüffend seien die Resultate bei Heuschnupfen. Für die Betroffenen sind die Symptome keineswegs belanglos. Umso dankbarer seien diese Menschen deswegen, dass sie ihre brennenden Augen und die laufende Nase los seien, und das ganz ohne Medikamente.
Bei multipler Sklerose (MS) habe er bisher jedoch noch keine Besserung erlebt. So würde er diesen Betroffenen auch keine unerfüllbaren Hoffnungen machen. Hingegen gäbe es zahlreiche Fälle, in denen er bei Krebserkrankungen eine deutliche Besserung zu verzeichnen hatte.
Das ist ein brisantes Thema. Natürlich stellt sich auch gleich die Frage, ob nicht durch das Besprechen andere notwendige medizinische Maßnahmen verzögert würden. Peter K. rät jedoch niemandem, eine etwaige Chemotherapie oder Bestrahlung zu unterbrechen. Im Gegenteil: Oberstes Gebot sei, alle medizinischen Maßnahmen auszuschöpfen.

»Besprechen« – wie geht das eigentlich vor sich?

Jetzt sind wir natürlich neugierig geworden, was denn da eigentlich konkret beim »Besprechen« geschieht. Es wird behauptet, diese spezielle Methode verlöre ihre Wirkung, wenn derjenige, der darin eingeweiht sei, alle Einzelheiten publik mache. Der Gegenbeweis ist bisher noch nicht erbracht worden. So möchte auch der Heiler, der mir Einblick in seine Tätigkeit gibt, sein Potenzial nicht unnötig gefährden. Ich vermute aber eher, dass dies eine Schutzbehauptung aus alter Zeit ist, um sich nicht unnötig Anfeindungen oder Verfolgungen ausgesetzt zu sehen.

Es ist also gar nicht so einfach, konkrete Informationen über sein genaues Vorgehen zu bekommen. In einem langen Gespräch erfahre ich ein wenig mehr von diesem Geheimwissen. Ich versuche hier nun, daraus das Wichtigste herauszufiltern und überblicksartig darzustellen.

»Es gibt einen ganz genauen Ablauf für das Besprechen. Den fand ich in besagter Kiste meiner Großmutter«, erzählt Peter K. »Diesen Ablauf hat sie mir in dreizehn oder vierzehn Punkten aufgeschrieben. Mit ganz einfachen Worten. Dort stand, was ich zu tun und was ich zu lassen habe.«

Es gehören verschiedene Utensilien und bestimmte Rituale dazu. Auch die Bibel spiele eine wichtige Rolle dabei. Derjenige, der bespricht, solle schon eine Beziehung zu Gott haben. Der Patient brauche das aber nicht zwangsläufig. Über diese Mitteilung bin ich überrascht. Die landläufige Meinung ist doch wohl eher, dass es sich dabei um Aberglaube handle. Nun erfahre ich, dass der Heiler seine Wurzeln im Glauben an Gott hat.

»Was auch immer nun den Ausschlag für die Genesung

gibt«, sagt Peter K., »das weiß ich selbst auch nicht. Ich persönlich kann mir jedoch kaum vorstellen, dass irgendein simpler Spruch etwas bewirken soll. Aber wahrscheinlich ist es das Zusammenwirken der Utensilien, der Gebete und des rituellen Ablaufs.«

Neben der Bibel gehöre auch ein Kreuz zu diesen Utensilien sowie eine gewisse Anzahl und Anordnung von Kerzen, womit eine bestimmte Symbolik zum Ausdruck gebracht werden solle. Der zu Behandelnde nimmt dann auf einem Stuhl neben dem Heiler Platz – und weiter nichts. Soll ein Kleinkind behandelt werden, nimmt die Mutter es auf den Schoß. Zum Erstaunen des Heilers ist es so, dass dabei manchmal ganz bemerkenswerte Dinge passieren.

»Ich habe mich immer gefragt, wie es sein kann, dass Kinder, die ungeheuer lebhaft sind, plötzlich ganz ruhig werden, wenn das Besprechen beginnt. Das ist immer wieder verblüffend. Es kann sogar sein, dass sie ganz schnell dabei einschlafen.«

»Aber wieso heißt diese Art der Behandlung eigentlich ›Besprechen‹?«, möchte ich von ihm wissen.

Es hat damit zu tun, dass es für jede zu behandelnde Krankheit einen speziellen *Spruch* gäbe. Für Neurodermitis gäbe es einen ebenso wie für Gürtelrose, Migräne oder zur Blutstillung.

Im Verlauf des Gesprächs erfahre ich weitere Einzelheiten: »Es sind alte, überlieferte Gebete, die ich nicht öffentlich mache. Wenn man es ganz exakt ausdrücken will, ist es ein Beten und nicht nur Besprechen. Ich bete zu Gott.«

Das Besprechen dauere in der Regel nicht länger als einige Minuten. Natürlich unterhalte er sich auch mit dem Patienten, aber im Gegensatz zu früher, als er damit anfing, brauche er nicht mehr die ganze Vorgeschichte der Erkrankung zu erfragen. Vor 25 Jahren habe er versucht, genau wie ein Arzt vorzugehen und erst alle Einzelheiten über das Leiden

zu erfragen: wie lange es schon bestehe, wann es auftrete usw. Heute verzichte er darauf, denn es sei für den Erfolg der Behandlung nicht notwendig.
Eines der Rituale sei übrigens noch, dass der Patient in den ersten zwölf Stunden nach dem Besprechen nichts darüber erzählen dürfe. In dieser Zeit, so wird dem Patienten mitgeteilt, würde er irgendeine Reaktion merken. Wenn das nicht zu verzeichnen ist, dann sei es auch sehr unwahrscheinlich, dass diese Krankheit oder der Patient auf diese Art der Therapie anspreche. Es könne aber auch daran liegen, dass der Heiler »nicht in Form« oder nicht konzentriert bei der Sache gewesen sei. Deshalb würde er oftmals einen zweiten Behandlungsversuch anbieten.
Eine solche Reaktion, die quasi die Heilung einläutet, könne auch in einer kurzzeitigen Verschlimmerung der Symptomatik bestehen. Bei Neurodermitis könne dies ein verstärkter Juckreiz oder vermehrtes Schwitzen sein. Es dauere aber in der Regel nicht länger als zehn bis fünfzehn Minuten. Es könne auch sein, dass diese Reaktion in einer schlagartigen Besserung bestehe und der Betreffende sich ungewöhnlich wohl fühle. Bei zwei Dritteln etwa gäbe es eine so genannte Erstverschlechterung und bei einem Drittel eine sofortige Besserung. Das leitet gleich über zu der Frage, wie überhaupt eine Erfolgskontrolle stattfinden kann.

Erfolgskontrolle

Welche Erfolge hat der Heiler überhaupt zu verzeichnen und wie erfährt er davon? Eine 35-jährige Frau litt seit elf Jahren an Neurodermitis. Besonders betroffen waren Ge-

sicht, Hals und Arme. Selbst Kortison in hoher Dosierung sowie verschiedene Kuren mit Reisen ans Tote Meer halfen nicht weiter. Nach zwei Sitzungen ließ der anfangs verstärkte Juckreiz nach. Nach der dritten Woche konnte das Kortison unter ärztlicher Aufsicht Schritt für Schritt reduziert werden. Nach der sechsten Sitzung war die Patientin beschwerdefrei – und blieb es fortan.
Auch einem 42-jährigen Mechaniker konnte geholfen werden, der jahrelang unter Gürtelrose litt. Zum Besprechen kam er voller Skepsis. Am nächsten Tag rief er an und teilte mit, dass er in der Nacht starkes Fieber bekommen habe und zweimal die durchgeschwitzte Bettwäsche habe wechseln müssen. Es genügte eine weitere Sitzung, um vollkommen beschwerdefrei zu werden.
Das sind eindrucksvolle Erfolge. Oftmals erfährt Peter K. aber gar nicht, ob seine Bemühungen geholfen haben, da die Patienten in den meisten Fällen nur einmal zu ihm kommen. Oft zweifle er deshalb, ob er tatsächlich etwas bewirken könne. Er brauche die Rückmeldung über Erfolge. Oft sei er enttäuscht gewesen, weil er keinen Hinweis von den Patienten bekam, ob »es was gebracht« habe oder nicht. Dann nahm er automatisch an, dass es nicht funktioniert habe. Viel später habe er auf Umwegen jedoch erfahren, dass bei den meisten alles bestens gelaufen sei. Der erfolgreich behandelte Patient habe ihn nämlich weiterempfohlen.
Auf die Frage, wie seine Stellung hier im Ort sei und was die Menschen von seiner Tätigkeit halten, sagte er:

> »Lebte ich in der Stadt und betriebe ich nur Scharlatanerie, könnte ich die Wohnung wechseln, um vor Anfeindungen geschützt zu sein. Hier, in diesem kleinen Ort, würde ich ›geteert und gefedert‹, wenn ich keine Erfolge zu verzeichnen hätte und die Leute für dumm verkaufte. Sie kommen ausschließlich durch ›Mundpropaganda‹ zu

mir. Wenn meine Behandlungen nichts bewirkten, würde ich nicht weiterempfohlen werden.«

Vielleicht wirken die Erfolge bei Hauterkrankungen wie Neurodermitis, Gürtelrose und Warzen so spektakulär, weil man die Resultate direkt in Augenschein nehmen kann. Eine Besserung ist insofern nicht nur ein subjektives Gefühl, man kann den Erfolg auch betrachten. Das, was ich sehe, das überzeugt dann.
Neurodermitis beispielsweise ist aber eine Krankheit, die in Schüben verläuft. Werden die Symptome nur etwas reduziert oder verschwinden sie ganz? Und wenn die Haut vollständig abheilt, kommen die Symptome nach einiger Zeit wieder? All das sind Fragen, welche die Betroffenen interessiert. Dass jemand von Neurodermitis befreit würde, diese also für immer verschwinde, geschehe nach seiner Einschätzung bei 70 bis 80 Prozent der Klienten.
Sind das kühne Behauptungen oder nachprüfbare Daten? Es wäre interessant, darüber eine kontrollierte Studie anzufertigen, die sicher nicht nur für Betroffene und Ärzte interessant wäre, sondern auch für die Krankenkassen, die auf diese Weise vielleicht ihre Kosten reduzieren könnten.

Heilung bitte sofort!

Wunder stehen nicht im Gegensatz zur Natur,
sondern nur im Gegensatz zu dem,
was wir über die Natur wissen.

St. Augustin

Krankheiten sind uns lästig und machen uns ärgerlich. Manchmal machen sie uns sogar wütend. Zuweilen rufen sie auch große Ängste hervor, und das nicht nur, wenn sie lebensbedrohlichen Charakter haben. Krankheiten hindern uns an der Entfaltung eines erfüllten und zufrieden stellenden Lebens. So ist es nur allzu verständlich, dass wir nicht freiwillig lange in diesem Zustand verweilen möchten.

Wenn Sie dann zum Arzt gehen, erwarten Sie, dass er Ihnen möglichst rasch hilft. Manchmal lindert er die Beschwerden sofort, oder Sie bekommen ein Rezept für ein Medikament mit, das Sie für eine gewisse Zeit einnehmen müssen. In ein paar Tagen sollen Sie sich vielleicht wieder vorstellen. So oder so ähnlich läuft es tagtäglich in unzähligen Arztpraxen ab.

Bei anderen Krankheiten hingegen muss vielleicht eine aufwändige Diagnostik betrieben werden, ehe man die Ursache der Beschwerden findet. Das kann unter Umständen recht lange Zeit in Anspruch nehmen. Manchmal lässt sich aber gar keine Ursache finden, die die Beschwerden erklären

würde. Die Geduld wird in solchen Fällen einer harten Probe unterzogen.
Bei anderen Krankheiten ist die Ursache bekannt, aber die Krankheit kann nicht wirklich geheilt werden. Es gibt also keine Rückkehr in den ursprünglichen Zustand. Das ist manchmal nicht so schlimm, da Medikamente trotzdem die Störungen beseitigen, z.B. bei Schilddrüsenerkrankungen oder Bluthochdruck. Die Tabletten müssen jedoch über viele Jahre hinweg eingenommen werden.
Wir sehen also, dass unser Wunsch nach baldiger Genesung gar nicht so einfach zu realisieren ist. Diese Erkenntnis ist schulmedizinischer Alltag. Es gibt aber ein erstaunliches Phänomen in Bezug auf die geistigen Dimensionen des Heilens. Skeptiker gegenüber dieser Heilweise sind vielfach der Meinung, wenn schon geistige Dinge mit im Spiel seien, dann müsse das quasi zu einer Sofortheilung führen. Aber auch mithilfe der geistigen Dimensionen des Heilens dauert es ebenso wie in der so genannten Schulmedizin gelegentlich sehr lange, bis man eine wirkliche Besserung erfährt.
Im nächsten Kapitel werde ich dazu einen spannenden Fall schildern. Ich möchte hier zunächst ein paar Faktoren beschreiben, die unabhängig von den Heilkräften selbst in die Behandlung – deren Erfolg oder Nichterfolg – mit hineinspielen.

Erwartungen

Ich hatte die Gelegenheit, bei einigen ungewöhnlichen Heilbehandlungen zugegen zu sein, und konnte die Patienten vorher zu ihrer Einstellung gegenüber dem Heiler befragen. Diese Menschen hatten allesamt eine lange Leidensgeschichte hinter sich. Die meisten von ihnen hatten wegen ihrer Beschwerden im Laufe der Zeit eine Reihe von Ärzten auch verschiedener Fachrichtungen aufgesucht. Sie waren an einen Punkt gekommen, an dem diese ihnen nicht mehr weiterhelfen konnten. Mehr oder minder hätte dies bedeutet, dass sie sich mit ihrem Leiden abfinden müssten. Mich interessierte, mit welchen Erwartungen sie den Heiler aufsuchten.

Manche von ihnen waren eher skeptisch und wollten lediglich einmal ausprobieren, ob es da doch noch etwas gäbe, was ihnen vielleicht helfen könnte. Andere wiederum kamen mit hohen Erwartungen, da auch der Leidensdruck entsprechend hoch war. Diese Patienten hatten die Vorstellung, dass die Beschwerden in einer einzigen Sitzung sozusagen mit einem Fingerschnipp weggezaubert würden. Von ihren behandelnden Ärzten erwarteten sie das nicht mehr.

Wohl die meisten Patienten, die zu einem so genannten alternativen Heiler kommen, haben vorher bereits dies oder jenes erfolglos ausprobiert und möchten nach einer Odyssee zu den verschiedensten Ärzten nun endlich auf der Stelle ihre Beschwerden loswerden. Sie sind ihre Krankheit »einfach leid«, weil sie dabei zum Teil extreme Qualen haben erdulden müssen. Aber eine solche Haltung, die eine sofortige Besserung einfordert, ist weder dem Arzt noch dem Heiler gegenüber realistisch. Derart überzogene Erwartungen sind wohl darauf zurückzuführen, dass man immer wieder von so genannten Wunderheilungen gehört hat ...

Zeit und Geduld

Manchmal »doktern« wir recht lange mit unseren Beschwerden herum. Sie sind vielleicht auch schon chronisch geworden. Da ist es natürlich gar nicht so einfach oder fast unmöglich, schnelle Behandlungserfolge zu erzielen. Einige Beschwerden werden dauerhaft bleiben.

Aber es gibt noch weitere kleine Hindernisse auf dem Weg zur Besserung. Nicht alle Medikamente erzielen den gewünschten Effekt. Manchmal gesellen sich neue Beschwerden hinzu: die berühmt-berüchtigten Nebenwirkungen ... Jemand, der wegen seiner Gelenkbeschwerden ein entzündungshemmendes und schmerzlinderndes Mittel einnimmt, freut sich, dass seine Gelenkbeschwerden besser werden. Er stellt jedoch verwundert fest, dass er von dem »starken« Medikament auch Magenbeschwerden bekommen hat. Ein anderer erhält Betablocker, weil sein Blutdruck zu hoch und der Herzschlag zu schnell ist. Das Herz schlägt jetzt ruhiger, aber er registriert, dass auch sonst alles ruhiger geworden und die Sexualität sogar fast eingeschlafen ist.

Nicht nur der Körper benötigt Zeit zur Bewältigung der Krankheit, sondern ich selbst brauche auch Geduld. Ich muss mich in diesem Fall um meinen kranken Körper kümmern. Ich habe auch in gewisser Weise eine aktive Rolle im Genesungsprozess zu übernehmen. Im Fall einer Medikamenteneinnahme ist die Rolle nicht allzu groß. Ich muss nur daran denken, die Tabletten regelmäßig einzunehmen. Im Fall einer Diät ist das schon schwieriger. Ist mir infolge der Beschwerden ein krankengymnastisches Übungsprogramm verordnet worden, das ich zu Hause fortsetzen soll, erfordert das eine aktivere Rolle und einige Disziplin. Besserung dauert also eine bestimmte Zeit und erfordert auch eine gewisse Mithilfe in diesem Prozess.

Wir pflegen unsere Pflanzen, damit sie gut gedeihen. Wir lassen ihnen Zeit, um zu wachsen und um sich von einem Unwetter zu erholen. Gönnen wir aber uns selbst auch diese Zeit im Hinblick auf unseren Genesungsprozess? Eine etwas andere Einstellung zu den komplizierten Vorgängen bei Heilung und Regeneration wäre vielleicht gar nicht so schlecht ...

Ein kompliziertes biologisches System

Zu allen bereits genannten Bedingungen für die Heilung kommt eine weitere hinzu. Unser Körper ist insgesamt ein sehr komplexer Organismus. Ein solch vielschichtiges biologisches System ist natürlich auch recht störanfällig. Verwunderlich sollte daher eher sein, dass nicht noch mehr Störungen in diesem »Betriebssystem« auftreten, wenn wir bedenken, wie wir manchmal mit ihm umgehen.
Ein moderner Computer ist schon recht kompliziert, aber ein lebender Organismus ist noch staunenswerter. Mein erster Computer ärgerte mich auch nicht so viel wie das neueste Gerät mit allen möglichen Funktionen. Heute habe ich komplizierte Programme darauf installiert, die manchmal ihr Eigenleben zu führen scheinen. Auch bin ich im Gegensatz zu früher dem Ansturm von Viren aus dem Internet ausgesetzt.
Vergleichbar ist es mit dem noch wesentlich komplizierteren »System Mensch«: Je höher sich dieses System im Laufe der Evolution entwickelt hat, desto störungsanfälliger scheint es geworden zu sein. Ziehen wir das mit in unser Kalkül, wenn wir *schnelle* Heilung erwarten.

Ursachen

Liegt eine bakterielle Infektion vor, die zu starken Entzündungen führt, beseitigt man in der so genannten Schulmedizin die Erreger mit einem Antibiotikum. Der Körper wird wieder gesund. Operiert man ein Geschwür heraus, kann der Genesungsprozess einsetzen.

In vielen Fällen beseitigen solche Medikamente bzw. Maßnahmen jedoch die Ursache *nicht*, sondern sie lindern nur die Beschwerden oder lassen sie nicht mehr in Erscheinung treten. Ein Schmerzmittel hebt nicht die Ursache der Kopfschmerzen auf. Es schwächt die Symptome ab, und dafür sind wir auch dankbar. Der Grund sind möglicherweise Stress und Ärger, die zu Nackenverspannungen und schließlich zu Kopfschmerzen führen. Aber auch ein Tumor kann Kopfschmerzen verursachen, und dann hätte die dauerhafte Unterdrückung dieser Symptome noch fatalere Folgen.

Ein Mittel gegen hohen Blutdruck stellt den Druck auf ein niedrigeres Niveau ein, aber beseitigt nicht die Ursache. Im Grunde genommen sind wir *nicht geheilt*. Wir können mit den Beschwerden besser leben, weil sie durch das Medikament so weit heruntergeschraubt werden, dass wir sie nicht mehr spüren. Würden wir die Medikamente weglassen, wäre der Blutdruck wahrscheinlich sofort wieder zu hoch. Hier ist also eine *Dauerbehandlung* notwendig.

Bei einer Heilung durch geistige Kräfte hingegen hegen wir die Erwartung, dass die Beschwerden möglichst durch eine Einmal-Behandlung beseitigt werden. Tatsächlich ist dies auch manchmal der Fall, was die Erwartungen bei anderen Patienten dann hochschraubt. Was wir in der Schulmedizin kennen, dass Gesundung einen mehr oder minder langen Zeitraum braucht, gestehen manche der Heilung durch geistige Kräfte nur schwerlich zu. Wir sollten also mit realistischen Erwartungen an die Sache herangehen.

Heiler sind schwer zu finden

Es ist nicht immer ganz einfach, einen kompetenten und gleichzeitig vertrauenswürdigen Arzt zu finden, wenn Ihr Leiden nicht vom Hausarzt selbst behandelt werden kann. So muss man in manchen Fällen einen Spezialisten aufsuchen; und schon beginnt die Suche. Vielfach geht man zu demjenigen, den der Hausarzt empfiehlt. Aber wenn Sie bisher nicht krank gewesen, umgezogen oder mit der Behandlung nicht zufrieden sind und den Arzt wechseln wollen, was machen Sie dann? Wahrscheinlich gehen Sie nicht zum nächstbesten, der um die Ecke wohnt.
Oder Sie müssen sich einer Operation unterziehen, die nicht in allen Krankenhäusern durchgeführt werden kann. Wie gelangen Sie an die richtige Adresse? Manche Frauen würden ihr Kind nicht in jedem Krankenhaus zu Welt bringen wollen. Aber welches ist das beste für die Entbindung? Auch hier beginnt bisweilen ein langer Suchprozess. Die Betreffenden holen Erkundigungen ein, und Sie legen ganz bestimmte Kriterien an die Klinik oder einen Arzt an.
Es ist nicht nur eine Frage der Qualifikation und der Berufserfahrung, die Ihre Wahl bestimmt. Sie möchten sich auch verstanden fühlen. Die »menschliche Seite« des Arztes ist Ihnen sicher nicht unwichtig. Für Sie ist vielleicht von Bedeutung, ob er Mitgefühl und Verständnis zeigt, ob er Ihnen sympathisch ist – und auch wie viel Zeit er sich für Sie nimmt. Dadurch bringen Sie ihm mehr Vertrauen entgegen. Seine Behandlungsvorschläge können Sie dann auch besser

annehmen. Bei einem Schnupfen wird die Arztwahl keine große Rolle spielen, aber bei einer nicht ganz ungefährlichen Operation oder einer Chemotherapie ist das etwas ganz anderes. Manchmal haben Patienten eine regelrechte Odyssee hinter sich, ehe sie zu der für sie richtigen Adresse finden.

Die Suche nach dem für Sie richtigen Arzt ist der Suche nach dem richtigen Heiler vergleichbar. Aber wie findet man überhaupt einen spirituellen Heiler? Sie stehen nicht im Telefonbuch unter der entsprechenden Rubrik. Und was legt man in einem solchen Fall überhaupt für Kriterien an? Welche Qualifikation soll er haben? Nicht jeder Heiler kommt für Sie infrage. Auch hier gibt es große Unterschiede. Nimmt man zudem noch eine weite Reise auf sich, weiß man erst recht nicht, worauf man sich einlässt und ob sich der Aufwand lohnt.

Im nächsten Kapitel möchte ich Ihnen jemanden vorstellen, den wir auf der Suche nach Heilung begleiten können. Wir werden sehen, dass es äußerst schwierig und frustrierend sein kann, entsprechende Hilfe zu finden. Wir werden auch erfahren, was während der schweren Krankheit, aber auch während der Suche nach Heilung ganz persönlich in ihm vorgegangen ist.

Eine Odyssee nach Brasilien

> Gott erschuf diese Welt,
> damit der Mensch durch das Stoffliche
> seine geistigen Gesetze erkennen lernt.
> *Paulo Coelho*

Ich möchte Sie nun auf eine Reise mitnehmen, eine sehr lange Reise. Damit sind nicht nur die verschlungenen Wege gemeint, die der Betreffende in der Hoffnung auf Linderung seines Leidens gegangen ist, sondern diese Reise führt uns tatsächlich in eine ganz andere Welt. Die nun folgende Geschichte ist in vielerlei Hinsicht außergewöhnlich und eindrucksvoll:

- Wir werden sehen, wie extrem schwierig es sein kann, Hilfe zu finden, wenn man nicht gewillt ist, sich in der Blüte seines Lebens mit einer schweren Krankheit abzufinden.
- Wir werden auch sehen, dass nicht jeder Arzt, aber auch nicht jeder Heiler für einen persönlich und das spezielle Leiden infrage kommt.
- Wir werden viel Positives, jedoch auch manches Kritische über die Schulmedizin von jemandem hören, der selbst ein Insider ist, d.h. im Klinikbetrieb gearbeitet hat.
- Wir werden aber auch seine Skepsis und großen Zweifel verschiedenen Heilern und ihrer Tätigkeit gegenüber kennen lernen.

- Wir werden erfahren, dass Gesundung mit einem inneren Prozess der Selbstveränderung und des seelischen Wachstums einhergeht.
- Und vor allem werden wir von Heilbehandlungen durch geistige Kräfte hören, die unser Vorstellungsvermögen sprengen.

Schon jetzt sei darauf hingewiesen, dass manche Passagen dieses Kapitels nichts für Menschen mit schwachen Nerven sind ...

Ein Schock, der alles verändert

»›Tja, wenn das so weitergeht‹, sagte der Professor zu mir, ›dann müssen wir vielleicht das eine Auge entfernen.‹« Diese Antwort erhält Sebastian E., Anfang dreißig, auf seine Frage nach den Chancen einer Heilung. Das ist ein gewaltiger Schock für ihn. »Der schleichende Prozess der Erblindung kam einfach nicht zum Stoppen«, berichtet er. »Nichts konnte ihn aufhalten. Kortison nicht, und alles andere hat auch nichts bewirkt.«

Sebastian E. ist klinischer Psychologe. Er ist gerade stellvertretender Leiter einer Klinik für psychosomatische Medizin geworden. Er erlebt diese Zeit als Aufblühen seines Berufs. »Zu diesem Zeitpunkt dachte ich: ›Ja, das ist meine Chance.‹« Er sieht darin die Verwirklichung seiner Lebensaufgabe. Da seine Tätigkeit äußerst erfolgreich verläuft, wird ihm schon nach kurzer Zeit die Leitung einer eigenen Spezialabteilung angetragen.

In dieser Situation erfährt er, dass die akuten Entzündungen beider Augen in absehbarer Zeit zur Erblindung führen werden. Herausgerissen aus seiner persönlichen und beruflichen Sicherheit, befindet er sich plötzlich in einer existenziellen Notlage. Er weiß nicht, wie es weitergehen soll. Er weiß nur, dass er den Rücken frei haben muss für das, was auf ihn zukommen wird.

Er wird seine Karriere aufgeben müssen, um sich ganz dem »Kampf gegen die Krankheit« widmen zu können. Dies ist ihm sofort intuitiv klar, ohne dass er das ganze Ausmaß dessen, was auf ihn zukommen wird, erahnt.

Ihm steht ein riesiger Kraftakt bevor. »Ich kann mich erinnern«, berichtet er später, »dass ich die noch ausstehenden Diktate eines nach dem anderen erledigte und alles aufräumte. Ich sagte mir sogar: ›So möchte ich einmal handeln können, ohne dass ich unter Druck stehe.‹ Ich empfand die Krankheit als einen ungeheuer mächtigen Eingriff in mein Leben. Ich musste den Rücken freihaben. Und es war mir nicht ganz klar, dass das eigentlich mein Ausscheiden aus dieser Klinik sein würde.«

Die Augen sind für ihn schon immer besonders sensible Organe gewesen. Als er einmal zuschaute, wie sich jemand Kontaktlinsen auf die Hornhaut setzte, habe er das kaum aushalten können. Diverse Probleme mit den Augen im jugendlichen Alter legten sich jedoch später, sodass er viele Jahre beschwerdefrei gewesen sei. Aber mit 32 Jahren kommt nun eine Vielzahl von Krankheiten zusammen. Am gravierendsten ist, dass ein hochakutes Entzündungsgeschehen das gesamte Auge bis in den hinteren Bereich hinein erfasst hat.

Ein zermürbender Suchprozess

Sebastian E. konsultiert die verschiedensten Kliniken im süddeutschen Raum, denn zu diesem Zeitpunkt ist ihm bereits Folgendes klar, wie er im Nachhinein berichtet:

»Obwohl die Augenentzündung ja ein sehr physischer Prozess ist – ein rein medizinisches Geschehen –, war meine Sichtweise, dass jede körperliche Krankheit auch immer einen seelisch-geistigen Aspekt hat. So habe ich ja auch mit den Patienten in der Psychosomatik gearbeitet. Und selbst wenn es sich scheinbar um einen rein körperlichen Prozess handelte, wurde deutlich, dass es jedes Mal diese seelisch-geistige Seite gibt. Sie ist nicht unbedingt die Ursache, aber sie ist Teil des gesamten Geschehens. Und damit musste auch *ich* arbeiten. So begann ich schon sehr schnell eine Odyssee. Ab da habe ich die größten Experten auf dem Gebiet der Universitätsmedizin abgegrast.«

Er wird u. a. in Tübingen und München sowie in einer Spezialklinik in Zürich behandelt. In diesen stark entzündlichen Prozess hineinzuoperieren traut sich kaum ein Experte. So beginnt eine zermürbende Suche nach jemandem, der den speziellen Eingriff vornehmen kann – eine nicht enden wollende Odyssee von Spezialist zu Spezialist:

»Ich bin sogar bis zu derjenigen Person vorgedrungen, die diese Operationstechnik ursprünglich entwickelt hat. Die also die meisten Erfahrungen hatte. Und es war auch klar, wenn ich mich überhaupt operieren lassen würde, dann bei jenem Professor in Zürich. Ich hatte auch schon einen

OP-Termin, aber ich hatte die innere Gewissheit, diese Operation sei nicht gut für mich. Ich fuhr also dahin, und ich hatte das Gefühl, ich komme aufs Schafott. Ich *wusste* tief in mir, diese Operation sollte eigentlich *nicht* sein. So kam ich zu den Untersuchungen, und dann hat mir der Professor mit dem größten Bedauern gesagt, *er* würde es nicht riskieren wollen. Und ich strahlte! Er war aber vollkommen fertig und fassungslos.«

Sebastian E. ist erleichtert. Seine schon zuvor gespürte intuitive Gewissheit, die Operation besser nicht durchführen zu lassen, stimmte mit der später erfahrenen Expertenmeinung überein. Eine Lösung in diesem Dilemma hätte auch darin bestehen können, dass er den Untersuchungstermin einfach nicht wahrgenommen hätte. Aber nicht die Angst scheint in diesem Fall der Ratgeber gewesen zu sein. »Ich bin da hingegangen mit dem Gefühl: ›Jetzt gehe ich auf meine eigene Schlachtbank.‹« Dieser Professor sei ein sehr kompetenter und vorsichtiger Mann gewesen, berichtet er. Er habe nicht einfach operiert, sondern die Risiken sorgsam abgewogen. Ihm bringt er noch heute große Hochachtung entgegen.

Erfahrungen als Patient

In dieser bedrohlichen Situation ist jede Hilfe willkommen. Da Sebastian E. beruflich mit Kollegen zu tun hat, die mit Homöopathie arbeiten, wendet er sich mit seinem Anliegen auch an diese. Sie raten ihm, sich als Patient bei einem bevorstehenden großen Kongress zur Verfügung zu stellen. Dort solle einer der führenden Experten auf diesem Gebiet aus Übersee auftreten. So nimmt er auch diese Chance wahr:

»Das war natürlich zum Teil sehr interessant, aber auch sehr schockierend. Die homöopathischen Ärzte, die mich dorthin mitgenommen haben – und zum Teil schätze ich sie nach wie vor –, behandelten mich plötzlich nur als *Fall.* Vorher waren sie meine Kollegen gewesen, und wir hatten kooperiert von Gleich zu Gleich. Aber nun wurde ich zum Fall. Sie sahen in mir nur noch Arzneimittelbilder. Ich wurde dort präsentiert und interviewt. Dann sollte ich sogar ausgeschlossen werden, wenn sie das Arzneimittel bestimmten. Und am Anfang wurde ich auch ausgeschlossen. Ich habe jedoch einen Teil der Medikation, die vor mir geheim gehalten werden sollte, *erraten.* Dazu muss man aber wissen, dass die Homöopathie für mich eine ganz fremde Welt war. Was mich schockierte, war die Tatsache, wie ich plötzlich in der Rolle des Patienten anders betrachtet wurde als zuvor. Ich fühlte mich ein bisschen entmündigt. Das war damals für mich sehr verletzend. Vielleicht auch aus dem Grunde, weil ich vorher so schnell in dieser medizinischen Welt aufgestiegen war. Es hat mich schockiert, dass man versachlicht oder verdinglicht wird. Es war natürlich nicht bei allen so, das möchte ich betonen.«

Sebastian E. spricht damit einen Punkt an, der Medizinern aller Fachrichtungen zu denken geben sollte.
Danach sucht er weitere Ärzte aus dem Gebiet der Naturheilkunde auf. Nicht alle sind so kompetent wie derjenige, der höchst verantwortungsvoll auch mit Krebspatienten arbeitete, aber ihm auch nicht weiterhelfen konnte. Er trifft auf seiner Odyssee auch auf einige Scharlatane:

»Ich kann mich noch daran erinnern, dass ich in die Schweiz zu einem Mann ging, der mir über alle Maßen empfohlen worden war. Bei der Verabschiedung gab er mir einen Trank und fragte: ›Wird es schon besser?‹ Und später stellte sich heraus, dass es lediglich Echinacea[43] war, was er mir gegeben hatte. So habe ich natürlich ganz unterschiedliche Erfahrungen gemacht. Es war nur eines klar: *Ich bin auf der Suche!* Ich bin überall hingegangen. Ich hatte ziemlich starke Schmerzen. Ich konnte das Tageslicht nicht mehr ertragen. Ich hatte so etwas wie ein *Feuer in den Augen.*«

Trotz dieser Erfahrung lässt er sich nicht entmutigen. Seit jenem Zeitpunkt befasst er sich mit dem Thema »Feuer«, um darüber möglicherweise einen Zugang zu seiner Krankheit zu finden. So lag es gar nicht fern, auch das Feuerlaufen auszuprobieren. Er tat dies nicht wie andere als Mutprobe, sondern um die Symbolik seiner Symptome zu entschlüsseln. Dem Gefühl »Feuer in den Augen« setzte er die reale Erfahrung mit Feuer entgegen. Auch in der Medizin bei Immunimpfungen oder in der Homöopathie wird »Gleiches mit Gleichem« behandelt. Aber dieses Experiment bringt ihn ebenfalls nicht weiter.
Er erlebt nicht nur die seltsamsten Dinge mit Heilkundigen. Auch seine Mitmenschen reagieren zeitweise höchst eigenartig. Zu diesem Zeitpunkt trägt er eine Augenbinde, um das am stärksten geschädigte Auge zu schützen. Als er einmal in einem Reformhaus einkauft, sagt der Verkäufer unvermittelt und ein wenig grob zu ihm: »Na, hast du eins aufs Auge bekommen?«
»Ich war zutiefst verletzt!«, berichtet Sebastian E. »Was bil-

43 Echinacea ist ein pflanzliches Mittel, das die Abwehrkräfte stärken soll, was aber bisher keineswegs nachgewiesen ist.

dete der sich ein? Ich sagte, ich hätte eine zur Erblindung führende Augenkrankheit. Dann wurde er plötzlich ganz anders.«

Zufälle begleiten seinen Weg

Das Gespräch mit dem Inhaber des Reformhauses nimmt plötzlich eine Wendung. Nachdem er sich für seine Entgleisung entschuldigt hat, ruft er seine Frau herbei. Er sagt, dass diese einen Feuerwehrmann in England kenne, der mit einem Dr. Lang zusammenarbeite. Dr. Lang soll ein verstorbener Augenchirurg sein, der jetzt als *Geist* weiter tätig ist. Dazu schlüpft er sozusagen in den Körper einer lebenden Person, die für ihn dann in der Gegenwart praktiziert. In diesem Fall sei es ein Feuerwehrmann, der in seinem Auftrag handele.

»Das war das erste Mal, dass ich von einer Inkorporation gehört habe«, berichtet Sebastian E. Nicht nur für ihn klingt das dubios. Es ist auch mit unserem herkömmlichen Bild der Wirklichkeit kaum in Einklang zu bringen. Wir werden aber später sehen, was es damit auf sich hat.

»Ich habe alles recherchiert und auch recherchieren lassen und habe dann mit dem besagten Feuerwehrmann *Fernbehandlungen* gehabt. Damit kam ich in diese Sphäre der Geistheilung hinein. Ich habe zu Hause im Bett gelegen und mit diesem Menschen in Verbindung gestanden. Das war eigentlich eine interessante Sache. Der wollte immer, dass ich einmal in der Woche einen Bericht schreibe. Und dann habe ich ihm geschrieben, und er hat in zwei oder drei Sätzen geantwortet. Das war sehr, sehr berührend für mich, dass diese Antwort immer postwendend kam.«

Später reist Sebastian E. auch persönlich nach England zu diesem Heiler. Er erlebt ganz neue Aspekte der Heilung: »Der hat sich in eine *Trance* begeben und auf *unsichtbare* Weise mit Patienten gearbeitet. Und ich habe gemerkt, es ist etwas wert und es ist gut, aber es ist nicht stark genug für die Größe meiner Beschwerden. Es war eine erste Stufe.«

Die Hoffnung, dass ein Heiler schnelle Abhilfe schaffen kann, erfüllt sich nicht. Sebastian E. sagt, dass er versucht habe, mit allen Formen der Medizin zu arbeiten, die er für wertvoll gehalten habe. Er versucht auch an sich selbst zu arbeiten, wobei er zunächst gar nicht weiß, wie das für ihn konkret aussehen könnte:

> »Ich habe mich zwischenzeitlich auch in die Berge zurückgezogen. Ganz allein. Und mehrere Tage habe ich nur mit mir allein gearbeitet. Das gehörte genauso dazu. Es war nicht nur dieses ›Ich suche Behandlung‹. Ich habe mich gewissermaßen fast ausschließlich dieser Geschichte gewidmet. Ich fand es zwischendurch einen Wahnsinn, dass ich mich die ganze Zeit abgerackert habe, nur um meine eigene Haut zu retten. Aber ich hatte von Anfang an das Gefühl: Das mache ich nicht nur für mich selbst!«

Natürlich erlebt er in dieser Zeit auch Resignation. Aber seine Suche geht dann doch weiter. Er will wissen, was noch an Behandlungen alles möglich ist. Er will jede Chance ausschöpfen. Er arbeitet aber auch sehr stark an sich selbst. Dazu sagt er später: »Das war eigentlich das Wesentliche. Ich habe alle meine Kraft, die ich vorher in diese Klinik ge-

steckt habe, umgedreht und gesagt: ›Jetzt ist meine Krankheit dran und nichts anderes!‹ Und ich habe auch alles riskiert.«
Langsam geht ihm aber auch das Geld aus, da er kein Einkommen mehr hat. Die Reisen zu verschiedenen Experten und die Behandlungen, die er zum größten Teil selbst bezahlen muss, übersteigen das Krankengeld, das er bezieht. So muss er seinen Lebensstandard und seine Bedürfnisse radikal einschränken. Die Krankheit aber blieb trotz intensiver äußerer Suche und innerer Wandlung. »Zu jener Zeit war ich, wie andere Patienten auch, auf diese physische Veränderung fixiert. Ich *wollte*, dass das sich verändert.«
Er hat auch mehrere persönliche Berater, z.B. alte weise Freunde, die er anruft oder immer wieder aufsucht. Einer rät ihm, auf die Philippinen zu fliegen, um sich dort von bekannten Heilern behandeln zu lassen:

> »Ich war eigentlich *bereit für alles*, aber letztlich merkte ich, irgendwie ist das nicht richtig für mich. Ich habe hin und her überlegt, habe alles abgewogen. Und dann geschah es, dass plötzlich einer sagte: ›Warum gehst du nicht zu Dr. Fritz nach Brasilien?‹ Und dies haben drei oder vier Leute unabhängig voneinander gesagt. Ich wusste aber nicht, wer Dr. Fritz war. Ich fing dann an, nachzuforschen. Ich habe auch ein Videoband über seine Behandlungen gesehen. *Ich fand das nicht sehr ansprechend.«*

Es widerstrebt ihm auch, in dieser Situation mit seiner schweren Krankheit noch herumzuexperimentieren. Aber drei- oder viermal wurde ihm ganz unabhängig voneinander von verschiedenen Leuten dieser Rat gegeben. Und er erinnert sich, dass Elisabeth Kübler-Ross, die er einmal als Student zu einem Kongress gefahren hat, ihm damals Folgendes mit auf den Weg gegeben hat: »Es ist ein geistiges Gesetz, wenn dir drei Leute unabhängig voneinander etwas sagen oder dreimal hintereinander das Gleiche geschieht. Dann schenke ihm große Aufmerksamkeit.«

»Nach Brasilien schien mich das Schicksal führen zu wollen. Meine eigene Antwort aber lautete: *›Nein, da will ich nicht hin!‹* Ich wäre in den Himalaja gegangen. Ich überlegte, ob ich zu irgendwelchen Heilungsmeistern nach Indien gehen sollte. Das wäre mir viel nahe liegender gewesen. Aber es war Brasilien. Mit einem gewissen Schrecken und mit Furcht und auch in dieser verwundbaren Situation bin ich dann nach Brasilien geflogen.«

Es ist ein Flug ins Ungewisse. Er hat nur in Erfahrung gebracht, in welcher brasilianischen Stadt dieser Heiler lebt. Etwas unsicher trifft er in der für ihn fremden Welt ein. Ganz allein sitzt er auf dem Flughafen von Rio de Janeiro und wartet auf seinen Weiterflug nach Recife. Dort will er sich auf die Suche nach dem Heiler machen, von dem er zu Hause gehört hat. In einer Stadt mit 1,3 Millionen Einwohnern kein leichtes Unterfangen.
Auf dem Flughafen spricht ihn ein Mann an, ein Einheimischer.

»Er konnte ein bisschen Englisch. Wir haben uns unterhalten, und er hat plötzlich gefragt, was ich denn hier mache. ›Ich bin auf der Suche nach diesem Heiler‹, habe ich geantwortet. Dann sagte er, er fliege auch nach Recife. Ja, dort gäbe es tatsächlich jemanden, der mit diesen Kräften arbeite. Da wusste ich dann schon, wohin ich gehen musste. Und dann sagte er, er würde mich begleiten und er würde mir auch andere Heiler nennen können. Dieser Mann war dann im Grunde genommen später meine Anlaufstelle in Rio de Janeiro. Ich bin mit ihm im gleichen Flugzeug gereist. Bei unserer Ankunft in Recife wurden wir von vielleicht fünfzig Leuten begrüßt, die uns mit Gesang empfingen. Die haben mich in ihre Mitte genommen, und so ist mein Beginn dort gewesen. Da war mir klar, da gehöre ich hin.«

Hier erfährt er, dass dieser Mann eine sehr bedeutende und sehr respektierte Persönlichkeit in Brasilien ist. Langsam beginnt er, sich einzuleben in einer für ihn fremden Welt. Behutsam versucht er, sich an dieses Neue anzunähern.

»Ich war zu dieser Zeit sehr offen, obwohl ich schwerstbehindert war. Ich bin dann mit den Menschen mitgegangen und habe *die Welt neu ertastet.* Und aus diesem Neu-Ertasten heraus habe ich auch angefangen, die Welt so aufzunehmen, wie die Menschen sie dort sehen. Ich habe mich bemüht, zu verstehen.«

Eine ältere Frau begleitet ihn zu allen Behandlungen, da er kein Portugiesisch spricht. Sie habe sich in ihn erstaunlich genau hineinversetzen können, berichtet er später. Sie habe ihn auch zu weiteren Heilern geführt. Er erlebte, dass sich die Türen nach einer langen Zeit des Wartens endlich für ihn öffneten.

Innere Bereitschaft zur Gesundung

Ich möchte von Sebastian E. wissen, was in ihm vorging, als er sich in dieser für ihn völlig fremden Welt auf eine

Behandlung seiner drohenden Erblindung einließ. Wie war seine erste Behandlung? Konnte er sich den Heiler aussuchen? Ich erfahre, dass ein sehr wichtiger Punkt immer die innere Vorbereitung auf die Behandlung ist. Nicht nur für ihn ist es wichtig, sondern auch für die anderen Patienten.

> »Ich habe immer das Gefühl gehabt: ›*Ich muss mich jetzt innerlich bereit machen*, dass ich geheilt werden *kann*. In mir muss etwas Bestimmtes geschehen.‹ Ich habe diese Wanderschaft dorthin, dieses Reisen, als ein *Bereitwerden* empfunden. Und ich weiß auch noch, bevor ich die erste Behandlung bekam, bin ich nachts lange am Meer entlanggelaufen. Da war auch dieses Empfinden da, ich *sollte lernen, loszulassen*. Alles loszulassen. Dann kamen jedoch von mir so innerliche Einwände: ›Ja, ich bin aber an die Krankheit gebunden, ich bin daran gewöhnt.‹ Ich muss loslassen. Und dann wurde mir bewusst, dass das Beenden einer Krankheit auch zu betrauern ist.«

Das ist ein interessanter Gedanke. Auf der einen Seite möchte man als Patient endlich sein Leiden loswerden, auf der anderen Seite ist es jahrelang ein ständiger Begleiter gewesen. Sollten die Symptome plötzlich nicht mehr da sein, ist das auch für manche eine erhebliche Umstellung. Diesen Gedanken kann man noch weiterentwickeln und sich fragen: »Was werde ich alles tun, wenn ich die Beschwerden nicht mehr habe?« Dies ist auch ein Form des »inneren Bereitwerdens«, bei dem man in Gedanken eine positive Zukunft für sich entwirft.[44]

44 Ein Ansatz, den ich in dem Buch ›*Krisenkompetenz*‹ (a. a. O.) ausführlich dargestellt habe.

Ich möchte weiter von ihm wissen, ob er, bevor er das erste Mal behandelt wurde, konkrete Vorstellungen über den Ablauf der Behandlung hatte, ob er wusste, was auf ihn zukommt?

»Nein, das wusste ich überhaupt nicht. Ich wusste nur, dass da eventuell *kuriose drastische Sachen* laufen könnten. Und ich wollte zu dieser Zeit auch immer noch *Zusammenhänge* wissen: womit das zu tun hat und woher das kommt. Ich hatte immer noch meine geistig-kausale Denkweise. Ich wollte immer fragen: ›*Wie* ist das und von *woher* kommt das?‹ Weil die nicht so viel dazu gesagt haben. Und ich war ja auch bei dem einen Heiler zunächst einmal in dessen medizinischer Praxis, bevor ich dann zu diesem Dr. Fritz kam.«

Wenn man im westlichen Medizinsystem verankert ist und selbst auch Patienten in seiner Kliniktätigkeit behandelt hat, erfordert es wahrscheinlich eine große innere Umstellung, sich auf geradezu mystische Dinge einzulassen. Deshalb möchte ich von ihm wissen, ob er dem Ganzen großes Misstrauen entgegengebracht hat oder vielleicht sogar Vertrauen? Wie ist sein Gefühl dabei gewesen, sich auf diese Dinge einzulassen?

»Es war durchaus eine Furcht. Aber es war klar: Das ist der Weg! Es war klar, aber gleichzeitig dachte ich manchmal, ich werde selbst zu einem Experimentiergeschehen des Lebens, dem gegenüber ich auch eine gewisse Ambivalenz hatte. Wie ein *Humanexperiment*, das ist auch nicht ganz ohne Gefahren. Das hat sich aber mit dem anderen überlagert, und langfristig wusste ich nicht, ob es gut ist oder nicht. Und dann gab es natürlich Menschen, die mir in dieser Hinsicht zugeredet haben. Gleichzeitig bemerkte ich, *ich* gebe mich hin. Ich werde offen. Ich gehe zur Behandlung. Ich kann mich darauf einlassen.«

Aber auf was lässt sich Sebastian E. ein? Er spricht von einem Humanexperiment an sich selbst. Vielleicht hat jener Heiler überhaupt keine Erfahrungen auf diesem Gebiet. Wenn etwas schief geht, wird er möglicherweise auch noch sein halbwegs gesundes Auge verlieren. Können wir mehr über diesen ominösen Heiler in Erfahrung bringen?

Wer ist Dr. Fritz?

Brasilien ist ein modernes Land mit Wurzeln in der indianischen, afrikanischen und europäischen Kultur. Seine Bewohner besitzen eine tiefe emotionale Bindung zu den Verstorbenen und den beseelten geistigen Welten. Geistheiler gibt es dort viele. Aber auch in Brasilien gibt es ein Kurpfuschergesetz, und einige der Geistheiler sind schon mehrfach angeklagt worden. Die Presse, die für paranormale Phänome aufgeschlossener ist als bei uns, lässt es aber keineswegs an Kritik fehlen.

Einer der Ersten, die im Trancezustand als »Dr. Fritz«[45] Tausende von Menschen in Brasilien behandelten, war Zé

45 Die Informationen über Dr. Fritz stammen von: Faria, Rubens, brasilianischer Heiler, der in Trance Dr. Fritz inkorporiert, persönliche Mitteilungen 2004; Passian, Rudolf, »Neue Trance-Chirurgen in Brasilien«, in der Zeitschrift: *»Wegbegleiter«,* 3. Jahrgang, Januar 1998, S. 19 ff.; Moreira, William, *Dr. Fritz, the Phenomenon of the Millennium*, Authors Choice Press, 2002.

Arigo. Er nahm chirurgische Eingriffe vor mit Skalpellen, Haushaltsscheren oder bloßen Fingern ohne Anästhesie und ohne Asepsis, d.h. ohne Keimfreiheit der Gegenstände, die mit der Wunde in Berührung kamen. All das ist eine Horrorvorstellung für den Laien, aber erst recht für den westlich ausgebildeten Mediziner.
Eigentlich hieß dieser Heiler José Pedro De Freitas und war Landarbeiter mit geringer Schulbildung. Heiler wie er arbeiten in Trance angeblich unter Einfluss von Geistwesen, die sich vorübergehend in ihnen verkörpern. Sie wirken nicht nur auf körperlicher, sondern vor allem auf einer geistig-spirituellen Ebene. Nach den Tranceheilungen fehle ihm immer jegliche Erinnerung an die Behandlungen, die er sozusagen in fremdem Auftrag durchführe.
21 Jahre lang arbeitete Zé Arigo in der Überzeugung, dass sein Körper während der Trance vom Geist des verstorbenen deutschen Militärarztes Dr. Fritz als Instrument der Heilung genutzt wird. Dieser Arzt sei angeblich im Ersten Weltkrieg ums Leben gekommen. Berichten zufolge half Zé Arigo Tausenden von Menschen. Dafür wurde er in Brasilien verehrt wie ein Heiliger. Umso größer war die Bestürzung, als er 1971 bei einem Unfall ums Leben kam.
Seither haben weitere Heiler wie Antonio Da Silva, Dr. Valrido, Eneas Ferreira Lemos und Rubens Faria sozusagen durch die jenseitige Unterstützung von Dr. Fritz oder auch einem Dr. Arikson Behandlungen durchgeführt. Zu Antonio Da Silva, genannt Di Pato, kommen überfüllte Autobusse mit Menschen aus allen Teilen des Landes, die sich von ihm behandeln lassen wollen. Obwohl er von dem TV-Star Silvio Santos aus Dankbarkeit ein komfortables Haus geschenkt bekommen hat, lebt er weiterhin sehr bescheiden. Dieser dort landesweit bekannte Fernsehstar bekam Probleme mit seiner Stimme. Er konsultierte namhafte Ärzte und reiste sogar zur Behandlung in die USA. Keiner

konnte ihm helfen. Der Heiler Di Pato aber beseitigte seine Beschwerden. Santos konnte seine tägliche Fernsehshow fortsetzen. Daher seine Dankbarkeit und das überaus großzügige Geschenk.[46]

Heilung in unsichtbaren Welten

Kehren wir zurück zu Sebastian E. und seiner Suche nach Hilfe für seine fortschreitende Erblindung. Er ist inzwischen in einem Behandlungszentrum für geistiges Heilen eingetroffen. Es handelt sich nicht um eine komfortable Klinik, sondern ein eher baufälliges Haus mit schlichten, weiß gekalkten Wänden inmitten eines Elendsviertels. Die Räume sind voller Menschen: Erwachsene und Kinder, Männer und Frauen, Arme und Reiche. Sie alle suchen Hilfe und bereiten sich innerlich auf die Heilung vor. Dieses Warten und Beten scheint mindestens ebenso wichtig zu sein wie die eigentliche Behandlung:

> »Die Behandlungen sollten abends um 19.00 Uhr beginnen, aber sie begannen erst um etwa 23.00 Uhr. Da saß man immer herum und wartete. Man sammelte sich und betete. Ich hatte eine Übersetzerin, eine sehr gebildete Tschechin. Das Ganze fand in den Favelas statt, also den Elendsvierteln. Und dazwischen diese hoch gebildete Frau. Es waren ganz unterschiedliche Menschen dort. Das war ein sehr interessantes Feld. Man wartete und wartete, und ich merkte, dass dies zu dem Ganzen dazugehört.«

46 Vgl. Passian, a. a. O., S. 19 ff.

Dann erlebt er zum ersten Mal eine Inkorporation, ein Geschehen, bei dem der Geist einer verstorbenen Person in einen Menschen einfährt, über den dieser als Heiler in der diesseitigen Welt wirkt. Eigentlich eine vollkommen aberwitzige Vorstellung. Der Mann, den das Geistwesen ausgewählt hat, ist Arzt, der tagsüber in seiner Praxis ganz normale westliche Schulmedizin betreibt.
»Das war eine sehr beeindruckende Sache«, erzählt Sebastian E. über diese Inkorporation:

> »Dieser Arzt kam dorthin, und er sang zur Gitarre. Irgendwie ganz berührend. Brasilianisch schnulzig. Ganz wunderbar. Und dann hielt er eine Rede im Halbdunkel. Und während er diese Rede hielt, gab es plötzlich eine leichte Unterbrechung, und er trat – auch körperlich – zwei Schritte zurück. Das fand ich sehr interessant – so, als wenn *seine Persönlichkeit* plötzlich zurücktrat. Schlagartig verwandelte sich die Atmosphäre im ganzen Raum. Das habe ich sogar im Halbdunkel wahrgenommen, dass da etwas Wichtiges passierte. Insofern habe ich diese erste Inkorporation sehr bewusst erlebt. In dem Raum entstand eine *Vibration*, und ich merkte, das bebt fast. Und dann merkte ich, da ist etwas passiert. In ganz veränderter Stimme fiel er in ein Gebet. Dann lief er durch den Raum – es war total unheimlich! Und dann fing er an zu arbeiten. Aber in einem angrenzenden, für sich abgeschlossenen Raum.«

Nach einiger Zeit wird Sebastian E. in das Behandlungszimmer gerufen. In dem Raum halten sich jedoch verschiedene Personen auf, die assistieren oder einfach der Behandlung beiwohnen dürfen. Insofern gibt es auch eine Kontrolle für das, was dort abläuft.
Nach der Begrüßung beginnt der Heiler, ihn mit den Händen

zu untersuchen, besser gesagt, seinen Körper »abzuscannen«. Dieses Erlebnis ist auch nach vielen Jahren immer noch präsent für Sebastian E., da es ihm sehr imponierte:

> »Ich merkte, da geschieht etwas Unglaubliches. Es beeindruckte mich, was für eine Kraft von diesen Händen ausging. *Das hatte ich noch nicht erlebt! Der durchdrang mich, und zwar in einer Tiefe und Sanftheit – das war so unglaublich!* Mir fehlen die Worte. *Diese Mächtigkeit, die ich spürte!* Dann schnippte er mit den Fingern, und zack! hatte er *eine Nadel bis tief in meine Augenhöhle gestochen!* In das Auge, mit dem ich noch sehend war. Und in diesem Moment habe ich gespürt: *Die Welt geht aus!* Das war ... Mein Nerv war getroffen! Die Welt ging aus! Und das war nach dieser vollkommen sanften Umhüllung, die da stattgefunden hatte, ein großer Schock. *Es tropfte das Blut aus dem Auge* – aus dieser Injektionsnadel.«

Alles geschieht innerhalb weniger Sekunden. Aus der sanften Umhüllung wird er mit einem Schock herausgerissen. Er konnte sich vorher innerlich nicht darauf einstellen. Die Injektionsnadel sitzt tief in der Augenhöhle. Er bewegt die Nadel hin und her, dreht sie. Das Blut tropft heraus. Sebastian E. darf sich nicht bewegen. Er ist wie erstarrt. Wir können uns vorstellen, dass ihm die wildesten Gedanken und Befürchtungen durch den Kopf rasen. Auf welches Abenteuer hat er sich da eingelassen? »In dem Moment war ich schon sehr verstört«, erzählt er später.
Danach verlässt der Heiler erst einmal den Raum. Nach ein paar Minuten, die wie die Ewigkeit vergehen, wird die Nadel wieder herausgezogen. »Dann wurde ich an beiden Augen verbunden, und ich sah *nichts* mehr! Ich dachte: ›Jetzt ist alles Geschichte, jetzt ist alles vorbei.‹ Aber ich wusste nicht, *was* vorbei ist. Dann wurde ich ins Hotel

gebracht – mit verbundenen Augen. Ich war dann *quasi ganz blind.*«

Dort, im Hotel, muss er nun ausharren. Jeden Tag bekommt er von verschiedenen Leuten Besuch. Er erhält auch Fernbehandlungen, und das ist ebenfalls so eine Angelegenheit, die ich persönlich eher für fragwürdig halte. »Es kamen auch Leute, die sagten, sie hätten noch nie jemanden sich *so vertrauensvoll* behandeln lassen sehen. Das war aber der Tag, an dem ich die *tiefsten inneren Zweifel hatte. Die tiefsten Zweifel.* Das fand ich zwischendurch *völlig fragwürdig.*«

Nach ein paar Tagen wird der Verband wieder entfernt. Die Welt ist nicht ausgegangen, wie er befürchtet hatte. »Es war jedoch irgendwie ein anderer Blick da, aber *physisch wusste ich nicht, ob sich etwas verändert hatte.* Ich wusste es einfach nicht.«

Bei den weiteren Behandlungen erwartet er wieder drastische Maßnahmen, doch der Heiler, so wurde ihm später erzählt, vollzieht nur irgendwelche unverständlichen rituellen Handlungen. Obwohl die Behandlung für ihn ein Schock war, ist seine Neugier geweckt, er will mehr darüber erfahren, was dort passierte. »Ich habe gemerkt: Ich muss das, was da geschehen ist, *in mir begreifen lernen.* Auch wenn es mehrere Jahre braucht.« Die Erfahrung, die hier im Bruchteil einer Sekunde geschah, sollte sich erst in den nächsten Jahren entfalten und Sebastian E.s weiteren Lebensweg bestimmen.

Es schließen sich viele weitere und ganz unterschiedliche Behandlungen an. Manche Interventionen sind eher unspektakulär, andere genauso drastisch. Das zweite Mal, dass etwas derart Mächtiges von außen geschieht, ist, als ein Heiler ihm unvermittelt ein *Messer* ins Auge sticht. Ein richtig großes Messer! Diesmal jedoch ist es das andere Auge.

Sebastian E. erinnert sich in dem Moment, dass er immer während des entzündlichen Prozesses das Gefühl gehabt hat, dass das Auge irgendwie durchbohrt sei:

> »Dann hat er das Messer dorthinein gestochen, und das war wie nichts. Ich habe das *nicht* wahrgenommen. Das hing dort eine ganze Zeit lang heraus. Es hat auch gar nicht wehgetan. Gar nicht. Und ein paar Tage darauf hatte ich immer noch das Gefühl, ich habe ein Messer im Auge. Da fing ich an, *größte* Zweifel zu bekommen. Dieses Gefühl, dort ein Messer drinstecken zu haben, hat mich ziemlich beunruhigt. Ich war schließlich allein in Brasilien und wusste nicht, was ich nun tun sollte.«

Verzweiflung und Freude

Zu diesem Zeitpunkt hat Sebastian E. schon einiges hinter sich. Er ist fast ein Dreivierteljahr im Land. Erneut stellen sich Zweifel, aber auch Verzweiflung ein. In dieser Situation sucht er eine Augenärztin auf. Während des gesamten Behandlungszeitraums hat er nicht nur Kontakt zu Heilern, sondern auch immer wieder zu modernen Augenärzten gehabt.

Diese Ärztin schickt ihn jedoch zu ihrem Lehrer weiter, bei dem sie ausgebildet wurde. Er ist ein sehr bekannter Augenexperte in Brasilien. Er hat, wie Sebastian E. feststellt, das gleiche fachliche Niveau wie die besten Experten, mit denen er in Deutschland und der Schweiz zu tun hatte. Dieser untersucht ihn und sagt, dass er ein Problem mit der Netzhaut habe:

»›Was?‹, fragte ich. ›Sie sehen meine Netzhaut?‹ Er sagte: ›Ja, ja.‹ Das glaubte ich nicht. Das konnte nicht sein, denn die war nie für einen Arzt vorher sichtbar gewesen. Durch diesen entzündlichen Prozess war alles verschwommen gewesen. Man hat nie richtig durch das Auge hindurchsehen können. Unmittelbar nachdem das Messer ins Auge gestochen worden war, muss sich der ganze Glaskörper aufgeklart haben.«

Ein interessanter Vorgang ... Auch, dass erst ein Außenstehender ihm mitteilen muss, dass eine Verbesserung stattgefunden hat. Er selbst nahm es nicht wahr. Im Gegenteil. »Ich war sogar *in größter Sorge* und habe gedacht: ›Ich habe das alles weiter kaputtgemacht!‹ Was ich in dieser Zeit empfunden habe, kann ich gar nicht beschreiben. Ich habe gedacht: ›Es ist *ein Wahnsinn*, was du da gemacht hast!‹«
Dann hat er ein weiteres merkwürdiges Erlebnis mit einem alten weisen Mann, der zu ihm kommt und sagt: *»Du bist geheilt! Du merkst es nur nicht!«*

Der Film »Zé«

Hätte ich Sebastian E., der selbst Psychotherapeut und Forscher ist, nicht persönlich kennen gelernt, ich hätte all das für eine erfundene Story gehalten. Die Seriosität seiner Angaben steht jedoch außer Zweifel.
Seine Erfahrungen motivierten ihn zu einer sieben Jahre währenden Untersuchung des Phänomens Geistheilung. In der 1992 begonnenen Zusammenarbeit mit dem Schweizer Filmemacher Kamal Musale entsteht ein Film über geisti-

ges Heilen in Brasilien mit dem Titel »Zé – Heilung in den unsichtbaren Welten«. Er läuft immer wieder in kleinen Programmkinos in ganz Deutschland. Hier in diesem Buch wurde jedoch erstmals seine eigene Geschichte ausführlich erzählt.

Auch in diesem Film werden unzählige Behandlungsbeispiele gezeigt, die jenseits unseres Vorstellungsvermögens liegen. Man bekommt einen lebendigen Eindruck von dem, was dort als Geistheilung praktiziert wird. In vielen Fällen ist es gar keine sanfte Medizin, sondern läuft, wie wir gesehen haben, auch recht drastisch ab. – Sebastian E. war Zeuge von mehr als 30 000 Behandlungen. Er meint:

> »Man kann sie nicht mit dem üblichen Verständnis erklären. Es gibt ein Gesetz, dass man diesen Zustand nur verstehen kann, wenn man selbst ein höheres Bewusstsein besitzt. Ich kann mit einem alltäglichen Bewusstsein nicht einen veränderten Zustand erklären. Das einzig Sinnvolle wäre, unsere innere Wahrnehmung zu öffnen.«

Immer wieder wird auch im Film betont, wie wichtig die innere Einstimmung auf jene Art von Heilung ist. Durch diese Vorbereitung werde ein starkes energetisches Kraftfeld geschaffen, von dem alle Teilnehmenden getragen würden. Doch Glaube ist nicht gleichbedeutend mit Heilung. Es kommt vor, dass Menschen mit einem starken Glauben keine Heilung erfahren und manche, die keinerlei spirituelle Ausrichtung haben, geheilt werden. »Je weniger eine Person die Heilung vom Heiler erwartet, desto größer ist die Chance, von der Gnade des Heilens berührt zu werden«, so Sebastian E.s Kommentar im Film. Ich nehme dies zum Anlass, um mit ihm ein Gespräch über Heilung zu führen.

Interview: Was bedeutet Heilung?

Dr. K.: »Könntest du einmal sagen, was diese Heilung für dich persönlich bedeutet?«

S. E.: »Heilung bedeutet für mich, dass man einen Weg mit seiner Krankheit findet. So eine schwere Symptomatik ist ja wie ein Fremdkörper. Da läuft etwas ab, mit dem man überhaupt nicht einig ist. Mit dem vielleicht auch mein Körper gar nicht mal einig ist. Es ist ein Integrationsprozess.«

Dr. K.: »Was genau meinst du damit?«

S. E.: »Es ist ein Prozess des Annehmens. Ich habe plötzlich irgendwann empfunden, dass mein schwächeres Auge mein ›mongoloides Kind‹ wurde. Mongoloide Kinder haben ja eine ungeheure Herzensqualität und Schönheit. Und wenn sie wirklich aufgenommen sind in ihrer Familie, dann sind sie eine unglaubliche Bereicherung. Und so empfand ich das auch mit meinen kranken Augen.«

Dr. K.: »Etwas auf andere Weise sehen zu können?«

S. E.: »Ja, das ist für mich das Erstaunliche, dass ein ganz schwieriger Prozess absorbiert werden kann. Das *kann* mit einer *physischen Veränderung* einhergehen, *muss* aber nicht. Das Auge und das Sehen waren sozusagen der Ort des geringsten Widerstands. Auch heute merke ich öfter als Erstes an den Augen, wenn etwas mit mir nicht stimmt.«

Dr. K.: »Wie ist denn dein Befinden jetzt, siebzehn Jahre nach den Erfahrungen in Brasilien?«

S. E.: »Es ist ja nicht so, dass ich jetzt frei bin von der Möglichkeit, blind zu werden. Diese entzündlichen Prozesse kommen bei den meisten Leuten zyklisch wieder und führen häufig zu vollkommener Erblindung. Ich selbst habe ab und zu so eine Andeutung gehabt, dass es wiederkommt. Wenn das geschieht, stoppe ich die Welt. *Ich* stoppe die

Welt! Nicht die Welt hält *mich* an! Ich halte die Welt an. Ich brauche manchmal zwei Tage, bis ich es mir eingestehe. Und dann geschieht etwas Erstaunliches, dass sich das innerhalb einer Nacht wieder auflöst. Aber ich muss bereit sein, alles hinzugeben.«

Dr. K.: »Das heißt, du kümmerst dich nur noch um dich.«

S. E.: »Der Begriff ›kümmern‹ ist fast noch zu vordergründig. Es ist eher eine ganz radikale Bewegung. Es ist ein Beenden dessen, was man äußerlich im Leben tut.«

Dr. K.: »Was passiert dann?«

S. E.: »Dann gibt es die verschiedensten inneren Aktivitäten. Deshalb würde ich auch sagen, es ist vergleichbar mit einer Krebskrankheit. Da ist es auch sehr selten, dass einer sagen kann: ›So, nun bin ich geheilt für immer.‹ Sondern er muss stets auch die Möglichkeit einkalkulieren, dass die Krankheit wieder ausbricht. Und *die Heilung ist eigentlich der Augenblick des Lebensvollzugs – ständig neu.* Der Ort des geringsten Widerstands, wie ich es bezeichnet habe. Er ist dann ein Sensorium für diese Fähigkeit, das Leben in jedem Augenblick neu zu gestalten. Er weist dich auch darauf hin, dass du an manchen Stellen deines Lebens etwas ändern, den Kurs wechseln musst.«

Dr. K.: »Das empfindsame Organ hat also eine wichtige Funktion.«

S. E.: »Ja. Es wird gewissermaßen ein *Organ der Weisheit.* Es gehört auch zu dem Heilungsprozess dazu. Es wird einerseits ›in die Familie aufgenommen‹ und zu einem Weisheitsorgan, andererseits gehen neue Fähigkeiten daraus hervor. Dort, wo etwas behindert ist, kann man auch lernen, drum herumzusehen.«

Dr. K.: »Somit bedeutet Heilung für dich etwas viel Umfassenderes als nur die Symptomfreiheit eines Organs, oder?«

S. E.: »Es stört mich manchmal, wenn man mich nur nach den Augen befragt. Es geht um dieses *›Sehen hindurch‹.*

Mich stört das mit den Augen, weil man mich auf das Physische reduziert. Wenn man sich auf das Physische zu sehr konzentriert, ist man daran gebunden. Das sollte nur geschehen, während man untersucht wird. Wenn ich in die Klinik gehe, habe ich überhaupt keinen Vorbehalt, denen alle körperlichen Symptome zu beschreiben und mich dieser physischen Untersuchung zu überlassen. Aber sonst im Leben darf ich das gar nicht tun, weil mich dies an das Organ anbindet. Ich muss hindurchsehen. – Die reine Organschau über die medizinische Seite hinaus ist aber oft Gift. Die Menschen fragen nur: ›Was ist mit deinem Organ, was geht da vor?‹ Damit wird man aber an dieses Organ gebunden. Mir ist klar geworden, dass wir manchmal auch eine gewisse medizinische Ethik in dieser Hinsicht verloren haben. Der Mensch wird nur auf sein krankes Organ reduziert.«
Dr. K.: »Du bist einen langen Weg gegangen. Siebzehn Jahre ist es jetzt her, als du zu erblinden drohtest. Der Behandlungserfolg hat angehalten. Das ist etwas, wozu man dir nur gratulieren kann.«
S. E.: »Ich denke, es hat aber auch damit zu tun, dass ich in einem gewissen Sinne die Möglichkeit hatte, verborgenes Wissen immer mehr ans Licht zu bringen, und dies in eine Tätigkeit habe umwandeln können. Und die Heilung besteht eigentlich darin, dass ich der Berufung,[47] die dadurch geschehen ist, mindestens andeutungsweise folgen kann.«
Dr. K.: »Ein wunderbarer Schlusssatz. Ich danke dir.«

47 Sebastian E. beschäftigt sich jetzt mit der Erforschung des Bewusstseins und seiner verschiedenen Ebenen sowie mit der besonderen Form des geistigen Heilens, die er am eigenen Leib erfahren hat.

Ein ländlicher Heiler

Der einzige Mensch, der sich vernünftig benimmt, ist mein Schneider. Er nimmt jedes Mal neu Maß, wenn er mich trifft, während alle anderen immer die alten Maßstäbe anlegen – in der Meinung, sie passten auch heute noch.

George Bernard Shaw

Als ich an diesem Buch schrieb, hörte ich von einem Heiler, der ganz in der Nähe meines Wohnorts in der ländlichen Umgebung wohnte. Das machte mich neugierig. Warum also in die Ferne schweifen nach Brasilien oder auf die Philippinen? So beschloss ich, ihn anzurufen, um einen Besuchstermin mit ihm zu vereinbaren.

Manfred K. ist etwas skeptisch, als er mich empfängt. Er weiß, dass ich Mediziner bin, und vermutet, hinter meinem Interesse an seiner Arbeit stünde die Absicht, Fakten zu sammeln, um ihm das Handwerk zu legen. Das gesteht er mir später. Ich selbst hingegen bin seinem Tun gegenüber ganz wohlwollend eingestellt.

Ich möchte von ihm aber nicht zuvor ausführlich informiert werden, was er genau macht und bei welchen Krankheiten er schon geholfen habe. Ich will mir durch eigene Anschauung selbst ein Urteil bilden. Ich bin ihm deshalb sehr dankbar, dass er bereit ist, mir so vertrauensvoll Einblick in seine Arbeitsweise zu geben. Das ist nicht selbstverständlich.

Ich frage auch die Patienten, ob ich an ihren Behandlungen teilnehmen dürfe. Nicht einer verweigert dies. Sie scheinen es eher zu begrüßen, dass das Ganze auch unter den kritischen Augen eines Schulmediziners abläuft. Die meisten von ihnen kommen mit einem chronischen Leiden, dessentwegen sie schon jahrelang in Behandlung sind. Kaum etwas habe bisher geholfen. Sollte ihre Erwartungshaltung jetzt allzu hoch sein, so versuche ich diese zu dämpfen. Warum muss ausgerechnet hier innerhalb einer Dreiviertelstunde der große Umschwung passieren? Äußerst kritisch versuche ich auch während der Behandlungen zu überprüfen, mit welchen Tricks der Heiler möglicherweise arbeitet. Aber alles wird sich als viel unspektakulärer erweisen denn erwartet.

Welche Patienten kommen zum Heiler?

Übernatürliche Heilungen müssen selbstverständlich auch irgendwie in einem spektakulären Rahmen verkauft werden, dachte ich. So werden vielleicht Esoterik-Anhänger den Heiler aufsuchen und etwas ganz Bestimmtes erwarten. Das Behandlungszimmer als solches wird schon ein Ort des übernatürlichen Geschehens sein. Daher rechne ich mindestens mit Heilsteinen und Kristallen, einem Plätscherbrunnen und exotischen Aromen aus einer Duftlampe. An den Wänden werden Akupunkturtafeln hängen mit anatomischen Verläufen der Meridiane auf dem menschlichen Körper. Kein Patient versteht dies, aber es macht Eindruck. Im Hintergrund wird noch leise sphärische Musik laufen. Wahrscheinlich suchen gerade solche Leute den Heiler auf, die genau so etwas erhoffen.

Was mich jedoch erstaunt, ist die Bodenständigkeit dieser Menschen, die zu ihm kommen. Sie wohnen hier in der noch von Landwirtschaft geprägten Region, genau wie der Heiler selbst. Sie kommen aus einem Umkreis von etwa hundert Kilometern. All das, was ich oben als Klischee beschrieben habe, würde diese Patienten eher abschrecken. Es sind schlichte Leute, die ihr Leben lang hart gearbeitet haben. Es sind überwiegend Handwerker, Bauern und Hausfrauen, zum größten Teil auch ältere Leute – sympathische Menschen, die nichts mit »esoterischem Schnickschnack« am Hut haben.

Durch Mundpropaganda haben sie von dem Heiler erfahren. Jemand aus der Nachbarschaft oder dem Bekanntenkreis ist dort schon seine Beschwerden losgeworden. »Wenn es nicht hilft, wird es auch nicht schaden«, ist ihre Grundhaltung. Es sind Menschen, die Heilversprechungen gegenüber äußerst skeptisch sind. Im Gegenteil, es handelt sich um Patienten, die kurz davor stehen, ihren Glauben an medizinische Hilfe schlechthin zu verlieren. Trotzdem haben sie ihren Ärzten immer wieder eine Chance gegeben und sind auch jetzt noch dort in Behandlung, obwohl seit Jahren keine Besserung zu verzeichnen ist. Eines allerdings ist allen gemeinsam. Sie akzeptieren die Aussagen ihrer behandelnden Ärzte nicht, die ihnen sagten: »Damit müssen Sie leben«, »Das sind Verschleißerscheinungen« oder »Das ist das Alter«.

Sie sind nicht nur ihrem behandelnden Arzt gegenüber kritisch eingestellt, sondern erst recht gegenüber dem Heiler. Das konnte ich in Gesprächen vor der Behandlung mit ihnen heraushören. Fast alle von ihnen haben einen langen Leidensweg hinter sich. Daher sind sie eher skeptisch und vermuten, dass auch diese Behandlung ein weiterer erfolgloser Versuch sein könnte. Trotzdem ist ein Funken Hoffnung vorhanden, sonst wären sie nicht hier. Sie sind aber durchweg verblüfft, dass alles so unspektakulär und »völlig normal« abläuft.

Traudel L.

Ich lerne Traudel L. kennen, eine siebzigjährige Hausfrau, die auf Krücken gestützt in die Praxis kommt. Sie ist eine bescheidene und bodenständige Frau, die sich trotz ihrer Krankheiten nicht hat unterkriegen lassen. Sie versorgt ihren Haushalt und Garten und betreut ihren auf Pflege angewiesenen Ehemann. Es ist auch eine Frau, die weiß, was sie will, und der man vor allen Dingen nicht so leicht etwas vormachen kann. Dazu hat sie zu viel Lebenserfahrung und auch zu viele Enttäuschungen mit Ärzten hinter sich.
Ich frage Traudel L. aus meiner medizinischen Gewohnheit heraus, wie lange die Beschwerden schon bestehen, wo sie lokalisiert sind und was bisher dagegen unternommen wurde. Für den Heiler selbst ist diese lange Leidensgeschichte für die eigentliche Behandlung nicht von Bedeutung. Er ist bei dieser Befragung gar nicht anwesend. In manchen Fällen würde es auch Stunden dauern, alles zu erzählen.
Ich hingegen als kritischer Schulmediziner – nicht nur dem Heiler, sondern auch der Schulmedizin gegenüber durchaus kritisch eingestellt – möchte natürlich Hintergründe und Fakten wissen. Die Anamnese, also die Vorgeschichte, ist mir wichtig. Sie ist für mich nicht nur von Interesse, um daraus eine Diagnose abzuleiten, sondern auch, um später einen möglichen Behandlungserfolg besser einordnen und würdigen zu können. Wenn ich die Ausgangslage kenne, kann ich bei Erfolg auf die Heilkräfte schließen.

Traudel L. hat Schmerzen und leidet unter starken Bewegungseinschränkungen, was aufgrund der Krücken schon offensichtlich ist. Sie habe Rückenschmerzen, besonders im Lendenwirbelbereich. Seit Jahren leide sie auch an Arthrose und sei schon mehrfach deswegen operiert worden. Die Beschwerden in den Kniegelenken hätten sich deshalb auch gebessert.
Wegen der Rückenbeschwerden habe sie bereits das ganze herkömmliche Behandlungsprogramm durchlaufen: von Medikamenten über Krankengymnastik und Massagen bis hin zu Spritzen. Sie habe darüber hinaus Kortisoninjektionen erhalten, die auch einige Zeit vorgehalten hätten. Danach aber habe sie Schmerzen in der Leistengegend bekommen, was sie bis dahin nicht gekannt habe.
Wegen der schmerzhaften Bewegungseinschränkung solle sie demnächst beidseitig ein neues Hüftgelenk bekommen. Vor der Operation fürchte sie sich, zumal sie von dem Resultat nicht überzeugt sei. Ihr Mann habe eine solche Hüftoperation hinter sich. »Die ist gründlich schief gegangen«, sagt sie. Nun könne er sich viel schlechter bewegen als zuvor. Die Komplikationen, die sich in der Nachbehandlungszeit bei ihm ergeben hätten, bekräftigten ihre ablehnende Haltung der bevorstehenden Operation gegenüber. Das müsse bei ihr natürlich nicht zwangsläufig so sein, versichere ich ihr. Sie wolle aber diese Operation so lange wie möglich hinausschieben, meint sie. Und vorher wolle sie noch versuchen, ob der Heiler nicht auch irgendetwas bewirken könne.

Der Behandlungsverlauf

Entgegen meiner Klischeevorstellung ist die Atmosphäre des Behandlungsraums sehr nüchtern: ein schlicht eingerichteter Raum mit einer Liege, einem kleinen Tisch und zwei Stühlen – keine medizinischen Apparate, keine Medikamente oder Tinkturen und kein Regal voll schlauer Bücher im Hintergrund. All das braucht er nicht.

Der Heiler geht recht pragmatisch an die Behandlung heran. Er hält sich nicht lange bei der Vorgeschichte des Leidens auf. Er geht davon aus, dass alles medizinisch abgeklärt ist und auch diese Behandlung den Arztbesuch nicht ersetzt. Er erkundigt sich kurz, wo die Schmerzen lokalisiert sind, sucht nach Schmerzpunkten, und schon geht die Behandlung los. Es ist im wahrsten Sinne des Wortes eine Be-hand-lung. Seine Hände sind das wichtigste Instrument, aber eigentlich macht er gar nichts mit ihnen. Er massiert oder knetet nicht, und er renkt auch keine Gelenke wieder ein.

Die Patientin nimmt auf einem der Stühle Platz. Der Heiler – er selbst bezeichnet sich gar nicht als solchen – legt seine Hände auf die schmerzenden Körperstellen der Patientin, schließt die Augen und konzentriert sich. »Bitte beschreiben Sie mir nur, was Sie alles spüren und wenn sich etwas verändert«, fordert er die alte Dame auf. Er fällt weder in Trance, noch passiert irgendetwas Spektakuläres, was sichtbar wäre. »Ich kann diese Energie quasi anschalten«, sagt er mir später. Am Ende des Tages werden wir uns noch ausführlich über das Phänomen seiner geheimnisvollen Kräfte unterhalten.

Ich unterhalte mich mit der Patientin, was die Arbeit des Heilers keineswegs stört. Auch er selbst stellt zwischendurch Fragen und bittet Traudel L., zu erzählen, was sie wahrnimmt. Es sind dies meistens Gefühle von Wärme, Leichtigkeit oder ein Kribbeln. Also alles ganz unspezifische Empfindungen. Man könnte einwenden, die Wärme resultiere aus der Körperwärme der Handflächen des Heilers. Aber die Patienten beschreiben es teilweise auch als Hitze, die bis in tiefere Gewebsschichten vordringt. Dann wiederum wird es auch kühl, oder die Hitze wandert, obwohl der Heiler seine Hände nicht verschiebt.

Traudel L. muss dem Heiler immer wieder Rückmeldung geben, was sich verändert, ob die Wärme beispielsweise oberflächlich ist oder auch in die Tiefe dringt. Sie erwähnt außerdem, sie fühle sich ziemlich wohl und habe zeitweise gar das Gefühl, einschlafen zu können. Bis zu diesem Zeitpunkt hat der Heiler die alte Dame etwa 40 Minuten behandelt. Er bittet sie auch, zu prüfen, ob die Schmerzen schon abgenommen hätten.

»Wie ist es jetzt?«, fragt der Heiler.

Traudel L. stellt fest, dass einige Schmerzpunkte verschwunden sind und andere an Intensität abgenommen hätten.

»Und nun bücken Sie sich einmal.«

Ungläubig beugt sie sich vor. Immer ein bisschen tiefer, bis sie mit den Fingerspitzen fast den Boden berührt. »Das geht wunderbar!« Sie ist fast sprachlos.

Dann bittet er seine Patientin, sich mit dem Rücken auf die Liege zu legen. Jetzt befasst er sich mit den Schmerzen in der Leiste, die ins linke Bein bis zum Knie ausstrahlen. Auch hier behandelt er, indem er »einfach« nur seine Hände darauf legt. Traudel L. beschreibt hin und wieder, was sich verändert. Dabei nimmt der Schmerz gelegentlich an einigen Punkten für kurze Zeit zu. Nach weiteren fünfzehn Minuten bittet er die Patientin, das Bein anzuziehen, was bis dahin schmerzhaft war. Es geht ohne Mühe und vor allem schmerzfrei.

Dann soll sich Traudel L. von der Liege erheben und aufste-

hen. »Wie ist es nun mit den Schmerzen?«, fragt der Heiler. Traudel L. prüft eingehend den Rücken, drückt die bisher schmerzenden Punkte am Rücken und an der Hüfte. Kein Schmerz.
Die Siebzigjährige kann ihr Glück kaum fassen: »Das ist ja irre«, sagt sie. »Das gibt's doch gar nicht. Ich kann mich sogar drehen, was ich vorher gar nicht mehr konnte.«
Sie soll auch ein Stück im Raum auf und ab gehen. Sie gewinnt immer mehr Zutrauen, dass es tatsächlich mühelos geht. Sie ist ganz leichtfüßig und möchte vor Freude fast übermütig hüpfen wie ein kleines Mädchen auf dem Schulhof.
Irgendwie kann sie die Welt nicht mehr verstehen, dass nun nach jahrelanger Odyssee von Arzt zu Arzt und der Prognose, dass sie mit den Beschwerden würde leben müssen, eine Wandlung eingetreten ist. Die Krücken trägt sie fast demonstrativ vor sich her, als sie die Praxis des Heilers verlässt. Ein eindrucksvolles und zugleich etwas kurioses Bild. Es kommt ihr vor wie ein Wunder.
Meine Einschätzung: Der Behandlungserfolg ist keine Frage des Glaubens, und er beruht auch nicht auf Suggestion!

So wurde er Heiler

Wer ist der Mensch, der so etwas bewirkt – der spektakuläre Dinge ganz unspektakulär und bescheiden tut? Auch vom äußeren Erscheinungsbild würde man ihn kaum für einen Heiler halten. Manfred K. ist »ein ganz gewöhnlicher Mann aus der Nachbarschaft«, keiner, der sich nach landläufiger Vorstellung wie ein Guru aufführt oder sich mit diesen Ga-

ben in Szene setzt. Das ist sympathisch. Er ist übergewichtig und hat einen Sehfehler, weshalb er eine Brille mit sehr starken Gläsern trägt.
Wie kam er dazu, das zu tun, was er jetzt tut, möchte ich von ihm wissen. Es war keine innere Berufung oder ein göttlicher Auftrag, Heiler zu werden. Er kam sprichwörtlich dazu wie die Jungfrau zum Kind.
Wegen einer bevorstehenden Augenoperation suchte er einst eine weise Frau auf, um abzuklären, ob er diese Operation machen lassen solle. Schon beim Betreten ihres Raumes sagte sie, dass er besondere Fähigkeiten habe. Er werde diese in naher Zukunft dazu einsetzen, um Menschen zu behandeln. Von seiner Ausbildung her war er jedoch gelernter Metzger. Diesen Beruf hatte er auch die meiste Zeit seines Lebens ausgeübt. Doch mit 46 Jahren trat eine Veränderung ein. Bis zu diesem Zeitpunkt wusste er weder, dass er diese Fähigkeiten hatte, noch, wie er sie nutzen sollte.
»Doch bald darauf hatte der Zufall seine Finger mit im Spiel«, berichtet er. Irgendwann habe er einmal jemandem die Hand auf die Schulter gelegt, und da sei es an dieser Stelle ganz heiß geworden. Es sei mehr als die bloße Körperwärme gewesen. Die Wärme habe immer weiter an Intensität zugenommen. Der Betreffende fand, das sei ein interessantes Phänomen, und es war ihm auch ganz angenehm. Dann habe er sich fast beschwert, dass Manfred K. seine Hand wieder von der Schulter entfernt habe, denn es wurde wieder deutlich kälter. Aber das Verblüffende bestand darin, dass die Hand unverändert auf der Schulter ruhte.
Der Betreffende war über das Resultat dieser Zufallsbehandlung sehr erstaunt. Seine schmerzhaften Schulterverspannungen, mit denen er schon lange zu tun hatte, waren plötzlich aufgelöst. So begann für den Heiler langsam der Entdeckungsprozess seiner Fähigkeiten.
»Wenn irgendjemand einen Schmerz hatte«, erzählt Man-

fred K., »dann habe ich gesagt: ›Lass uns das mal versuchen, vielleicht kann ich dir den Schmerz ja nehmen.‹ Und so war es dann häufig auch. Es klappte. Und es klappte immer besser.« Das sprach sich natürlich schnell in der ländlichen Region herum. Daraufhin etablierte sich seine Tätigkeit als oftmals letzte Anlaufstelle für schmerzgeplagte und verzweifelte Menschen.
Manfred K. war Handwerker, und genauso übt er auch seine jetzige Tätigkeit als Heiler aus: nüchtern und pragmatisch, ohne großes Brimborium. Mystik ist ihm fremd. Auffallend ist seine Bescheidenheit und dass er das, was er tut, eher herunterspielt. Er habe halt diese Gabe – und das sei es eigentlich. Er setzt sie zum Wohle seiner Mitmenschen ein und nicht dazu, um sich groß herauszustellen und sich zu bereichern.

Zehn Jahre leiden

Willi E. ist jetzt 75 Jahre alt. Vor mehr als zehn Jahren begann seine Leidensgeschichte. Es ist eine jener Geschichten, die man keinem wünscht, sie führte ihn an den Rand der Verzweiflung. Damals wollte Willi E. gerade in Rente gehen, als er einen schweren Motorradunfall erlitt. Mit dem Hubschrauber wurde er als Notfall ins nächste Krankenhaus geflogen. Neben Abschürfungen und Prellungen hatte er sich auch eine Quetschung des linken Beins zugezogen. Nach fünf Tagen intensiver Behandlung konnte man einen Teil des Beins nicht mehr retten, sodass es etwa 10 Zentimeter oberhalb des Fußgelenks amputiert werden musste. Willi E. hatte keine andere Wahl. In dieser Situation zog sich der

geschwächte Körper noch eine Lungenentzündung zu. Neben Antibiotika erhielt er auch starke Schmerzmittel.
Die Narkose und die starken Schmerzmittel hatten sein ohnehin vorgeschädigtes Herz noch weiter geschwächt, sodass ein Herzstillstand eintrat. Durch Elektroschocks wurde er wiederbelebt. Sein Zustand war dramatisch. Man konnte nicht sagen, wie der Heilungsprozess verlaufen würde. Ob er überhaupt überleben würde.
Nach reiflicher Überlegung entschlossen sich die behandelnden Ärzte, ihn in ein künstliches Koma zu versetzen. Er erhielt einen Luftröhrenschnitt und wurde künstlich ernährt. Wie lange dieser »Heilschlaf« dauern sollte, war zu diesem Zeitpunkt völlig offen. Seine Frau und die gesamte Familie waren in ständiger Sorge um ihn.
Aber auch während dieser Zeit im Koma wollte die Amputationswunde einfach nicht heilen. Die Wunde nekrotisierte: Das Gewebe starb ab. Seine Frau drückte diesen Vorgang drastischer aus: »Das Stumpfende war regelrecht verfault.«
Weitere Male wurde Willi E. während dieser Zeit operiert. Schließlich wurde das Bein bis kurz unterhalb des Knies amputiert. Als nach drei Monaten immer noch keine Heilung zu verzeichnen war, beendete man das künstliche Koma. Im Krankenhaus konnte er nicht länger bleiben, weil sich sein Zustand nicht veränderte. Die behandelnden Ärzte waren ratlos. Schließlich wurde er in eine Reha-Klinik verlegt. Dort blieb er von Mai bis November, also sieben Monate. Aber die Wunde heilte einfach nicht!
»Würde dieser Zustand je wieder besser werden?«, fragte er sich oft. Erneut wurde eine weitere Operation erwogen. Willi E. wollte diesmal nicht wieder zurück in die Universitätsklinik. Deshalb wurde dieser Eingriff in einem Krankenhaus in der Nähe seines Heimatorts durchgeführt. Bisher war sein Bein durch die Amputationen auf makabre Weise »scheibchenweise« verkürzt worden, immer mit der vagen

Hoffnung verbunden, dass die Wunde danach heilen würde. Aber wo sollte bei einer erneuten Operation diesmal der Schnitt gemacht werden?
Willi E. willigte ein, dass man bis tief in das gesunde Gewebe hineinoperierte, um wirklich alles kranke und abgestorbene Gewebe zu entfernen. Das bedeutete, das Bein um weitere 40 Zentimeter zu verkürzen, bis auf einen Stumpf kurz unterhalb der Leistenbeuge. Weitere Monate der Krankenhausbehandlung schlossen sich an.
Es dauerte anderthalb Jahre, bis die Wunde endlich verheilt war und er das Krankenhaus verlassen konnte. Er bekam auch eine Beinprothese und lernte, damit zu gehen. So vergingen zwei Jahre, in denen er relativ beschwerdefrei lebte. Doch dann meldeten sich die Probleme zurück.

Schmerzattacken

Eines Tages bemerkte er, dass er Schmerzen bekam. Diese traten besonders bei Wetterumschwüngen auf. Es waren heftige Phantomschmerzen. Denn er hatte sie am Beinstumpf, aber vor allen Dingen auch dort, *wo gar kein Bein mehr vorhanden war*: am Fuß, am Unterschenkel und am Knie.
Wie aber kann ein Bein schmerzen, das gar nicht mehr vorhanden ist? Man nimmt an, dass die Schmerzen in dem Teil des Gehirns entstehen, in dem dieses Körperteil sozusagen abgebildet ist. Das Gehirn als oberste Schaltzentrale gibt Nervenimpulse an die betreffenden Körperteile. Aber auch umgekehrt melden die Nerven an das Gehirn zurück, wo im Körper Schmerzen entstehen oder sonst ein Problem auf-

getaucht ist. In diesem Fall wird an das Gehirn gemeldet, dass im Bein heftige Schmerzen vorhanden sind, obwohl es amputiert ist.
Die Phantomschmerzen machten sich außerdem dadurch bemerkbar, dass der Beinstumpf »heftig und unkontrolliert ausschlug«, wie Willi E. sagt. Er selbst hatte darauf keinen Einfluss, konnte diese unwillkürlichen Zuckungen nicht unterdrücken. Besonders unangenehm war es nachts. Dann kam er überhaupt nicht zur Ruhe. Der Arzt verschrieb ihm ein starkes Schmerzmittel. Davon nahm er jeweils zwei Tabletten, und erst nach zwei Stunden beruhigten sich die Schmerzattacken etwas. Die Schmerzen traten in dieser Heftigkeit jedoch nicht jeden Tag auf. Ein- bis zweimal pro Woche wurde er so gepeinigt. Meistens setzten sie in den Abendstunden ein.
Dieser unangenehme Zustand dauerte insgesamt sieben Jahre. An der Symptomatik änderte sich zwischenzeitlich nichts. Regelmäßig nahm Willi E. seine Schmerzmittel, und zwar solche, die man heute wegen der starken Nebenwirkungen nur noch sehr selten verschreibt. Willi E. fragte seinen Arzt, ob Spritzen seine Schmerzattacken vielleicht dauerhaft beenden könnten. Dieser sah aber keine Möglichkeit, dass das gelingen könnte. Infolge der immer wiederkehrenden Schmerzen wurde er häufig mürrisch und gereizt, berichtet seine Frau, was sie allerdings nachvollziehen konnte.
Auch nach sieben Jahren besserte sich seine Symptomatik nicht. Im Gegenteil. Zu allem Unglück bekam er noch einen Schlaganfall mit Lähmungen und Sprachstörungen. Fünf Monate später einen zweiten Schlaganfall. Im Jahr darauf wurde er am Knie des anderen Beins operiert. In diesem Bein sammelte sich Wasser, sodass es in der Folge ständig geschwollen war und Herr E. dann Entwässerungstabletten nehmen musste. Ein paar Monate später bekam er eine Thrombose in diesem Bein und eine Lungenembolie.

Sein Körper war von alldem so in Mitleidenschaft gezogen, dass die Phantomschmerzen an Heftigkeit zunahmen. Die Dosis wurde daraufhin auf sechs Tabletten erhöht. Sie bewirkten nichts mehr. Für den inzwischen 75-Jährigen gab es keine Hilfe! Ratlosigkeit und Verzweiflung stellten sich ein.

Seine Frau hörte derweil von ihrer Tochter, dass es jemanden in einem der Nachbardörfer geben solle, der kein Arzt sei, der aber Patienten die Schmerzen nehmen könne. Sie wollte selbst ausprobieren, was es mit dem Heiler auf sich habe, da sie seit vielen Jahren an Ischias litt. Sie konnte nicht lange schmerzfrei sitzen und hatte eine Bewegungseinschränkung beim Gehen. Aber am stärksten waren auch bei ihr die Schmerzen in der Nacht.
Der Bericht ihrer Tochter hatte sie neugierig auf diesen Heiler gemacht. So vereinbarte sie einen Behandlungstermin. »Es wurde warm, und es kribbelte«, sagt sie, »als er die Hand auf die schmerzende Stelle legte. Ich merkte regelrecht, wie da etwas herunterlief. Als ob die Schmerzen aus dem Körper flossen.« Frau E. konnte es anfangs gar nicht glauben.
Sie fragt den Heiler, ob er auch ihrem Mann mit den Phantomschmerzen würde helfen können. Er könne nichts versprechen, aber er wolle es versuchen. Ihn selbst interessierte es, inwieweit dies überhaupt möglich sei. Da Willi E. im Rollstuhl saß, suchte der Heiler ihn ein paar Tage später zu Hause auf.
Als der Heiler die Hände auf Willi E.s Beinstumpf legt, hat er die gleichen Empfindungen, die schon seine Frau beschrieb: »Es dauerte etwa eine halbe Stunde. Dann waren die Schmerzen komplett verschwunden.« Da das andere Bein von den Wassereinlagerungen dick angeschwollen war, behandelte der Heiler anschließend auch dieses. »Ich merkte richtig, wie das Wasser aus dem Bein abfloss«, berichtet Willi E. »Ich sagte ihm auch, dass der Druck im

Schuh abnimmt und der Fuß dünner wird. Noch während er die Hand aufliegen hatte.«
Zum Schluss hatten sechs Schmerztabletten nichts mehr bewirken können. Die Schmerzattacken überschatteten sein Leben. Eine halbe Stunde bei dem Heiler veränderte jedoch alles. Für die Eheleute ist es wie ein Wunder. Beide können wieder ruhig schlafen. Und dieses Wunder dauert nun schon seit vielen Monaten an.

Geheimnisvolle Energie

Dass dieser Heiler etwas Besonderes bewirkt, ist ganz offenkundig. Die vielen schmerzgeplagten Menschen, die zu ihm kommen, sind beredte Zeugen seiner Kunst. Sie könnte man nicht so leicht hinters Licht führen.
Wir haben nun gesehen, wie eine Behandlung beim Heiler abläuft, welche Beschwerden die Menschen zu ihm führen und wie er selbst überhaupt zu seiner Tätigkeit gekommen ist. Wenn aber jemand über rätselhafte Kräfte verfügt, möchten wir natürlich mehr darüber wissen, was es damit auf sich hat. »Was für Energien sind das genau?«, fragen wir uns. Ist es eine Kraft, über die auch andere Menschen verfügen? Kann man diese Fähigkeit gar erlernen? Woher nimmt der Heiler diese Energie? Holt er sie aus sich selbst heraus? Wenn ja, wie entwickelt er sie? Zapft er möglicherweise andere Energiequellen an, von denen wir noch keine Kenntnis haben?
Das sind Fragen, die Sie wahrscheinlich ebenso brennend interessieren wie mich. Deshalb führte ich ein Gespräch mit dem Heiler, das ich hier in Auszügen wiedergebe:

Dr. K.: »Was denken Sie selbst darüber, was Sie da tun?«
M. K.: »Ich denke einfach nur, ich kann jemandem helfen, die Schmerzen zu nehmen. Und das möchte ich auch.«
Dr. K.: »Aber haben Sie eine Erklärung dafür?«
M. K.: »Eine Erklärung habe ich *nicht* dafür.«
Dr. K.: »Nicht vielleicht die Frage: Wie kann *ich* jemandem die Schmerzen nehmen, während hochspezialisierte Fachleute, also Ärzte, sich häufig schwer damit tun? Man fragt sich doch: Ja, was läuft da in mir ab? *Warum* kann ich das?«
M. K.: »Ich sage, es gibt immer etwas zwischen Himmel und Erde, was man nicht erklären kann. Die Spezialisten arbeiten mit Maschinen, mit Technik. Die Technik ist erfunden von Menschenhand. Eine Maschine selbst kann nicht denken, sie kann nicht selbstständig untersuchen. Sie kann gar nichts. Sie muss programmiert werden, und dann kommt das Ergebnis raus. Aber mehr ist es ja nicht.«
Dr. K.: »Was läuft denn in Ihnen ab, wenn Sie jemandem die Hand auflegen – und hinterher sind die Schmerzen weg?«
M. K.: »Dann freue ich mich.«
Dr. K.: »Ja. Sie legen die dann auf, aber was passiert *in Ihnen?* Holen Sie sich die Energie vielleicht von irgendwo anders? Welches Erklärungsmodell haben Sie selbst?«
M. K.: »Eigentlich brauche ich mir diese Energie nicht zu holen. Ich konzentriere mich für einen Augenblick, und dann fließt sie.«
Dr. K.: »Sie schalten diese sozusagen bei sich an?«
M. K.: »Sie ist eigentlich immer da. Sie ist immer da.«
Dr. K.: »Wenn Sie so drei oder vier Behandlungen gemacht haben, merken Sie an sich einen Unterschied?«
M. K.: »Gar nichts.«
Dr. K: »Also, Sie merken nicht, dass Sie *Ihre persönliche Energie* da geben?«
M. K.: »Nein.«

Dr. K.: »Es ist ja so, dass es manchmal sein kann, dass man sich vielleicht auch erschöpft fühlt.«
M. K.: »Überhaupt nicht. Das kann stundenlang gehen. Das macht mir nichts. Gut, manchmal merkt man, dass man für zwei oder drei Minuten ein bisschen müde ist, aber danach ist es wieder vorbei.«
Dr. K.: »Sie legen die Hand auf, und was meinen Sie, was bewirken Sie damit?«
M. K.: »Ich schätze mal, dass diese Energie auf bestimmte Nerven dieser Personen wirkt. Dass die Nerven oder die Personen selbst diese Energie eigentlich haben. Dass diese Energien aber bei ihnen irgendwo blockiert sind. Und selbst können sie diese Energie nicht mehr zum Fließen bringen. Dass irgendwo eine Blockade ist, dass irgendwo etwas gestört oder unterbrochen ist. Ich weiß es nicht. Und dadurch, dass ich die Hand dort drauflege, fängt diese Energie bei ihnen wieder an zu arbeiten.«
Dr. K.: »Es wird also etwas wiederbelebt. Vielleicht auch harmonisiert oder ins Fließen gebracht.«
M. K.: »Ja.«
Dr. K.: »Könnte man dazu ›Lebensenergie‹ sagen? Dass der Körper hier vielleicht eine Blockade hat. Verstehe ich das so richtig?«
M. K.: »Ja.«
Dr. K.: »In der Akupunktur etwa ist das ein Erklärungsmodell. Diese Energie ist ja nicht nur eine Wärmeenergie, so scheint es mir.«
M. K.: »Richtig. Es ist *keine* Wärmeenergie. Und es kann ebenso gut sein, dass statt Wärme einmal Kälte gefühlt wird. Das habe ich auch schon erlebt – dass der ganze Körper eiskalt wurde. Oder nur die betreffende Stelle wurde eiskalt.«
Dr. K.: »Das ist also nicht die Energie von der warmen Hand, die Sie da hineingeben.«

M. K.: »Nein.«
Dr. K.: »Was könnte das für eine Energie sein?«
M. K.: »Ich weiß es nicht.«
Dr. K.: »Haben Sie schon jemals irgendwo anders davon gehört, was das vielleicht für eine Energie sein könnte?«
M. K.: »So direkt noch nicht. Es gibt ja das Warzenbesprechen oder das Besprechen von Gürtelrosen. Da muss man zwei-, dreimal hingehen. Es dauert eine gewisse Zeit, und dann ist das verschwunden. Und dies hier bei mir, *das wirkt sofort, wenn ich die Hand darauf lege.«*
Dr. K.: »Sie sagten einmal beiläufig, das sei etwas anderes als Reiki. Was ist Ihrer Meinung nach anders als bei Reiki?«
M. K.: »Reiki – ich denke, das ist früher einmal eine Heilmethode gewesen. Aber das konnten nicht viele Leute. Es sind spezielle Menschen, die das konnten. Das hat dann geholfen, und es ist niedergeschrieben worden. Und dann kamen die nächsten und haben es nachgemacht – oder *versucht,* es nachzumachen. Schließlich muss man Kurse belegen oder sonst etwas. Das kostet alles sehr viel Geld.«
Dr. K.: »Und Sie meinen nicht, dass das dort Erlernte das ist, was Sie praktizieren?«
M. K.: »Genau, das glaube ich nicht. Man kann es *nicht lernen.* Das ist *eine Gabe.«*
Dr. K.: »Es ist also ein Geschenk?«
M. K.: »Man kann es nicht erlernen. Das glaube ich nicht. Es sind schon Reiki-Meisterinnen bei mir gewesen. Auch andere Leute, die bereits viele Reiki-Kurse mitgemacht haben. Das war alles nicht das, wie ich es praktiziere.«
Dr. K.: »Nun gehen Sie damit ja auch recht praktisch um. Sie sagen nicht: ›Oh, das ist etwas ganz Besonderes, etwas Esoterisches.‹ Sie sagen vielleicht: ›Das habe ich einfach.‹ Wie wirkt sich das denn in Ihrem Alltag aus, außer dass Sie den Beruf gewechselt haben? Hat diese Gabe etwas in Ihrem Leben verändert?«

M. K.: »Eigentlich nicht.«
Dr. K.: »Sie sind so bodenständig geblieben wie bis dahin auch?«
M. K.: »Ja.«
Dr. K.: »Es gibt ja Leute, die sagen dann: ›Das ist irgendetwas Esoterisches.‹ Ich habe den Eindruck, Sie sagen sich: ›Das ist eine Energie, die man einfach ganz praktisch nutzen könnte.‹«
M. K.: »Genauso ist es.«

Eindrucksvolle Resultate

Ich muss sagen, dass ich sehr beeindruckt von den Resultaten des Heilers bin. Manfred K. hat eine erstaunlich hohe Erfolgsquote. Er selbst schätzt sie auf etwa 90 Prozent schon nach der ersten Behandlung ein. Welches andere Heilverfahren kann das für sich in Anspruch nehmen?
Meine Einschätzung ist, dass eine spezielle Auswahl an Patienten zu ihm kommt, überwiegend mit einer Schmerzsymptomatik. Aber andererseits sind Schmerzen ja bei einer Vielzahl von Krankheiten vorhanden. Bei den Behandlungen, denen ich beiwohnen konnte, bezog sich diese Schmerzsymptomatik auf den Bewegungsapparat, auf Rücken, Schultern, auf die Gelenke und auch auf Schmerzen im Kopfbereich. Sogar bei Migräne wirkte seine Behandlung befreiend. Alle Beschwerden waren zudem chronifiziert. Das ist für jedwede medizinische Behandlung eine schwierige Ausgangsbedingung. Umso überraschender sind die Behandlungserfolge dieses Heilers.
Die Behandlung bei ihm dauert im Durchschnitt drei viertel

Stunden. Keine Apparatemedizin kam dabei zum Einsatz, keine teuren Arzneien. Die Patienten müssen auch nicht über Wochen hinweg zu ihm kommen. Er hat den Ehrgeiz, dass *eine einzige* Behandlung ausreichen muss. Gibt es so etwas überhaupt? Vom ökonomischen Standpunkt des Heilers aus betrachtet, ist das kein gutes Geschäft.
Eine solche Erfolgsquote wäre für so manche Arztpraxis der finanzielle Ruin. Und so befinden sich diese auch in einem echten Dilemma. Hoch qualifizierte und effektive Medizin mit hohen Erfolgsquoten werden von den Kassen finanziell gar nicht honoriert. Viel Geld verdient man eher durch langwierige Behandlungen. Um einem Missverständnis vorzugreifen: Ich betrachte hier die Honorarabrechnung vonseiten der Kassen und unterstelle nicht, dass Behandlungen hinausgezögert werden. Leider wird Quantität mehr honoriert als Qualität. Hinsichtlich dieses Punktes besteht in unserem Gesundheitssystem eine offensichtliche Schieflage. Ebendas ist ja u.a. der Ausgangspunkt gewesen, dass ich dieses Buch schreibe.

Neue Lebensqualität

Wir können uns nicht wirklich vorstellen, wie chronische Schmerzen oder andere gravierende Krankheiten das Leben des Betreffenden überschatten. Alle Patienten, die hier beschrieben wurden, hatten einen langen Leidensweg hinter sich. Der Besuch in der Arztpraxis gehörte vielfach schon zur Routine.
Krankheiten kosten häufig viel Zeit und Geld, auch den Arbeitgeber des Patienten. Ich habe von einigen Krankenkas-

sen freundlicherweise eine Kostenaufstellung bekommen, was bestimmte Behandlungen oder wie bei Traudel L. eine künstliche Hüfte gekostet hätte. Nur so viel sei gesagt, in diesem Fall sind es Einsparungen von mehreren tausend Euro. Vielleicht läge es also auch im Interesse der Kostenträger selbst, künftig vermehrt Untersuchungen in diesem Bereich sowie Kosten-Nutzen-Rechnungen anzustellen.

Aber es geht ja nicht nur um den Kostenfaktor. Chronische Krankheiten und Schmerzen verändern das Lebensgefühl der Patienten grundlegend. Vieles ist nur mit großer Kraftanstrengung möglich. Oftmals werden solche Menschen unzufrieden und mürrisch. Darunter haben auch die Familie und das nähere Umfeld zu leiden.

Die Familienangehörigen fühlen sich hilflos, weil sie nichts zur Linderung des Leidens beitragen können. Aufgrund dieser Hilflosigkeit können sich schon mal Aggressionen einstellen, was wiederum gleich zu einem schlechten Gewissen führt. Auf einen Schwerkranken darf man jedoch nicht in dieser Weise reagieren! Aber in manchen Situationen ist das nur allzu verständlich. Der Kranke selbst ist ja ungehalten und zuweilen sogar wütend auf seinen Körper.

Auch Resignation kann sich einstellen, wenn der behandelnde Arzt zu verstehen gibt, dass man mit den Beschwerden leben müsse. Nimmt der Kranke zudem dauerhaft Medikamente, so werden sich Nebenwirkungen einstellen. Manchmal können sie so stark sein, dass sie ihrerseits behandlungsbedürftig sind. Es ist also eine Spirale, die ins Unendliche führen kann. Krankheit ist deshalb nicht nur auf umschriebene Symptome beschränkt, sondern zieht Kreise und wirkt sich manchmal auf alle Lebensbereiche aus.

Welche Wandlung tritt aber ein, wenn man schließlich echte Hilfe erfährt! Man fühlt sich freier. Der Schlaf ist wieder erholsam, und ein neues Vitalitätsgefühl stellt sich ein. Auch die Angehörigen atmen auf. All dies ist nicht mit Geld zu bezahlen. Eine Last ist von uns abgefallen. Eine neue Lebensqualität kehrt in den Alltag zurück, etwas, was kaum noch für möglich gehalten wurde!

Alle in diesem Buch geschilderten Fallbeispiele beruhen auf Tatsachen. Manche Heilungen klingen fast wie Magie, aber genau das ist es, was ich etwas entzaubern wollte. Zu wünschen wäre, dass einiges davon noch weiter wissenschaftlich untersucht wird und irgendwann Eingang in die Schulmedizin halten wird. Zum Wohle der Patienten!

Wünsche auf den Weg

Eine lange Reise geht nun zu Ende. Sie hat uns nicht nur in andere Länder geführt, sondern auch auf einen fast unbekannten Kontinent in uns selbst. Dies ist nur zum Teil ein Buch über Krankheiten und außergewöhnliche Behandlungsmethoden gewesen. Im Grunde genommen ist es eines über die faszinierenden Möglichkeiten des menschlichen Geistes. Unser Geist ist auch in der Lage, in weitaus höhere Dimensionen vorzudringen als bisher bekannt.

Die spirituelle Entwicklung ist ein faszinierendes Abenteuer, das gerade erst begonnen hat. Wir brauchen sie dringender denn je. Sie dient nur zu einem gewissen Teil unserer Gesundheit. Ohne Spiritualität wären wir unvollständig. Sie gibt unserem Leben erst die Dimension, die wir brauchen, um heil zu sein.

Krankheiten binden sehr viel positive Lebensenergie, die uns verloren geht. Ohne sie könnte diese Energie für die Gestaltung anderer Dinge zur Verfügung stehen. Krankheiten haben manchmal aber auch die Funktion des Wegweisers in eine neue Richtung.

Ich wünsche allen Lesern, dass sie statt Krankheiten auch andere Wegweiser finden. Ich wünsche Ihnen Zeit für sich selbst, um all Ihre positiven Potenziale zukünftig noch mehr zur Entfaltung zu bringen. Entdecken auch Sie Ihren inneren Kontinent und die dort vorhandene Quelle der Lebenskraft.

Mein Körper

Mein Körper rät mir:
Ruh dich aus!
Ich sage: Mach ich,
altes Haus!

Denk aber: Ach, der
sieht's ja nicht!
Und schreibe heimlich
dies Gedicht.

Da sagt mein Körper:
Na, na, na!
Mein guter Freund,
was tun wir da?

Ach, gar nichts! Sag ich
aufgeschreckt
und denk: Wie hat er
das entdeckt?

Die Frage scheint recht
schlicht zu sein,
doch ihre Schlichtheit
ist nur Schein.

Sie lässt mir seither
keine Ruh,
wie weiß *mein* Körper,
was *ich* tu?

Robert Gernhardt

Dank

An erster Stelle möchte ich meinem Verlag Droemer Knaur danken, der Leiterin des Lektorats MensSana, Frau Beate Herbinger, sowie meinen Lektoren Stefanie Hess und Ralf Lay. Es war die begeisterte Unterstützung des Lektorats und der Verlagsleitung, die den Ausschlag gab, das Buch hier zu publizieren.

Ebenfalls möchte ich den im Buch vorgestellten Patienten danken, die mir bereitwillig die Erlaubnis gaben, über sie zu berichten. Ich möchte speziell den Heilern Manfred K. und Peter K. sowie dem brasilianischen Heiler Rubens Faria danken. Ebenso bedanke ich mich bei dem schottischen Medium Margaret Falconer, die mir Einblick in für mich ganz neue geistige Dimensionen der Existenz gab. Ich danke auch den anderen Heilern, die mir über ihre Tätigkeit berichteten, die leider aus Platzgründen hier nicht dargestellt werden konnten. Besonders möchte ich an dieser Stelle Ruth Kröger nennen, deren seriöse Informationen über geistiges Heilen mich sehr beeindruckt haben.

Sebastian Elsässer danke ich in besonderem Maße dafür, dass er mir so offen und vertrauensvoll seine eigene Geschichte erzählt hat. Mit ihm verbindet mich inzwischen eine bereichernde kollegiale Freundschaft. Silvia Rossburg und Sabine Beyle danke ich für die Vermittlung von interessanten und weiterführenden Kontakten. Dem Computerspezialisten Marc Launhardt danke ich für seine PC-Nothilfe.

Sandro Benidt danke ich für seine Freundschaft und das Korrekturlesen des Manuskriptes. Und nicht zuletzt möchte ich mich bei unsichtbaren Helfern bedanken, die wohl auch ihre Finger mit im Spiel gehabt haben müssen, denn sonst lassen sich einige »Zufälle«, die zum Gelingen dieses Projektes beitrugen, überhaupt nicht erklären.

Quellen

Antonovsky, Aaron, *Salutogenese. Zur Entmystifizierung der Gesundheit*, DGVT Verlag, Tübingen 1997

BBC exklusiv, *Begegnung mit dem Tod*, VOX, 21.4.2003

Bengel, J., Strittmatter, R., und Willmann, H., *Was erhält Menschen gesund? Antonovskys Modell der Salutogenese – Diskussionsstand und Stellenwert; eine Expertise*, Bundeszentrale für gesundheitliche Aufklärung (BzgA), Köln 2001

Bercovitch, Pascale Noa, in: *Boulevard Bio*, WDR, 2.5.2000

de Mello, Anthony, *Warum der Schäfer jedes Wetter liebt*, Herder Verlag, Freiburg i.Br. 1992

Faria, Rubens, brasilianischer Heiler, der in Trance Dr. Fritz inkorporiert, persönliche Mitteilungen, 2004

Faulstich, Joachim, »Jenseitsreisen. Erfahrungen an der Grenze des Todes«, in: *Prisma*, NDR III, 21.9.2004

Faulstich, Joachim, *Das Innere Land. Bewusstseinsreisen zwischen Leben und Tod*, Knaur Verlag, München 2003

Goldbeck, Christoph, und Kneser, Jakob, »Mit Placebo gegen Schmerzen«, in: *Prisma*, NDR III, 25.5.2004

Greene, Brian, *Was Einstein noch nicht wusste*, Teil 1, TV-Dokumentation von Brian Greene und NDR III, 2004

Greene, Brian, *Das elegante Universum. Superstrings, verborgene Dimensionen und die Suche nach der Weltformel*, BTV Berliner Taschenbuch Verlag, Berlin 2002

Hilgard, Gudrun, »Placebos«, in: *Gesundheitsmagazin »Praxis«*, ZDF, 28.4.2004

Hirshberg, Caryle, und Barasch, Marc Ian, *Unerwartete Genesung. Die Kraft der Heilung kommt aus uns selbst*, Droemer Knaur Verlag, München 1995

Jung, C.G., *Der Mensch und seine Symbole*, Walter Verlag, Olten 1968, [13]1981

Jung, C.G., *Gesammelte Werke 14/I, II, Mysterium Coniunctionis*, Walter Verlag, Olten und Freiburg i.Br. 1968

Kübler-Ross, Elisabeth, *Über den Tod und das Leben danach*, Silberschnur Verlag, Güllesheim 1996

Kuhn, Eckhard W., *Krisenkompetenz – Kreative Lösungen in der Psychotherapie*, Borgmann Verlag, Dortmund 2002

Moody, Raymond A., *Leben nach dem Tod*, Rowohlt Verlag, Reinbek 1982

Moreira, William, *Dr. Fritz, the Phenomenon of the Millennium*, Authors Choice Press, 2002

Müller, Klaus E., *Schamanismus – Heiler, Geister, Rituale*, C.H. Beck Verlag, München 1997

Passian, Rudolf, »Neue Trance-Chirurgen in Brasilien«, in: *Wegbegleiter*, 3.Jg., Januar 1998

Sabom, Michael B., *Erinnerung an den Tod. Eine medizinische Untersuchung*, Goldmann Verlag, München 1986

Schmerzgedächtnis: »Prisma«, NDR III Fernsehen. 9. 11. 2004

Sheldrake, Rupert, *Der siebte Sinn des Menschen*, Scherz Verlag, Bern 2003

Simonton, Carl O., Matthews-Simonton, Stephanie, und Creighton, James, *Wieder gesund werden*, Rowohlt Verlag, Reinbek 1982

Stahmer, Dunja, »Schmerzgedächtnis«, in: *Prisma*, NDR III, 9.11.2004

Zittlau, Jörg, »Forscher entdecken den mentalen Placebo-Effekt«, in: *Die Welt*, 20.2.2004

Kontakt

Ich werde weiterhin versuchen, das Phänomen der geistigen Dimensionen des Heilens zu erforschen. Mich interessieren besonders solche Fälle, bei denen Ärzte nicht mehr weiterhelfen konnten. Vielleicht wurde auch Ihnen selbst eine solche ungewöhnliche Heilung zuteil und Sie möchten darüber berichten. Ich würde gerne einzelne ausgewählte Fälle überprüfen. Sie können auf folgende Weise mit mir Kontakt aufnehmen:

Dr. Eckhard W. Kuhn
Postfach 90 05 14
21045 Hamburg

Fax: 04105 - 65 08 11

E-Mail: dr-kuhn@gmx.de

Informationen auch unter: www.Heilkraft-des-Geistes.de

Ilse-Maria Fahrnow

Jin Shin Jyutsu®

Die Heilkraft Ihrer Hände

Mit Jin Shin Jyutsu wird ein blockierter Energiefluss im Körper durch die Berührung spezifischer Körperpunkte und durch spezielle Atemtechniken wieder harmonisiert. Dieses Praxisbuch zeigt, wie jeder Jin Shin mit einfachen Übungen praktizieren kann, um Schmerzzustände, akute und chronische Schmerzzustände, aber auch Stress und emotionale Probleme lindern.

Knaur MensSana

Alice Burmeister, Tom Monte

Heilende Berührung

Körper, Seele und Geist mit Jin Shin Jyutsu® behandeln

Die wahre Ursache aller Erkrankungen liegt in der Blockade körpereigener Energieströme. Jin Shin Jyutsu vermag den Energiefluss durch Berührung/Druck spezifischer Körperpunkte und durch Atemtechniken harmonisieren. Jin Shin Jyutsu kann jeder praktizieren, um Schmerzzustände und chronische oder akute Krankheiten zu lindern.